NATURE DESSINS
APPRENDRE À DESSINER LA NATURE

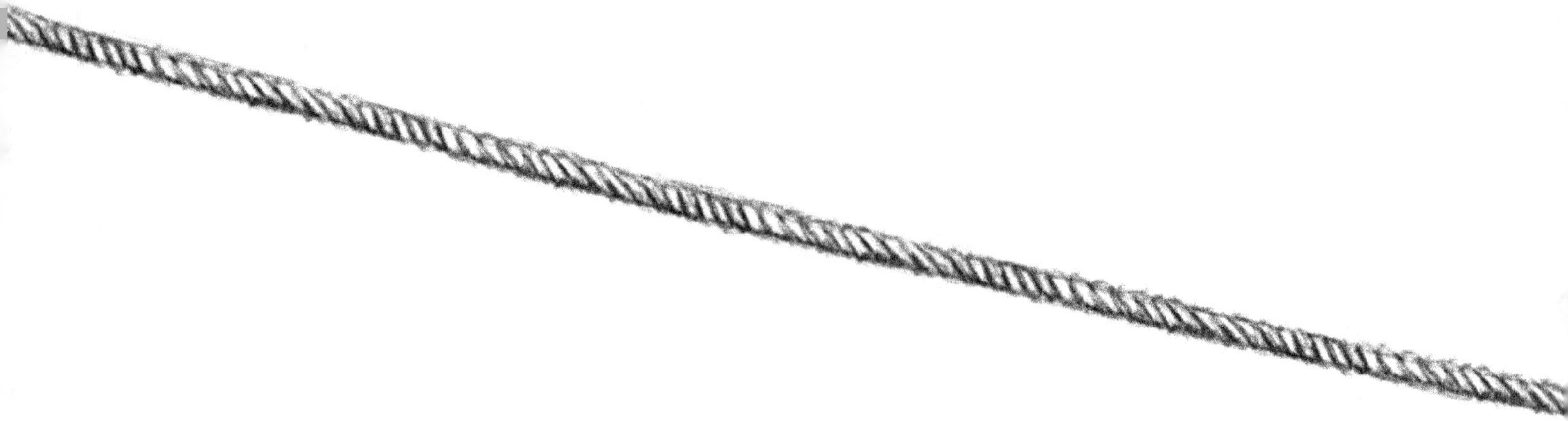

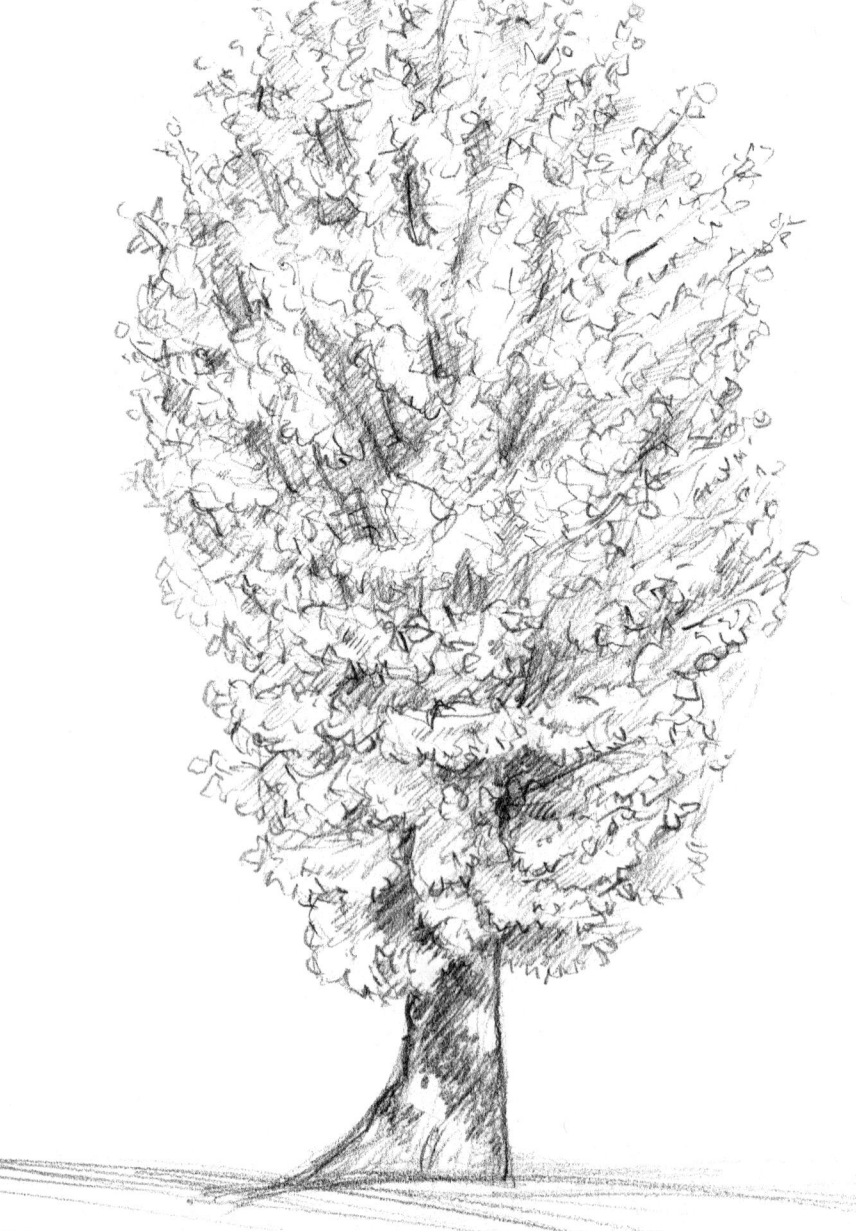

M.S.A.

NATURE DESSINS
APPRENDRE À DESSINER LA NATURE

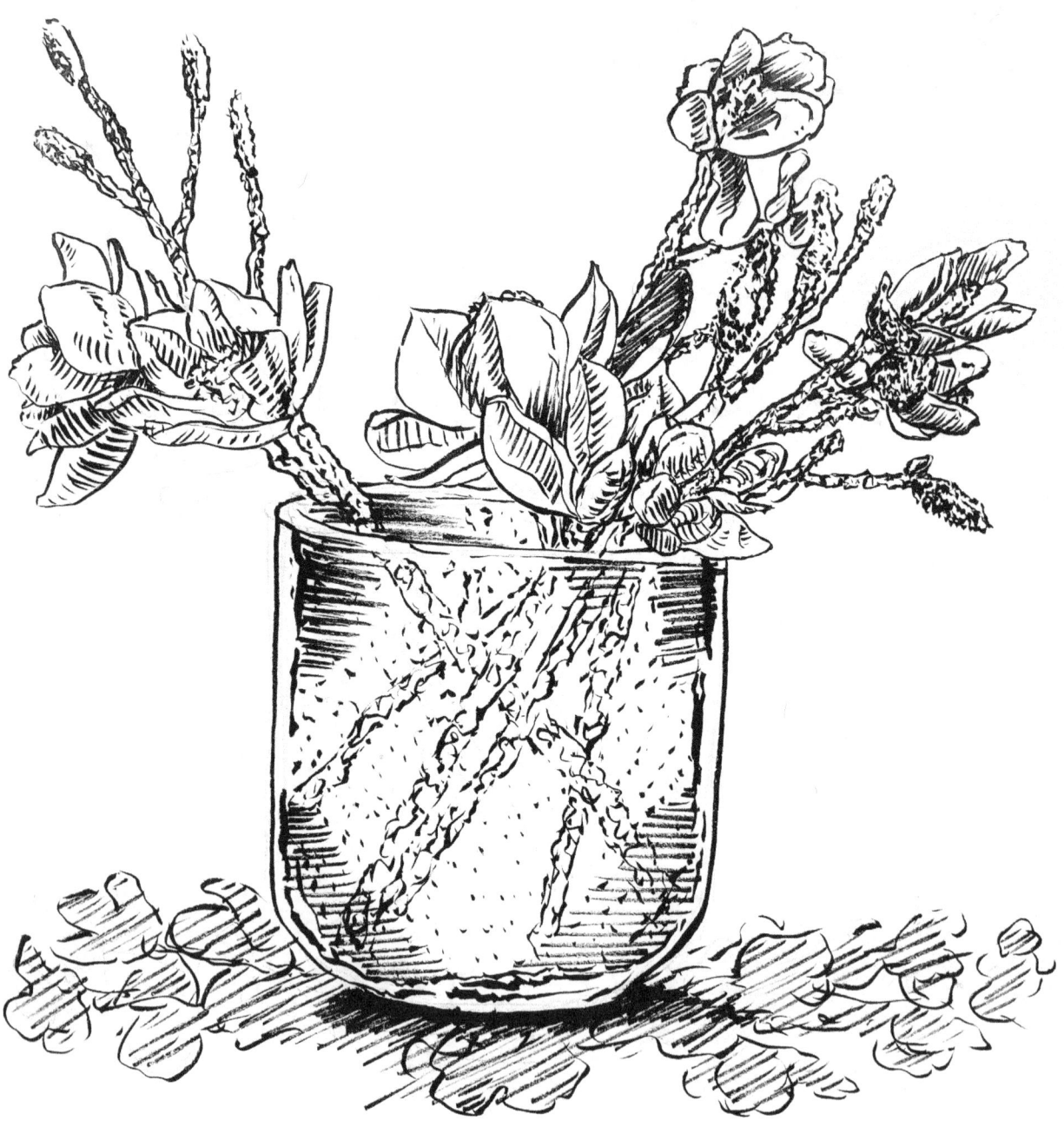

Tables des Matières

INTRODUCTION	7	MÉTHODES ET TECHNIQUES	49
Préambule	8	Technique de dessin	50
Qu'est-ce que le dessin	9	Dessiner des ombres	58
Outils	10	FLEURS, ARBRES & PLANTES	63
Autre matériel pour le dessin	13	Structures en bois	71
LES BASES DE LA REPRÉSENTATION	15	Dessiner des arbres	73
Lignes -1 dimension	16	EAU, ROCHER ET NUAGES	77
Formes et surfaces - 2 dimensions	21	Eau	78
Corps - 3 dimensions	24	Pierres, rochers, montagnes	84
Structures et textures	29	Nuages	88
PRINCIPES DE BASE DU DESSIN	33	PAYSAGES	93
Améliorer la qualité du dessin	34	Le paysage comme motif	94
Construire des corps complexes	37	ANIMAUX	105
Méthode du squelette	38	CONCLUSION	131
Rendre les dessins vivants et naturels	41	BIBLIOGRAPHIE	133
Simplification	44		
Faire des croquis	45		
L'étude	46		

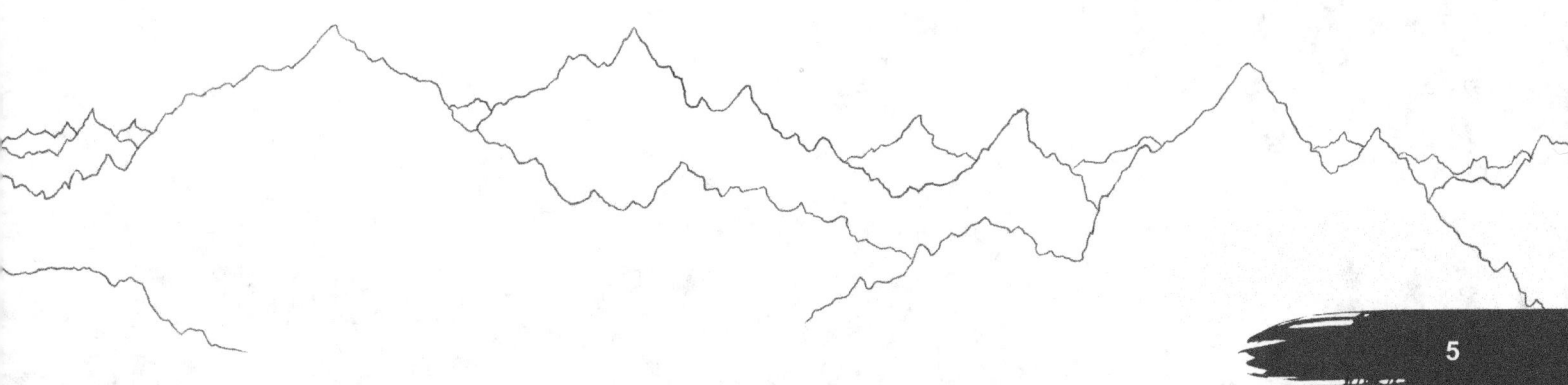

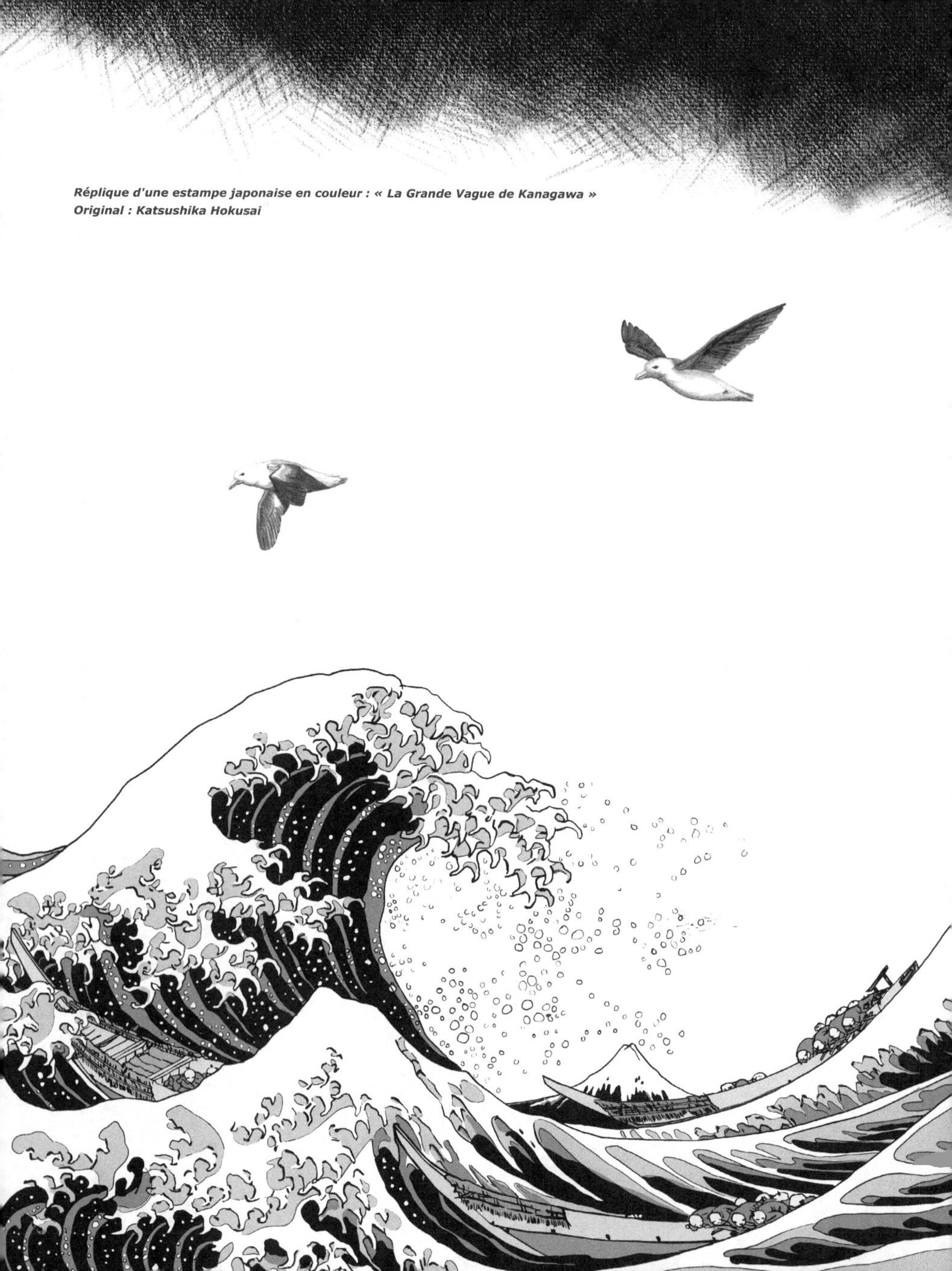

Réplique d'une estampe japonaise en couleur : « La Grande Vague de Kanagawa »
Original : Katsushika Hokusai

INTRODUCTION

Vous avez donc décidé d'apprendre à dessiner des motifs naturels. Peu importe que vous maîtrisiez déjà les bases du dessin ou que vous soyez novice en la matière. Car ce livre vous apportera les connaissances et les compétences les plus importantes et, en outre, vous enseignera des connaissances spéciales sur la représentation des motifs de la nature.

Cependant, il y a beaucoup à apprendre et cela ne devient jamais ennuyeux. Vous pouvez essayer différents médias et outils ou vous spécialiser dans un domaine. Il en va de même pour les styles de dessin et les thèmes. Vous pouvez dessiner de manière précise et même photoréaliste, ou même sauvage et expressive.

Préambule

Ce livre a pour but de vous donner un aperçu complet de la représentation graphique des motifs de la nature. Cette lecture englobe de nombreuses techniques, styles et thèmes liés à la nature.

L'objectif est avant tout de vous initier pas à pas à l'art du dessin. Ainsi, nous commençons par des lignes simples qui se développent au-delà des surfaces pour former des corps tridimensionnels. Avec la représentation de la plasticité et des textures, vous avez appris les compétences de base les plus importantes pour pouvoir représenter des motifs.

Viendront ensuite les bases importantes telles que les méthodes qui vous permettront de dessiner correctement les motifs et de rendre vos dessins naturels et vivants. La construction des êtres vivants est également décrite ici.

Après cela, vous quitterez le monde des lignes pures et des surfaces simples et apprendrez à utiliser différentes techniques de dessin pour représenter des ombres qui ajoutent de la plasticité à vos motifs. La représentation de différents matériaux complètera vos compétences.

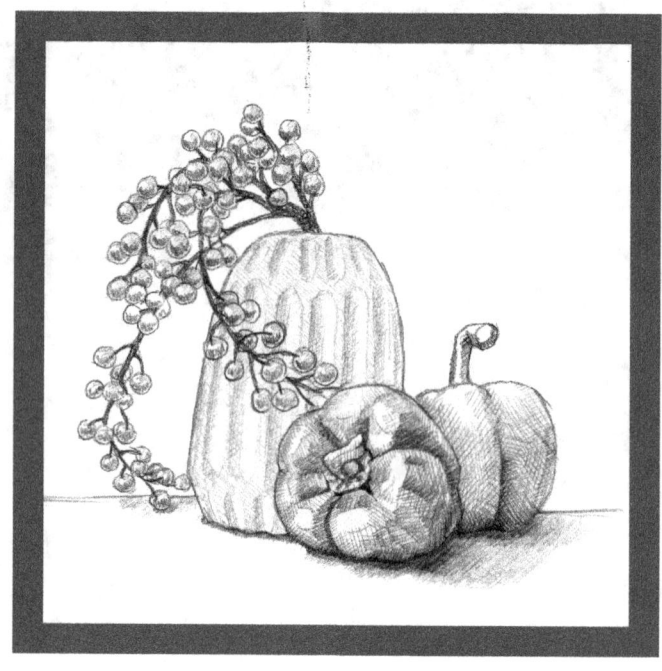

Ensuite, vous pouvez vous aventurer sur les sujets les plus divers du dessin de la nature. Ces sous-chapitres ne sont pas consécutifs, si bien que vous pouvez sauter des sujets et passer directement au sujet de votre choix.

Je vous souhaite beaucoup de plaisir et de succès dans votre voyage passionnant au pays fascinant du dessin de la nature !

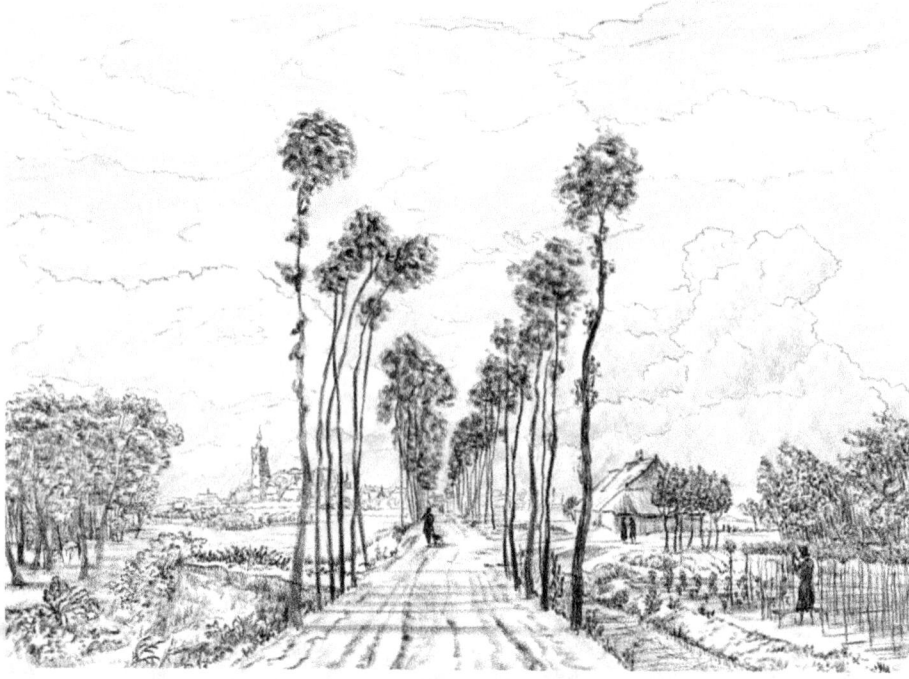

Dessin d'après un tableau de Meindert Hobbema :
« L'avenue de Middelharnis, » 1689

Qu'est-ce que le dessin

Avant de bien commencer, il faut d'abord prendre conscience de la signification exacte du verbe dessiner. Quelle est la différence entre le dessin et la peinture ?

La caractéristique d'un dessin est la représentation à l'aide de lignes. En cela, le dessin diffère de la peinture, où les motifs sont représentés principalement à l'aide de couleurs et de tonalités. Le dessin appartient donc à la catégorie des représentations graphiques, en plus des impressions, des mosaïques et des sgraffites.

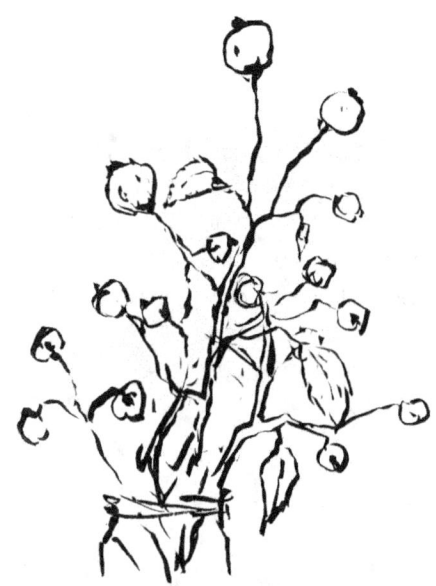

Branches avec fruits dans un vase ; dessin à l'encre de Chine

L'aspect décisif d'un dessin, selon la conception classique, c'est qu'il représente clairement les contours d'un motif. Si une impression plastique doit être créée, cela peut être réalisé, par exemple, par des hachures. Généralement, une œuvre d'art se crée en tirant son effet de la gradation de différents tons de gris et de noir. Les formes modernes de dessin permettent quant à elles de nombreuses techniques de mélange. Aujourd'hui, la frontière avec la peinture s'estompe. Dans le dessin au pinceau, le lavis est un moyen important de représentation, aux côtés des traits et des lignes.

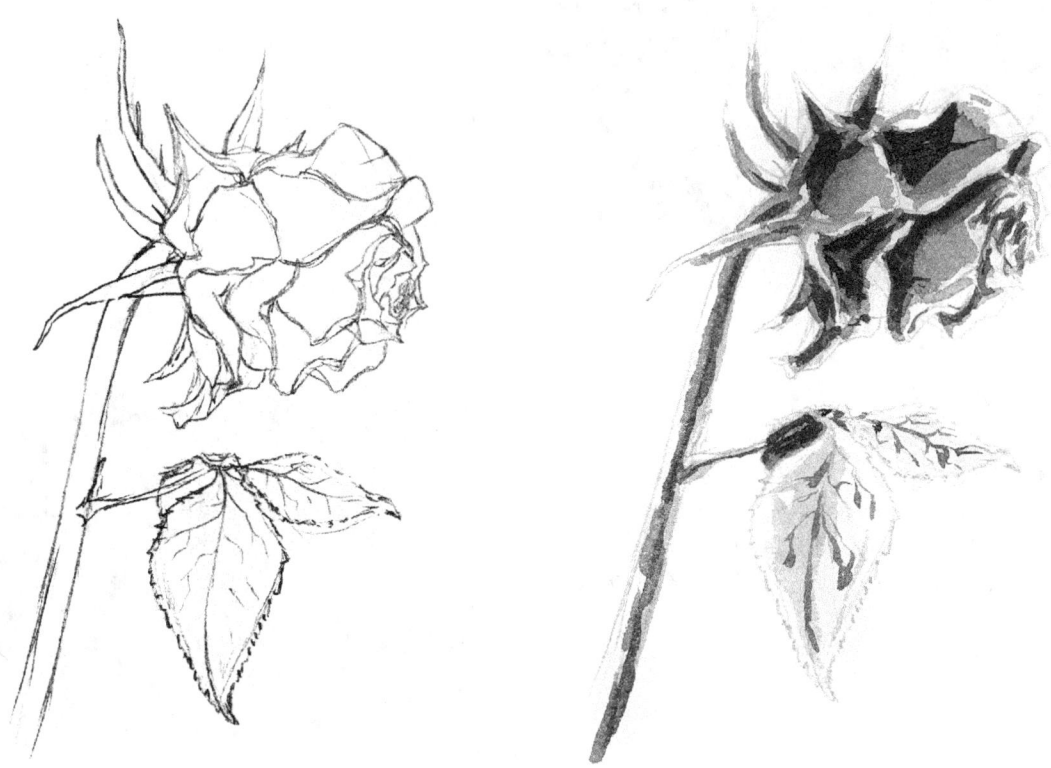

Comparaison entre dessin et peinture à l'aide d'une rose

Outils

Crayon / crayon graphite

Le crayon ou le crayon graphite est l'un des outils de dessin les plus importants. Les différentes duretés des mines de crayon permettent de dessiner différentes nuances de gris.

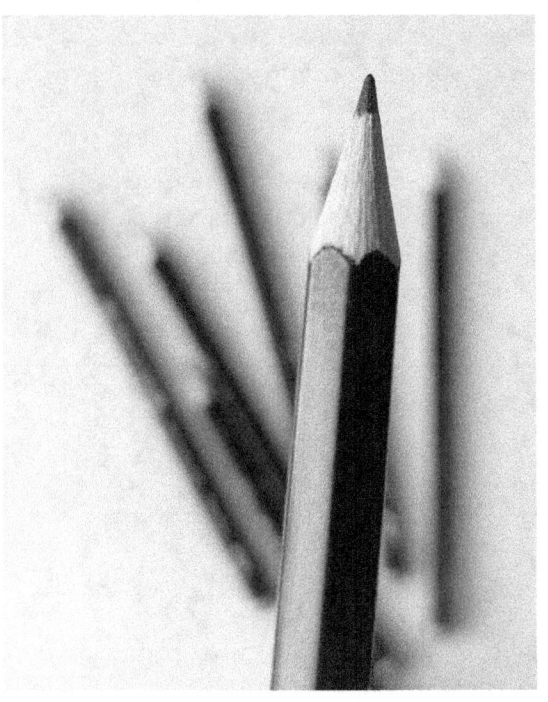

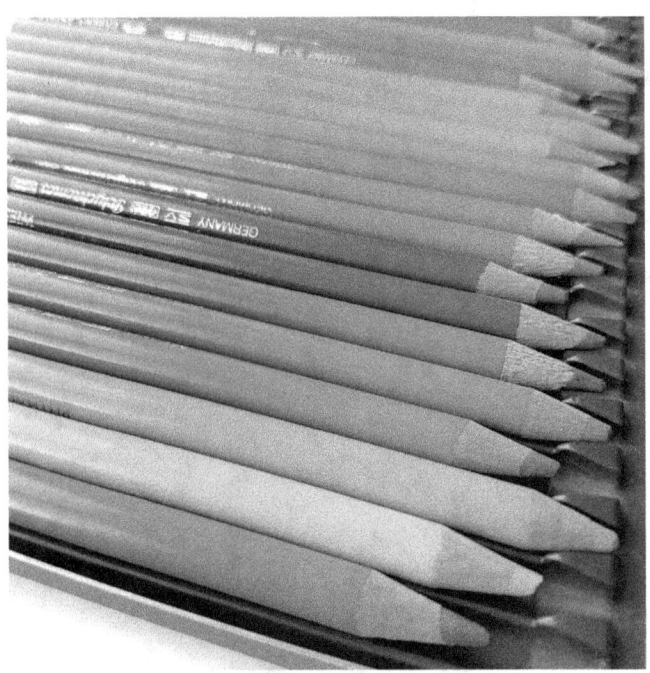

Crayons de couleur

Un crayon de couleur est un crayon dont la mine colorée est recouverte de bois, comme pour le crayon à papier. Les crayons de couleur peuvent être de qualité très différente. Il faut éviter ici de choisir les produits les moins chers.

Craie / pastel

Les craies pastel conviennent surtout pour les dessins ou les peintures en couleur avec de grandes surfaces colorées et des dégradés de couleurs doux. La couleur peut être appliquée de manière très délicate ou au contraire intense.

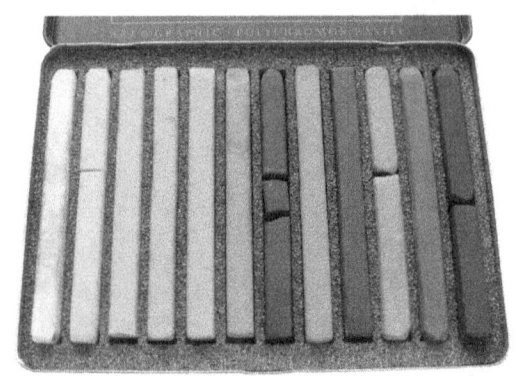

Fusain

Le fusain est disponible en bâton et comme crayon à charbon. Il permet une application de couleur très intense et foncée et de réaliser des lignes fines et des surfaces uniformes. Il se prête également très bien à la technique de l'essuyage.

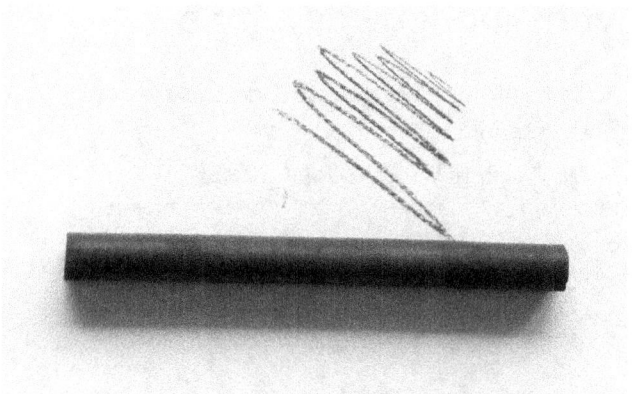

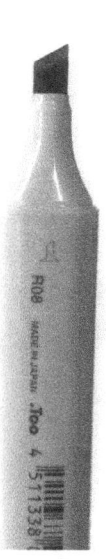 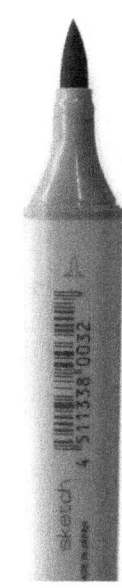

Marqueurs / Feutres de coloriage

Dans le domaine de l'art et du design, le terme « marqueur » (ou « feutre ») désigne un stylo-feutre de haute qualité. Les marqueurs sont surtout utilisés dans la bande dessinée - notamment pour dessiner des mangas - et dans le domaine du design (design de produits, design graphique, mode).

Plume à dessiner

On l'utilise généralement pour dessiner à l'encre de Chine ou à l'encre. Contrairement au crayon, il s'agit donc ici de supports de dessin sous forme liquide. Les pointes des plumes sont disponibles dans différentes versions qui sont optimisées pour des usages spécifiques.

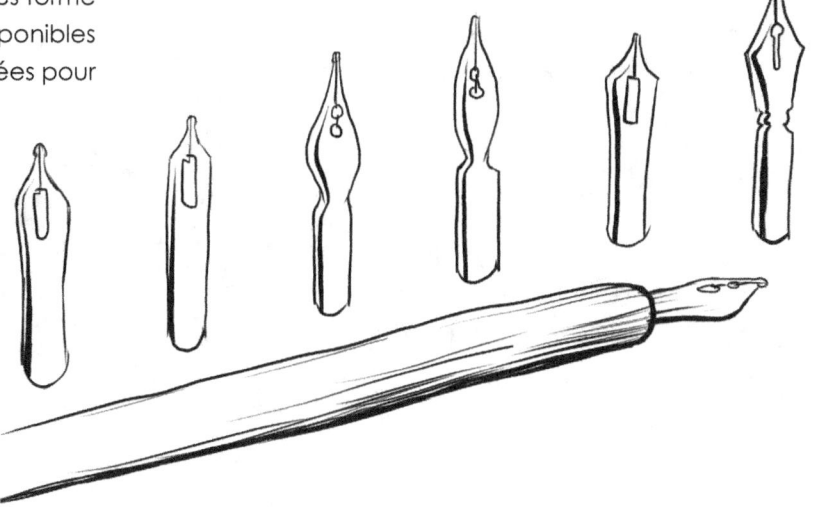

Crayons à encre de Chine

Ces crayons offrent l'avantage de ne pas devoir constamment prendre de l'encre de Chine ou de l'encre à la main comme c'est le cas pour le dessin à la plume. En ce qui concerne les crayons, il existe toute une gamme de produits différents. On y trouve par exemple les feutres de coloriage, les fineliners ou encore les feutres à encre de Chine.

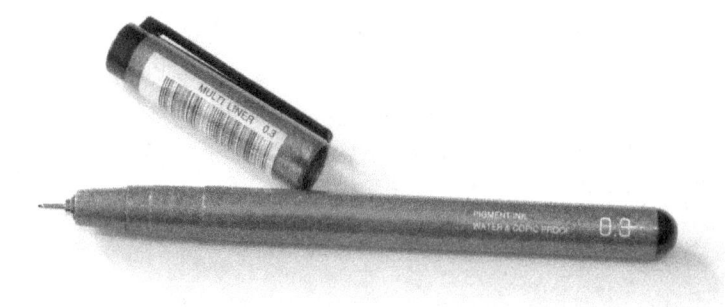

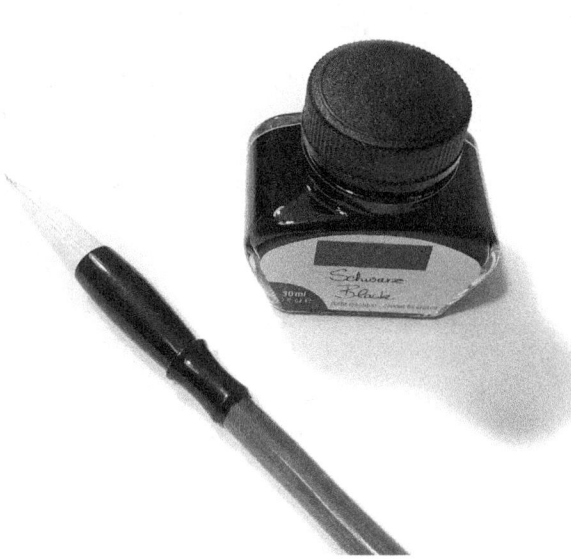

Pinceau

Il est également possible d'utiliser le pinceau pour dessiner. On utilise ici généralement de l'encre de Chine ou de l'encre, mais l'aquarelle peut également être utilisée.

Brushpen

Un brushpen est un pinceau qui sert également comme une recharge d'encre de Chine. C'est pour cette raison que, contrairement au pinceau classique, il n'est pas nécessaire de tremper la pointe du pinceau dans l'encre de Chine pour dessiner.

Selon la pression exercée et la position du stylo, vous pouvez vous servir du brushpen pour peindre des lignes épaisses ou fines.

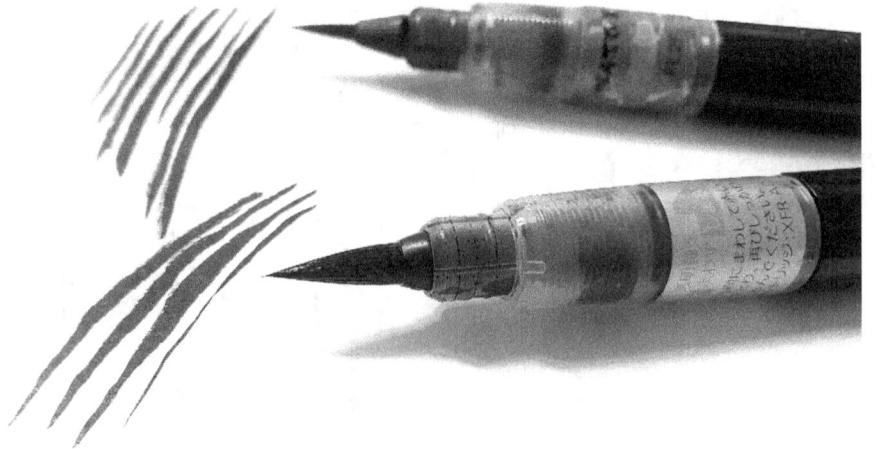

Autre matériel pour le dessin

Papier

Après le crayon, la deuxième chose la plus importante pour dessiner est le support, c'est-à-dire le papier ou le carton à dessin. Le support de dessin est déterminant pour la qualité que l'on peut obtenir d'un dessin.

Les caractéristiques importantes d'un carton à dessin sont, outre le format de la feuille, la rugosité et le poids au m² (grammes par mètre carré). En ce qui concerne le poids, on peut dire que plus il est élevé, mieux c'est, car cela donne au papier une épaisseur et une stabilité accrues. Le niveau de rugosité dépend des besoins personnels.

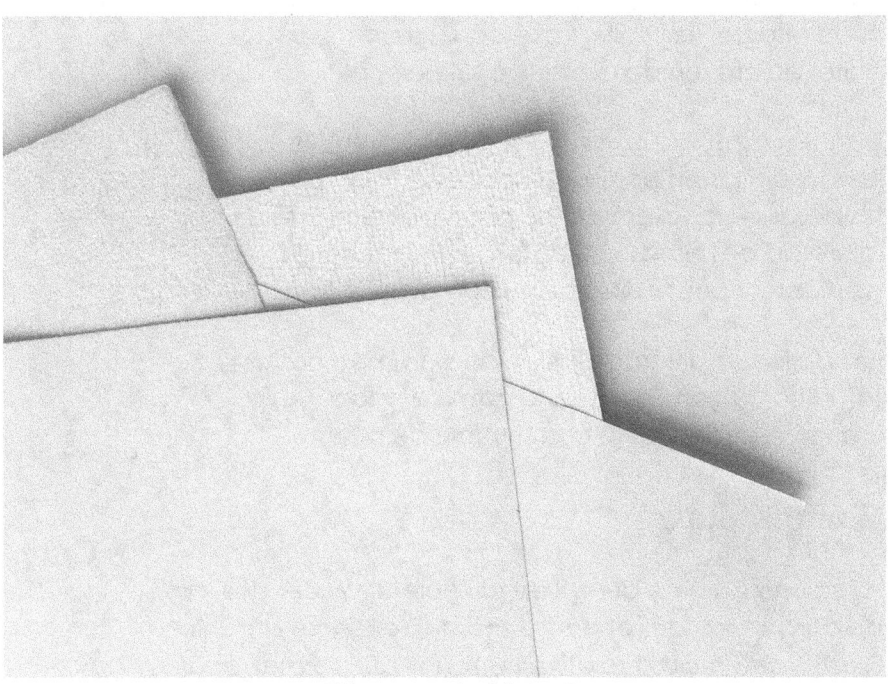

Différents papiers à dessin

Taille-crayon

Le taille-crayon permet de maintenir les crayons et les crayons de couleur pointus et de tracer ainsi des lignes fines et précises. Il existe en différentes versions et tailles.

Pour le dessin, il est recommandé d'utiliser une machine à tailler manuelle. Car elle est plus agréable à utiliser qu'un taille-crayon normal. En outre, on risque beaucoup moins de casser la pointe du crayon en le taillant. Certains artistes utilisent également un couteau bien aiguisé pour tailler leurs crayons.

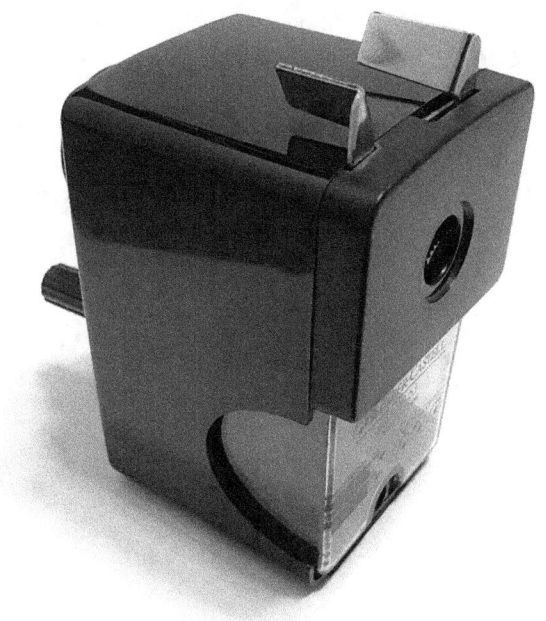

Machine à tailler manuelle

Gomme

Contrairement à ce que l'on pourrait penser au premier abord, la gomme n'est pas un outil aussi banal. La fonction d'une gomme est bien sûr d'effacer les traits tracés au crayon graphite, au crayon de couleur, à la craie, etc.

Mais, en dessin, la gomme est aussi souvent utilisée spécifiquement pour faire ressortir de petits détails - par exemple, de petits points de lumière ou des bords clairs. Une autre tâche du dessinateur peut constituer l'estompage.

On distingue différents types de gommes, notamment la gomme dure, la gomme douce, le crayon à effacer et la gomme mie de pain.

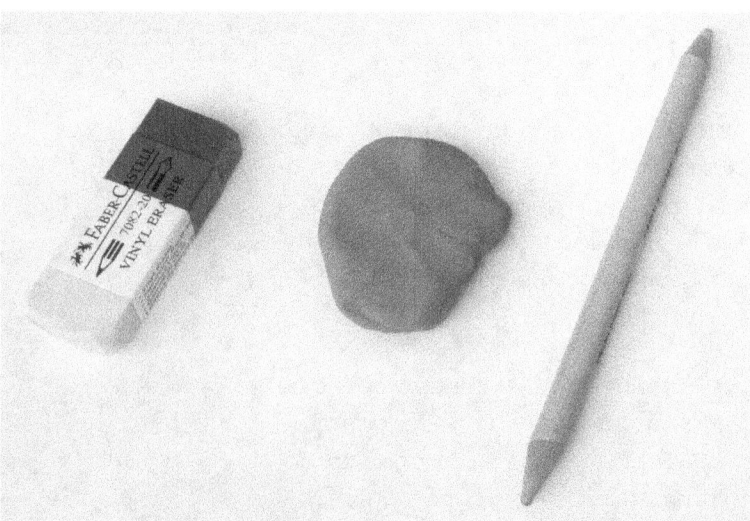

Gomme, gomme mie de pain et crayon à effacer

Gomme dure

Avec une gomme dure, il est possible d'effacer des traits de caractères forts et parfois même de l'encre de Chine. Elle forme un bord relativement net qui permet également de gommer jusqu'aux moindres détails.

L'inconvénient d'une gomme dure est qu'elle peut endommager la structure de la feuille. Il est plus difficile de dessiner sur un papier aussi rugueux.

Gomme douce

Une gomme douce est beaucoup plus adaptée au papier qu'une gomme dure. Cependant, il est plus difficile d'effacer les traits d'encre avec une gomme douce.

Crayon à effacer

Le crayon à effacer permet surtout de faire ressortir les moindres détails des dessins. Il peut ainsi être taillé en pointe. Il existe des crayons dotés à la fois d'un côté dur et d'un côté doux. Le côté doux est parfaitement adapté à l'estompage.

Gomme mie de pain

La particularité de la gomme mie de pain est sa capacité à être modelée. Avec cette gomme, vous pouvez effacer des éléments du dessin par simple pression sur le papier. Cette méthode est particulièrement efficace pour les techniques de dessin poussiéreuses telles que le fusain et le pastel, mais aussi pour les dessins au crayon. Dans ce cas en particulier, la malléabilité est un grand avantage. La gomme mie de pain n'abîme pas le papier, bien qu'elle ne puisse pas effacer complètement les dessins.

LES BASES DE LA REPRÉSENTATION

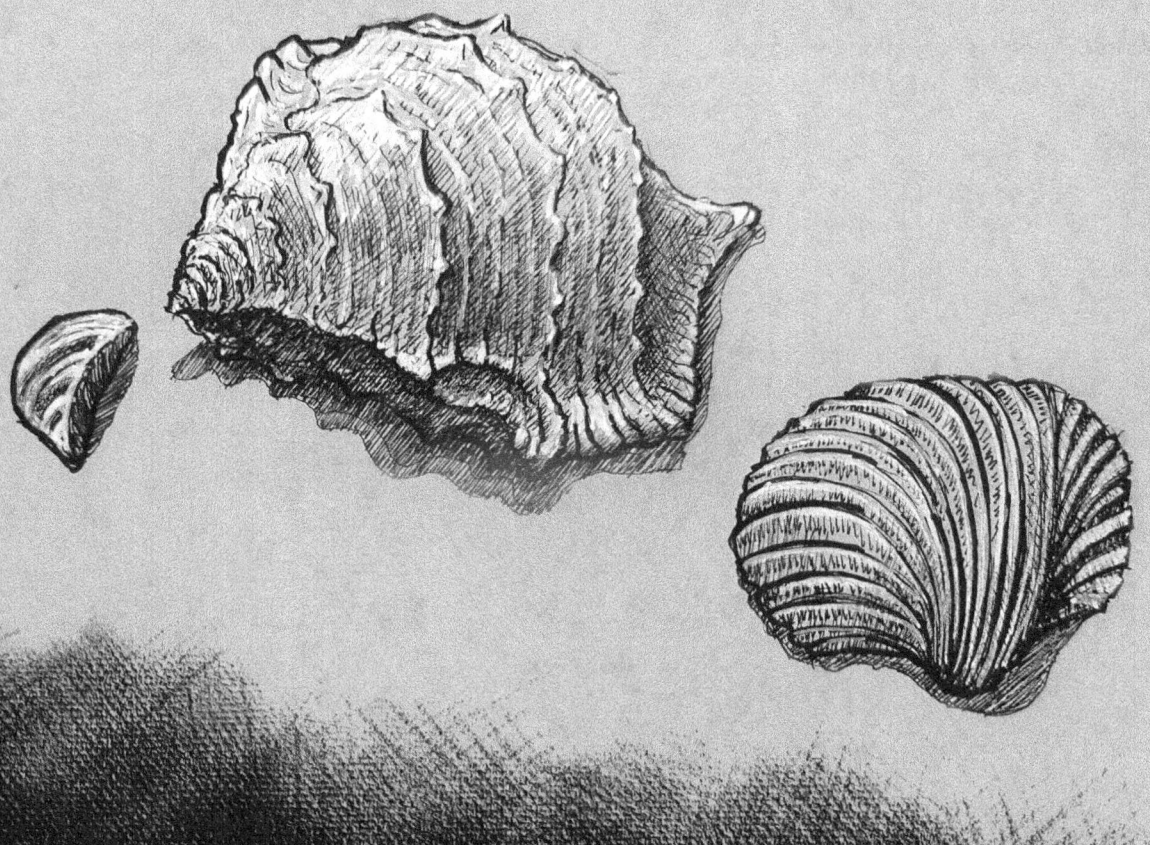

Dans ce chapitre, vous apprendrez des techniques de base que vous pourrez appliquer à tous les sujets. Il s'agit d'une part des principaux moyens d'expression du dessin tels que les lignes, les formes et les surfaces. D'autre part, il s'agit aussi de moyens avec lesquels vous pouvez déjà représenter des objets en trois dimensions, comme la représentation de corps, la transmission de la plasticité et des textures de surface.

Lignes - 1 dimension

La ligne est le principal moyen d'expression du dessinateur. Elle représente en outre le trait caractéristique du dessin, qui le distingue de la façon la plus nette de la peinture.

Au plus simple, les lignes sont unidimensionnelles. Mais si elles suivent un tracé courbe, elles prennent déjà la deuxième dimension.

Il ne faut jamais sous-estimer la force de la ligne. Elle vous permet de représenter tout ce que vous pouvez imaginer, sans même penser aux contours des corps complexes. Même les lignes isolées peuvent se révéler remarquablement expressives.

Types de lignes

Dans les images suivantes, vous trouverez les types de lignes les plus courants pour le dessin. On peut distinguer, entre autres, les lignes longues, courtes, décalées, entrelacées et courbes.

Essayez de faire de multiples expériences lorsque vous dessinez, en variant et en combinant différents types de lignes. Il en résulte d'innombrables possibilités.

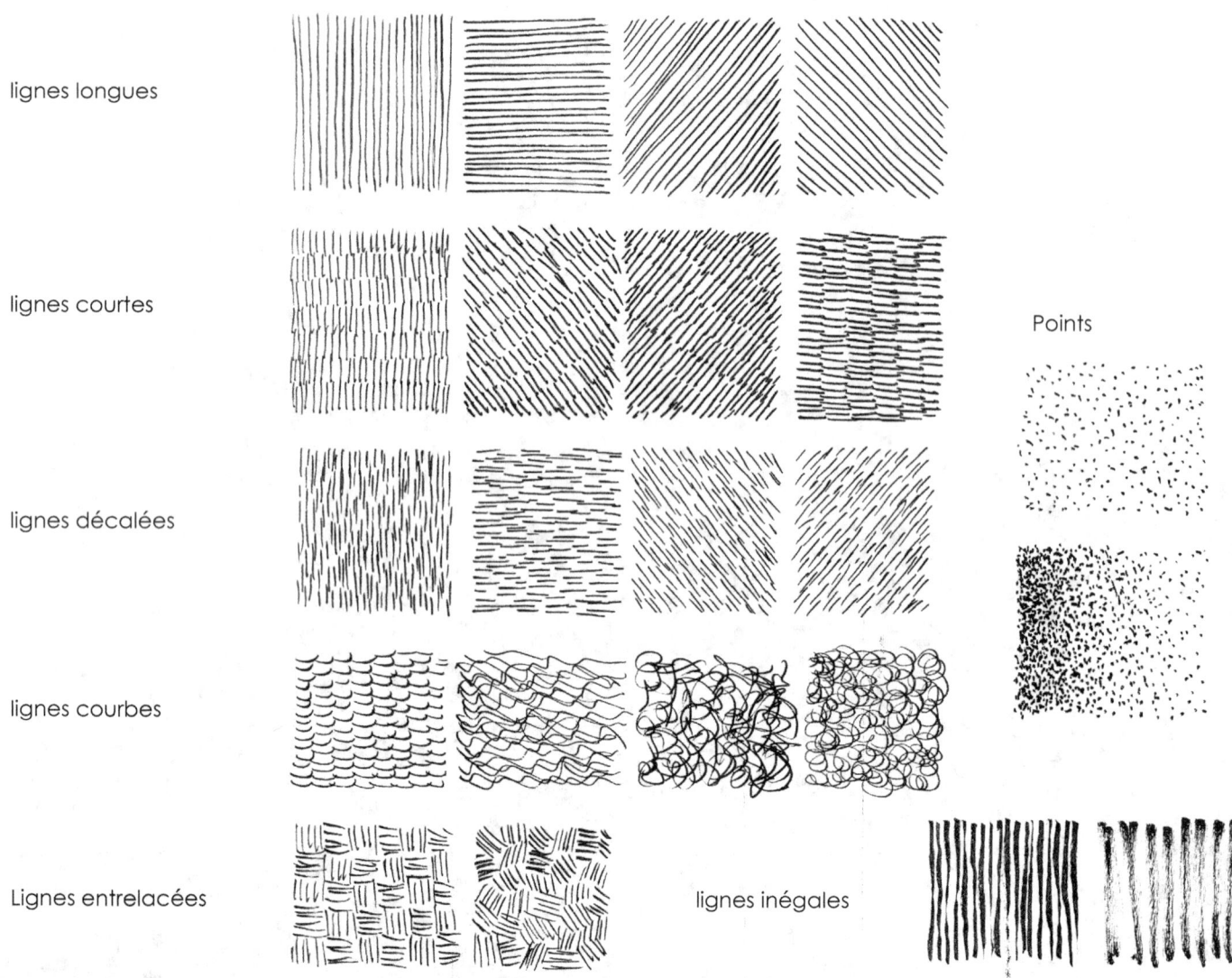

lignes longues

lignes courtes

lignes décalées

lignes courbes

Lignes entrelacées

lignes inégales

Points

LES BASES DE LA REPRÉSENTATION

Exercice

Dans un exercice simple, essayez de dessiner quelques lignes de différentes formes et de différentes dynamiques : lignes droites, lignes courbes, lignes tracées avec soin ou même avec tempérament - tout est permis.

Cet exercice est également toujours utile avant de commencer un dessin, car il permet de se détendre et de prendre de l'élan.

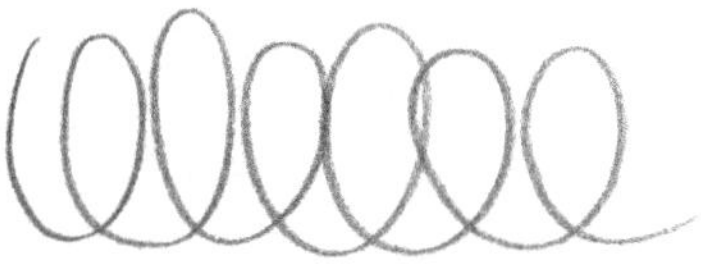

Ligne en forme de spirale 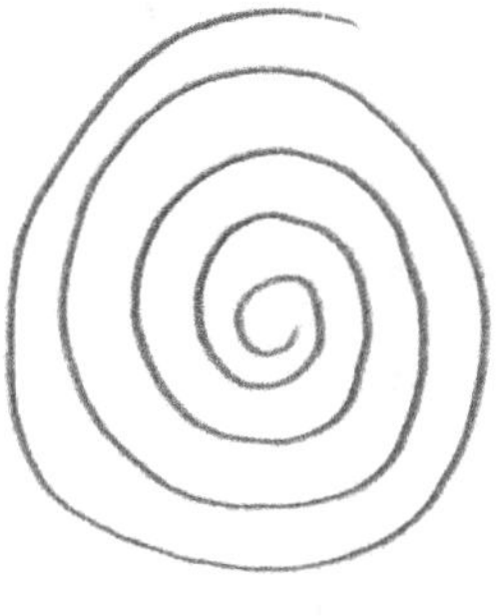   *Ligne en spirale* 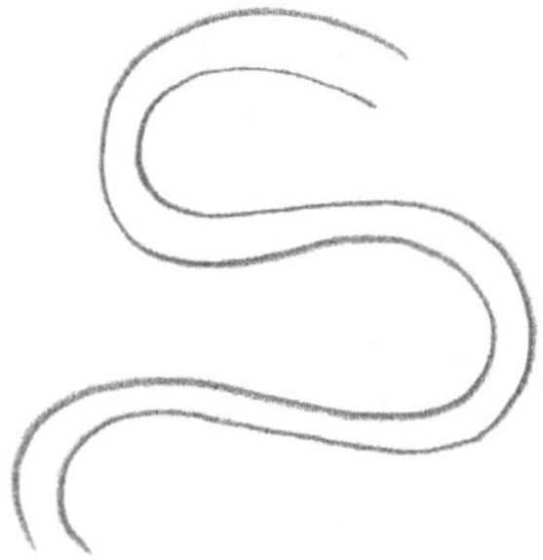   *Lignes parallèles* 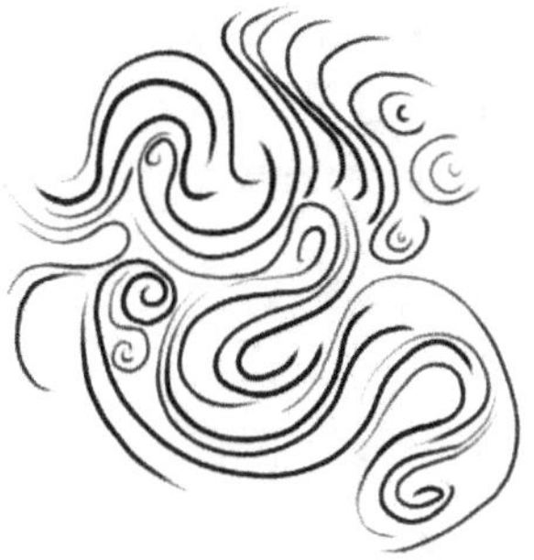   *Lignes parallèles*

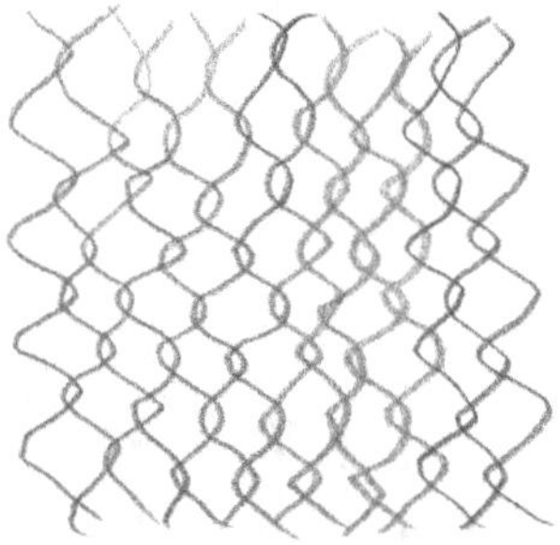

Lignes entrelacées 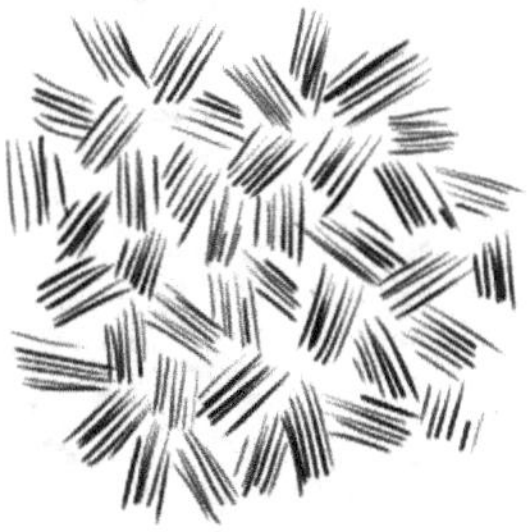   *Faisceaux de traits* 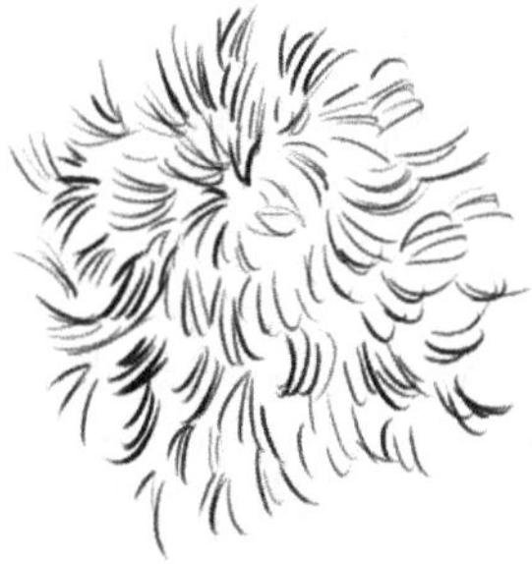   *Faisceaux de traits courbes* 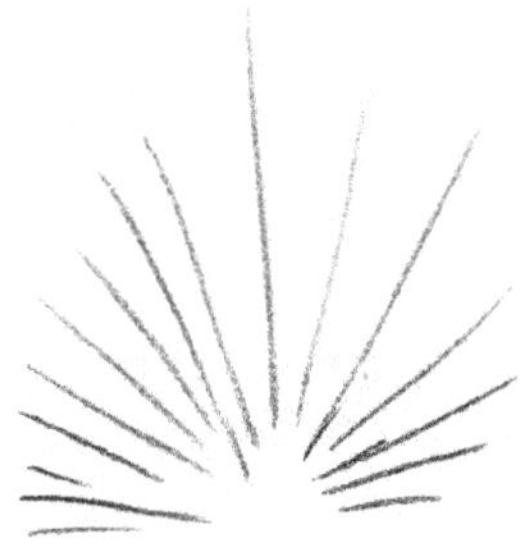   *Lignes en forme de rayons*

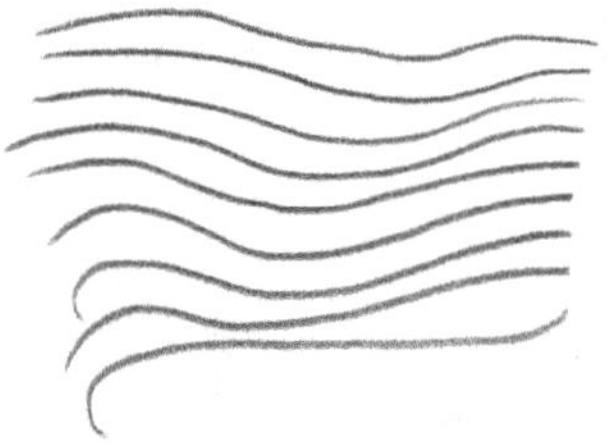

Lignes légèrement ondulées 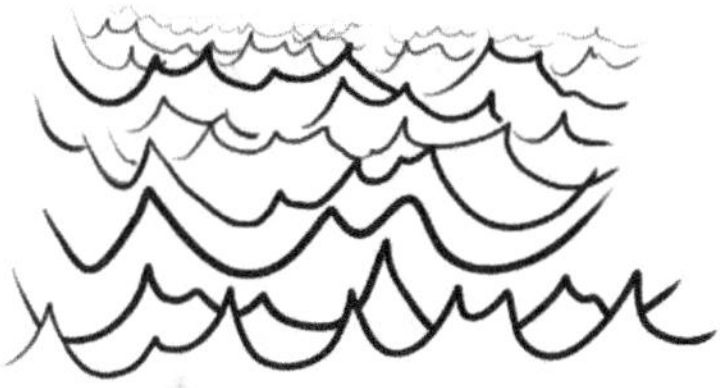   *Ondes* 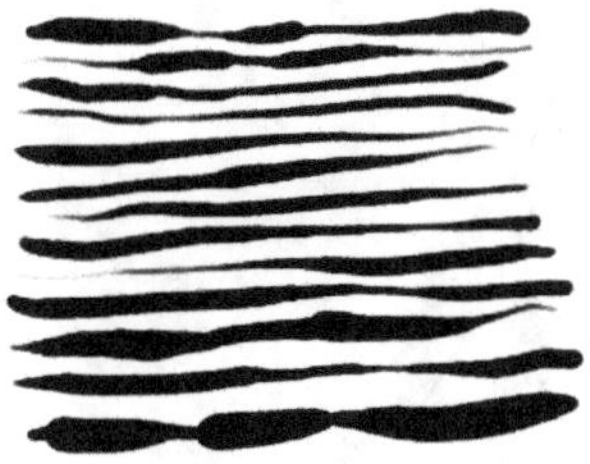   *Lignes irrégulières* 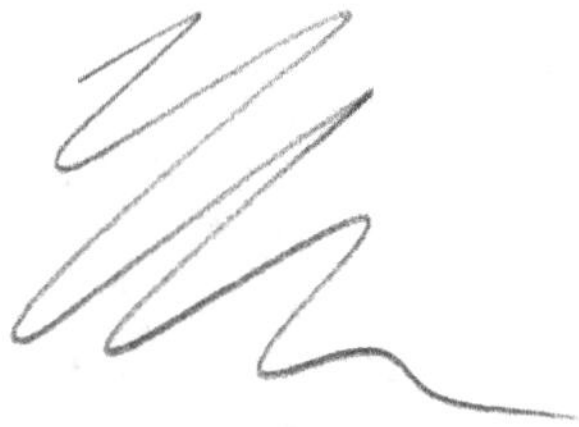   *Ligne gribouillée pleine de mouvement*

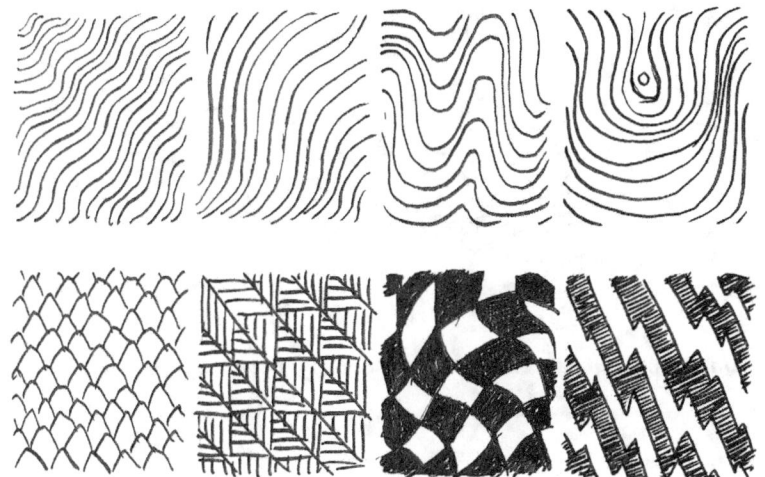

Modèle

Avec les lignes, vous pouvez créer de nombreux motifs. Les motifs peuvent servir d'éléments d'ornement et de décoration, mais ils peuvent également représenter des structures de surface dont nous vous reparlerons.

Esquisses avec des lignes

Avec des lignes simples, il est déjà possible d'esquisser de petites images sans avoir recours à d'autres méthodes de dessin plus complexes. Il suffit de quelques traits pour réaliser des petits sujets et des mini-paysages comme vous pouvez le voir sur les images suivantes. Le mieux est d'essayer vous-même et d'imaginer vos propres créations.

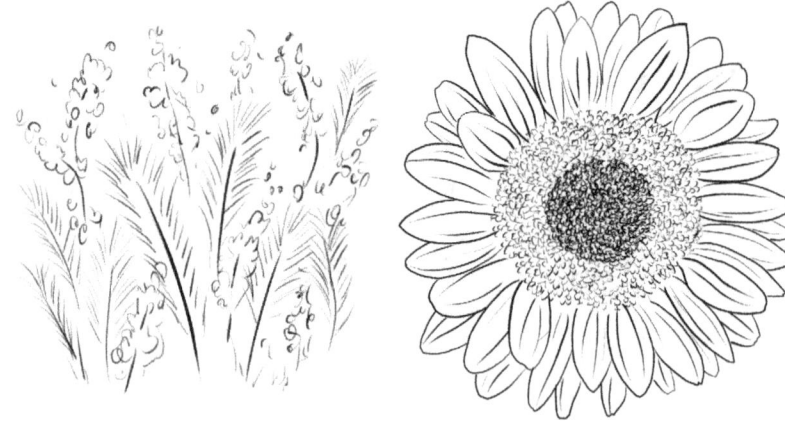

Plantes   *Tournesol*

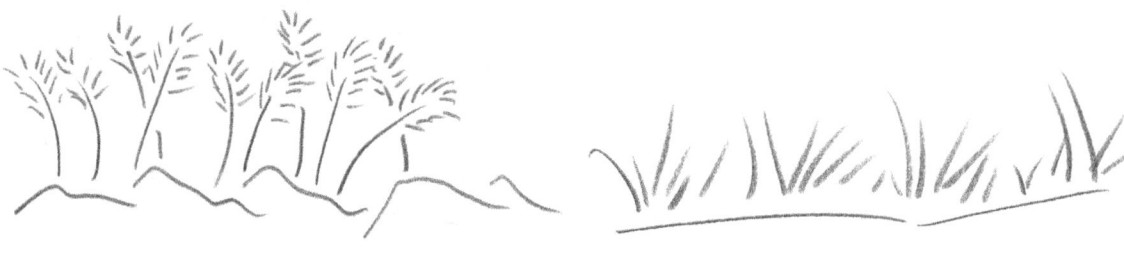

Champ de céréales   *Paysage d'herbe*

Il est également possible de donner un certain effet spatial avec des lignes simples. Ce qui est déterminant, c'est le tracé des lignes, également les unes par rapport aux autres.

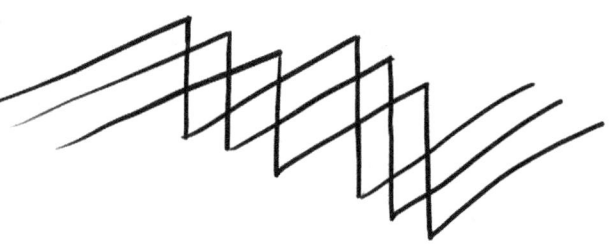

Des lignes parallèles qui forment deux niveaux

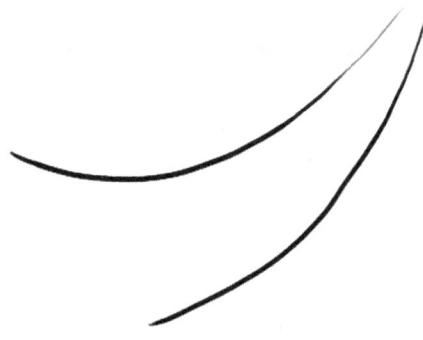

Plusieurs lignes qui semblent se prolonger en profondeur

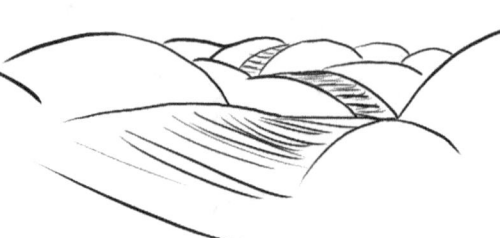

Courbes en forme de collines - un effet de profondeur grâce à la réduction de la taille

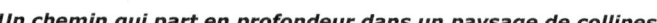

Un chemin qui part en profondeur dans un paysage de collines

Deux courbes qui semblent se prolonger en profondeur

18   LES BASES DE LA REPRÉSENTATION

Épaisseur de ligne

En travaillant principalement avec des lignes comme outil de conception, vous pouvez obtenir des effets merveilleux en variant la force de la ligne. On dessine d'abord avec une ligne plus fine, puis on recommence avec une ligne plus épaisse. On ajuste donc l'épaisseur de la ligne en fonction de la situation.

L'image d'exemple représente deux versions du même portrait. Le dessin de gauche fut réalisé avec une épaisseur de ligne constante. Le résultat est passable. Mais comparé au dessin à droite, où l'épaisseur de la ligne a été modifiée, on constate immédiatement une différence dans l'expressivité de l'ensemble du dessin.

De préférence, aux endroits où une ombre se formerait, on dessine avec une ligne plus forte. Cela crée déjà une légère profondeur grâce à l'utilisation de lignes simples.

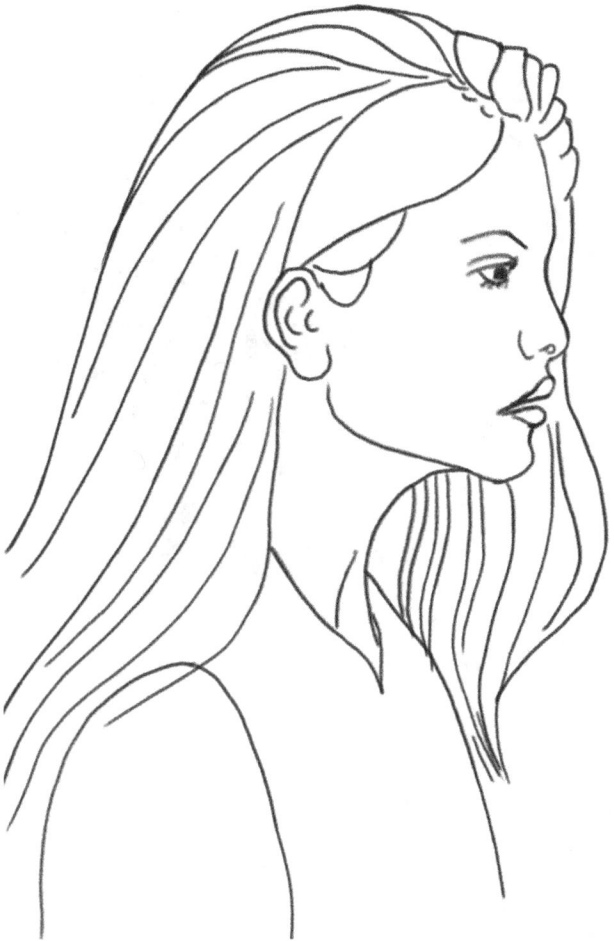
Dessin à épaisseur de ligne constante

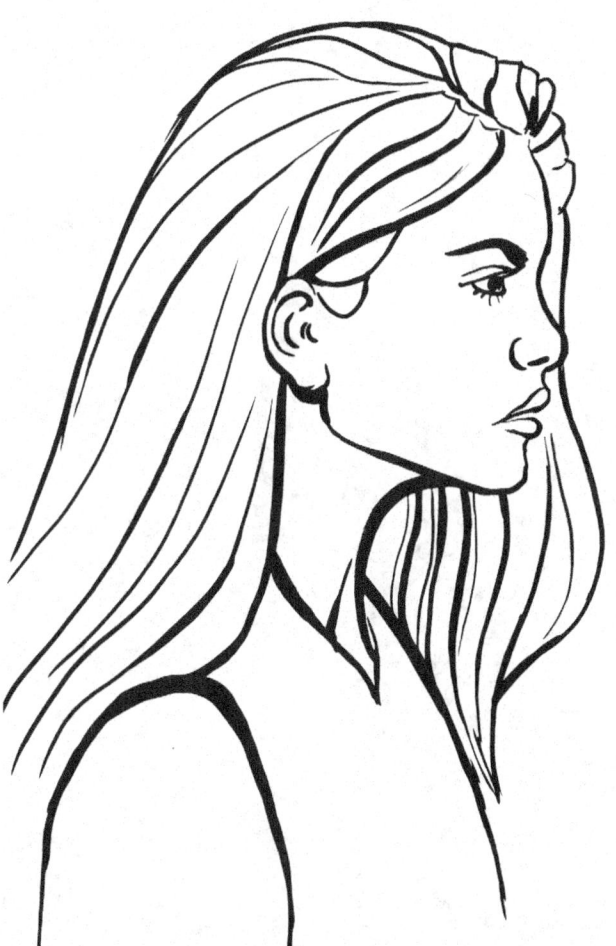
Dessin avec épaisseur de ligne variable

Exemples d'épaisseur de ligne

Les dessins sur cette page montrent quelques exemples de variation de l'épaisseur de la ligne. Étudiez les images pour voir où l'épaisseur de la ligne a été modifiée et quel effet cela a produit.

Dessinez quelques croquis en modifiant l'épaisseur de la ligne. En tant que support de dessin, un stylo à brosse avec de l'encre de Chine convient particulièrement bien.

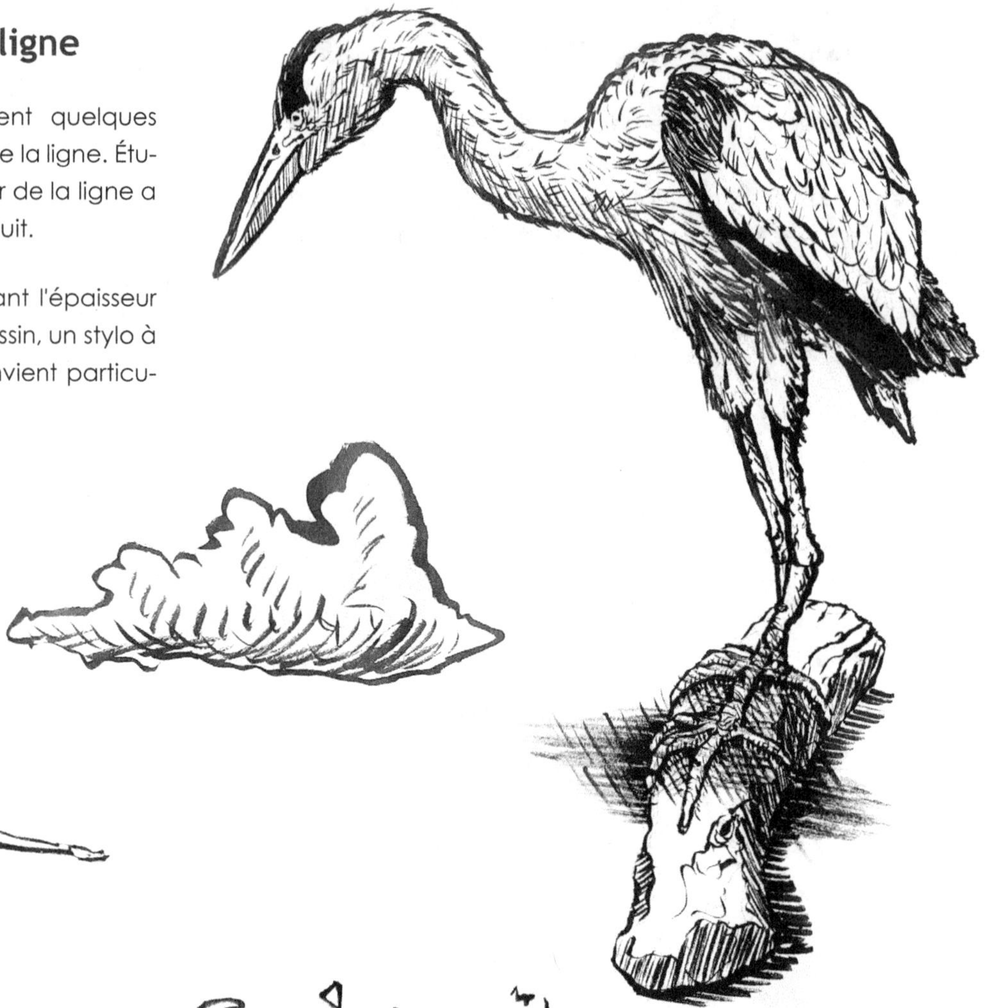

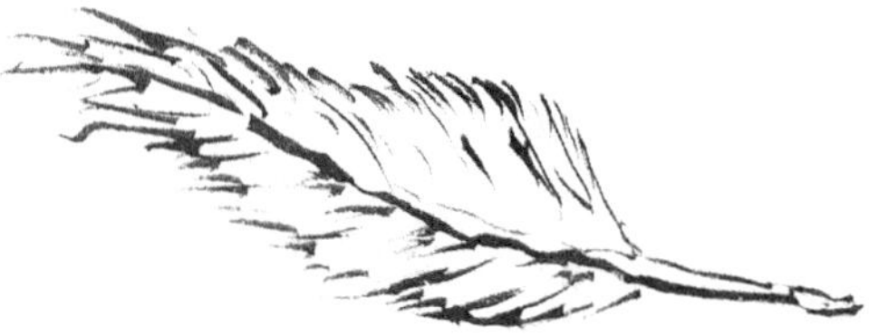

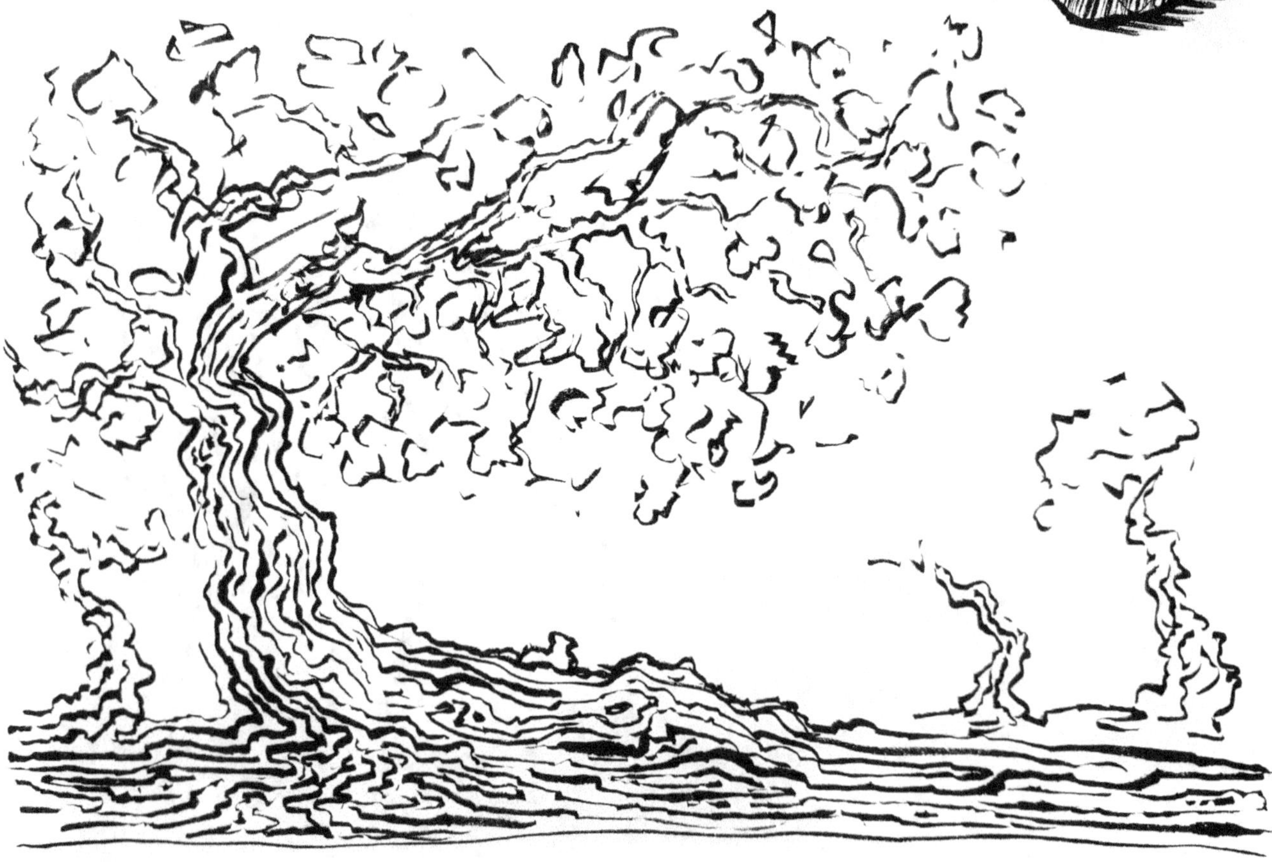

Formes et surfaces - 2 dimensions

Formes

Dans les exercices et les exemples avec des lignes simples, vous avez certainement déjà remarqué que quelques lignes permettent déjà d'obtenir les formes les plus diverses. On parle typiquement d'une forme lorsqu'une ligne délimite une certaine zone. Mais même si les lignes ne délimitent pas complètement une zone, il est souvent possible de reconnaître une forme, ou du moins de la deviner.

Un bon exercice sur le thème des formes consiste à dessiner des formes de base. Dans les dessins illustrés, vous trouverez des exemples à reproduire. Vous pouvez aussi imaginer vos propres formes et les esquisser. Il est utile de s'entraîner sur ces formes de base, car on les rencontre toujours en dessinant les sujets les plus divers.

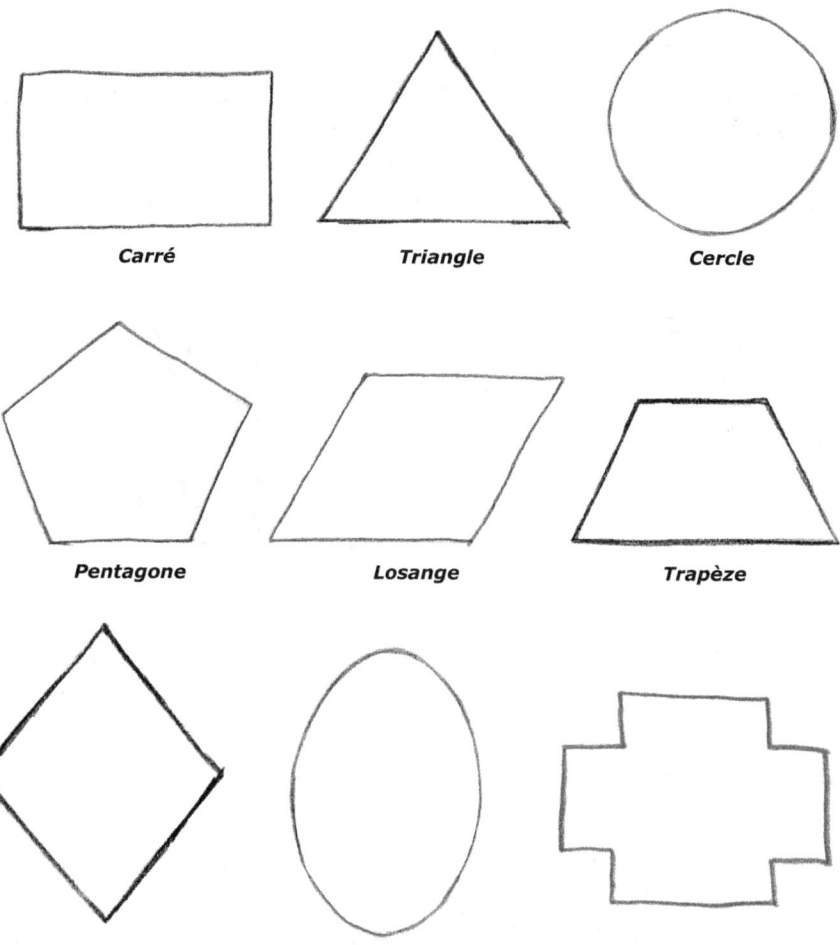

Carré   *Triangle*   *Cercle*

Pentagone   *Losange*   *Trapèze*

Losange   *Ovale*   *Croix*

Les formes telles que nous venons de les dessiner sont toujours bidimensionnelles. Cependant, elles permettent déjà de représenter des objets réels. La skyline que vous pouvez voir sur l'image suivante en est un bon exemple. Même s'il ne s'agit ici que de lignes et de formes, en observant l'esquisse, on comprend immédiatement ce qu'elle veut représenter.

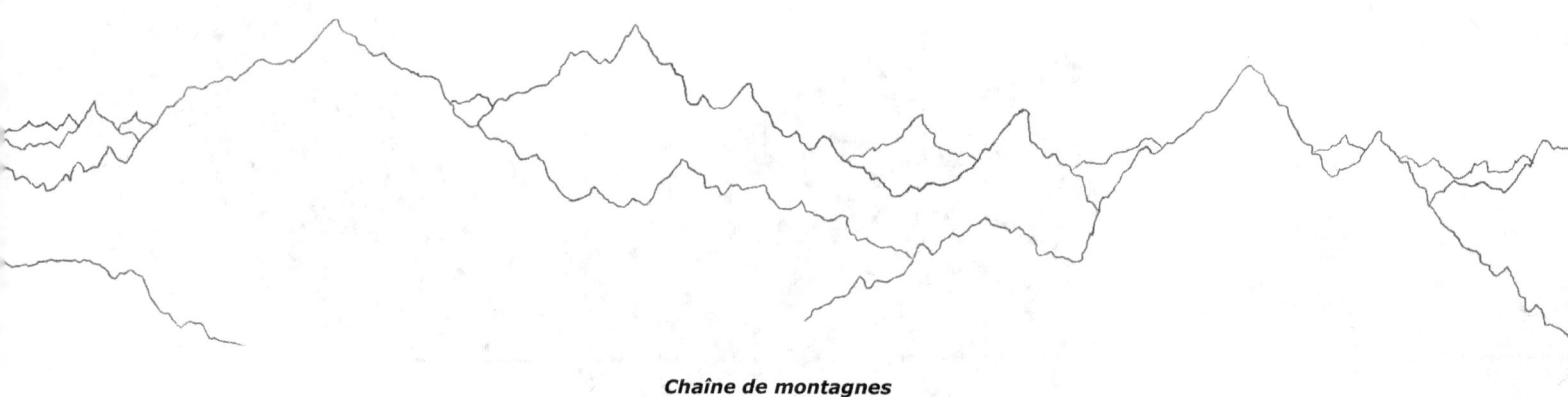

Chaîne de montagnes

Surfaces

Si vous remplissez une forme avec de la couleur, elle devient immédiatement reconnaissable en tant que surface. Lorsque nous dessinons, nous travaillons généralement avec différentes nuances de gris. Les valeurs extrêmes sont le noir et le blanc. Entre les deux, comme chacun sait, il existe de nombreux niveaux de gris.

surface uniforme

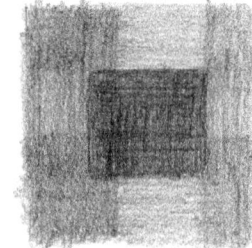
surface contrastée

surfaces réparties

Pour vous entraîner, dessinez quelques surfaces dans différentes nuances de gris. Vous pouvez voir quelques exemples dans les esquisses suivantes.

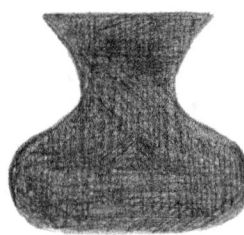
surface formée

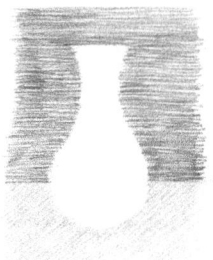
dessin négatif

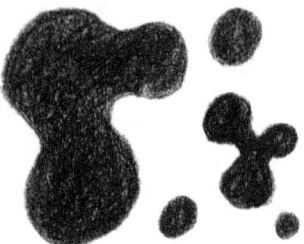
surfaces en forme de gouttes

Dessiner avec des surfaces

Il convient de souligner que vous pouvez travailler seul avec des surfaces en noir et blanc extrêmement expressives. Un exemple : le dessin à l'encre de Chine, où une grande surface représentée en noir représente le motif.

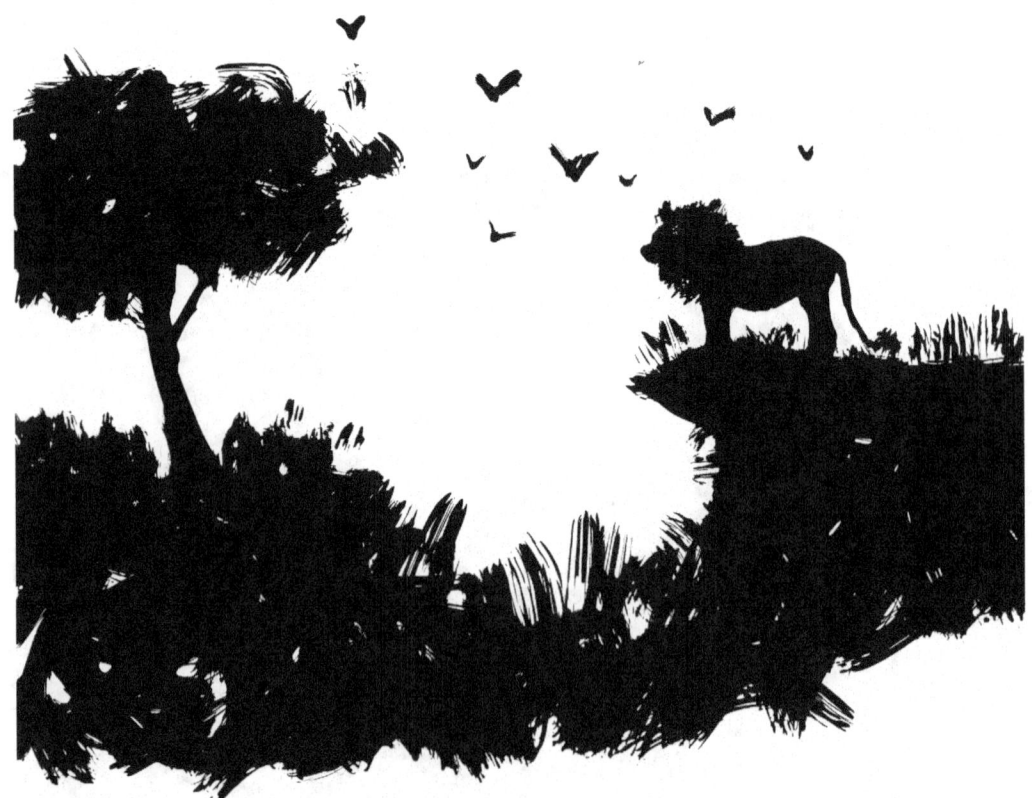

LES BASES DE LA REPRÉSENTATION

Vous avez peut-être déjà remarqué la possibilité de créer des effets de profondeur spatiale avec des surfaces de différentes tonalités. Cela fonctionne très bien, par exemple, dans les paysages, car cela imite un effet d'atmosphère, à travers lequel les éléments plus éloignés semblent plus lumineux.

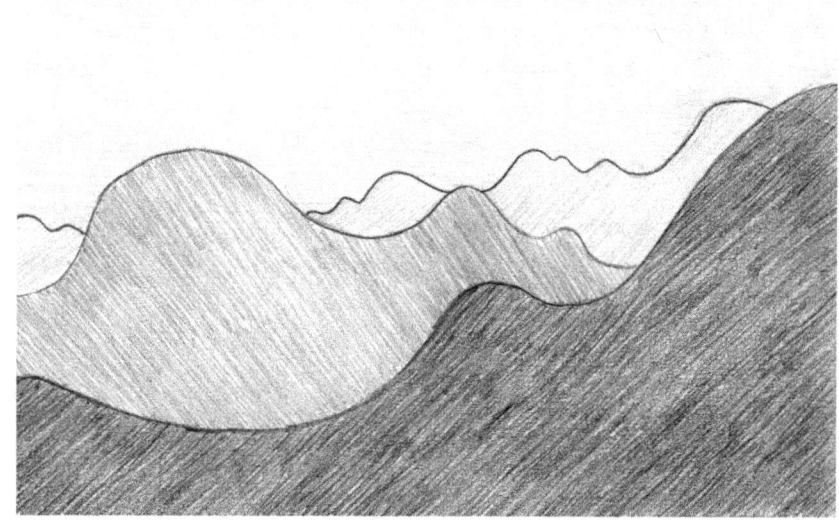

Effet de profondeur dû à l'éclaircissement des surfaces

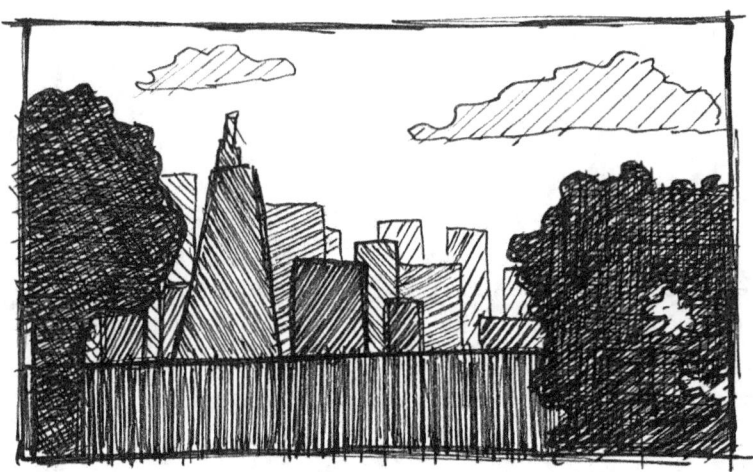

Si l'on réduit les motifs aux surfaces principales et à leurs valeurs tonales supérieures, on obtient des images très simples que l'on peut reproduire avec peu de surfaces.

On peut également travailler avec des lignes dans l'alignement, la densité et les tons appropriés pour créer des esquisses avec une expressivité supplémentaire. Dans le dessin illustré ici - en plus des surfaces de différentes valeurs tonales - l'orientation et la densité des lignes ont été utilisées pour créer un effet de profondeur en trois dimensions.

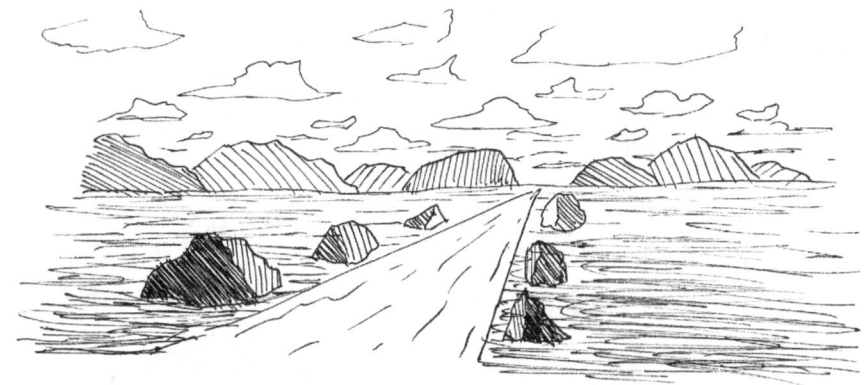

Corps - 3 dimensions

Les formes et les surfaces telles que nous les avons dessinées précédemment sont toujours bidimensionnelles. Il est certes possible d'obtenir certains effets de profondeur, mais cela ne permet pas encore de créer une véritable tridimensionnalité. Toutefois, si l'on assemble plusieurs surfaces, il est possible de donner l'impression d'un corps tridimensionnel.

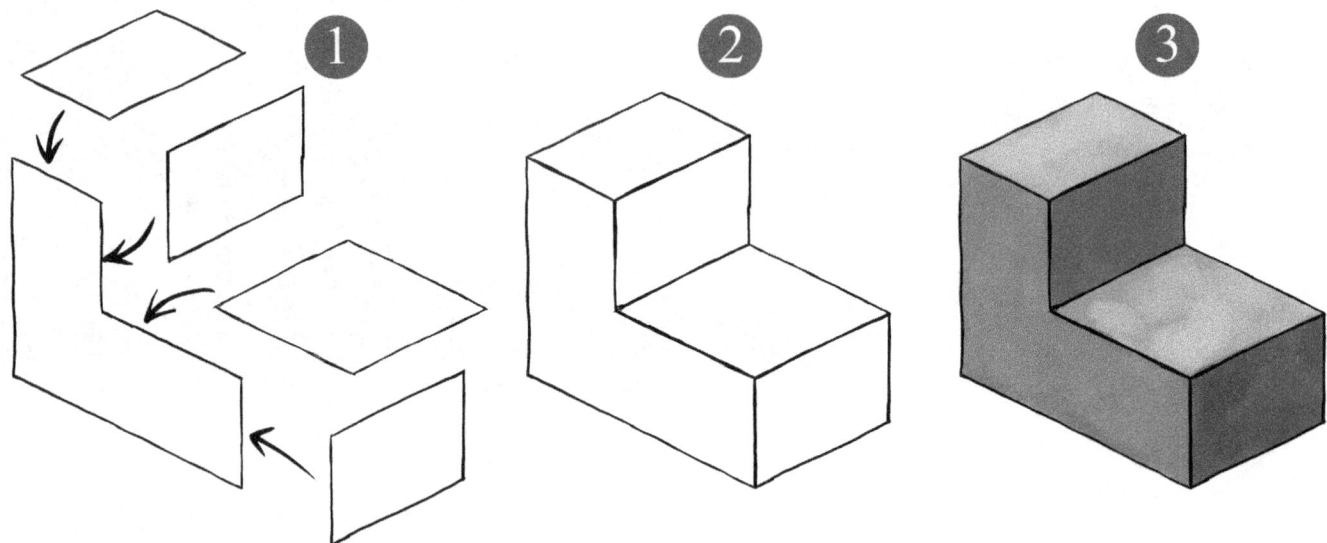

1. Cinq surfaces individuelles donnent naissance à un corps dans 2., à un corps avec une ombre dans 3.

Par corps, on entend, du point de vue de la géométrie, une figure tridimensionnelle. C'est-à-dire que si une surface ne s'étend que dans deux dimensions, comme une feuille de papier, un corps s'étend également dans la profondeur de l'espace, comme un cube, par exemple.

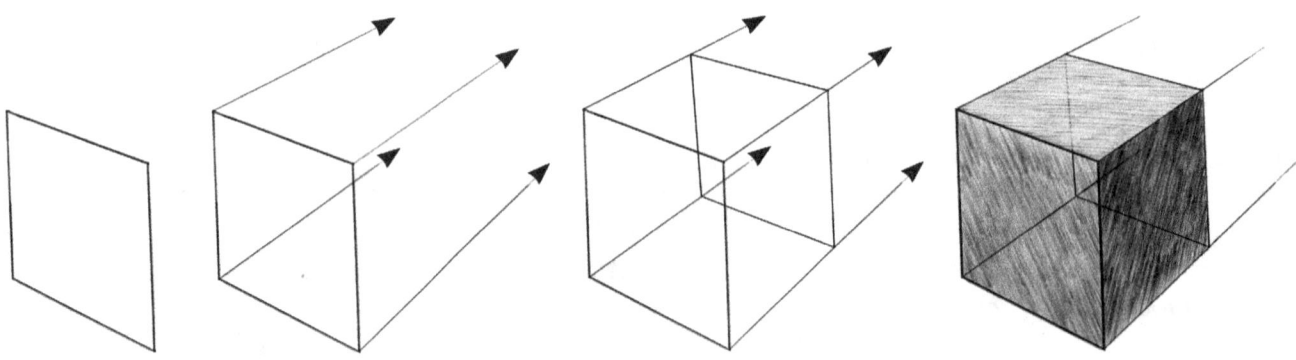

Extension d'une surface à un corps

LES BASES DE LA REPRÉSENTATION

Corps géométriques simples

Dessiner des corps est nettement plus exigeant que d'esquisser des formes bidimensionnelles. C'est pourquoi nous allons commencer par les objets les plus simples et passer progressivement au niveau supérieur.

Les esquisses suivantes représentent des corps importants et simples que vous pouvez reproduire pour vous entraîner :

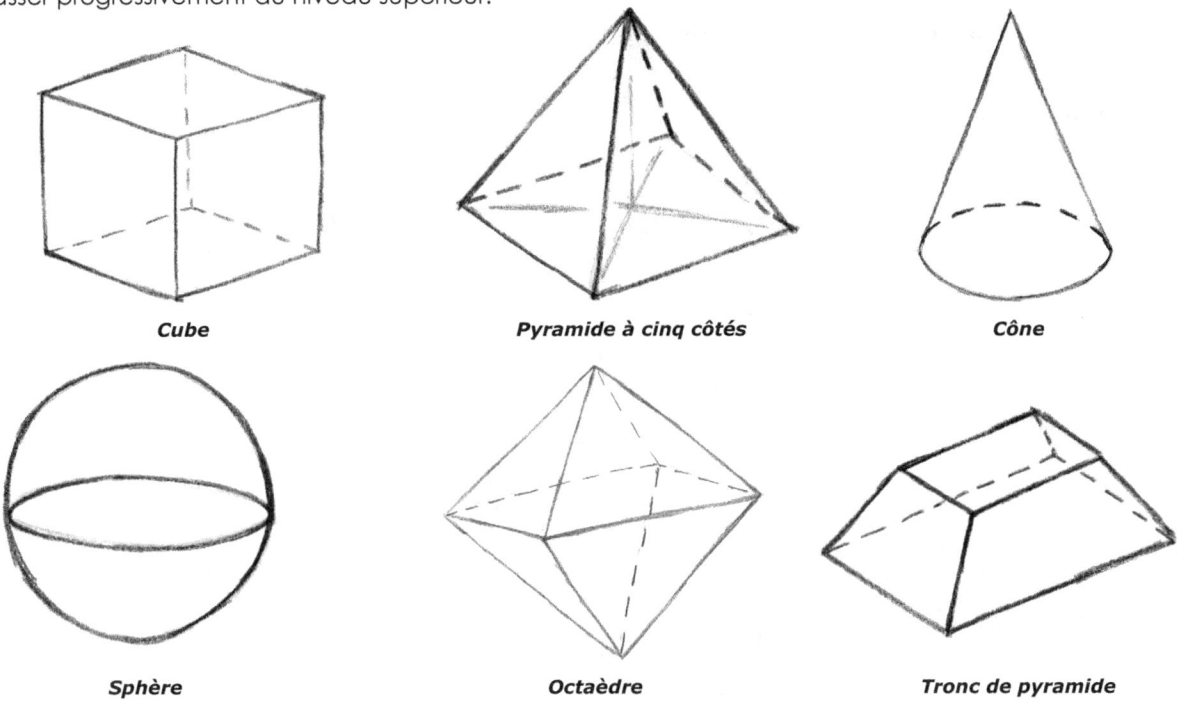

Cube   *Pyramide à cinq côtés*   *Cône*

Sphère   *Octaèdre*   *Tronc de pyramide*

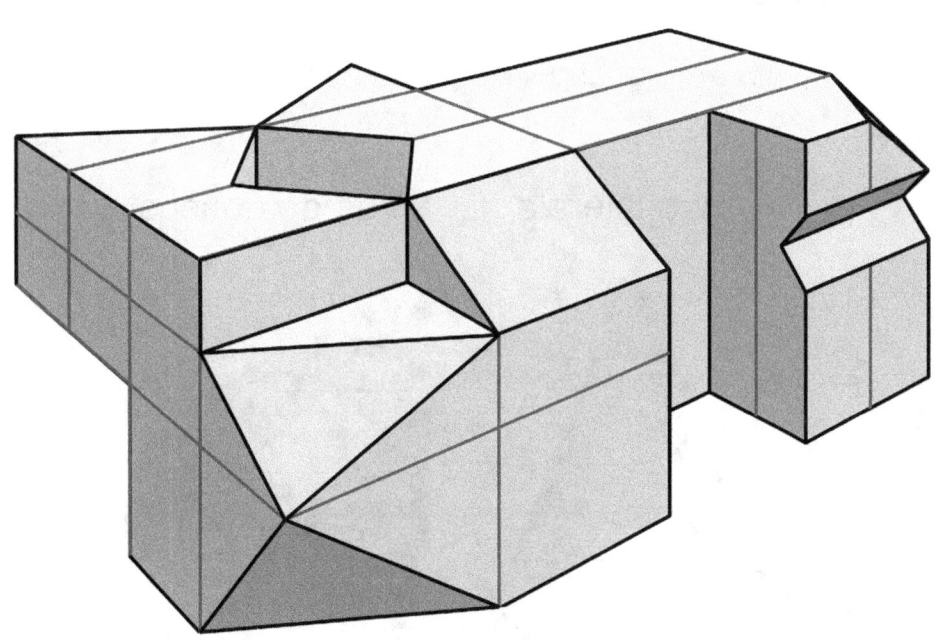

corps géométrique plus complexe composé de corps simples

Plasticité (communiquer les 3 dimensions)

L'exemple du camion démontre très bien ce que cela signifie de représenter des corps en trois dimensions. Mais tous les sujets ne permettent pas de transmettre l'étendue spatiale de cette manière. Un changement d'angle de vue peut également rendre difficile la description de la forme géométrique d'un sujet de façon compréhensible pour le spectateur.

Si nous observons par exemple un cône directement d'en haut, la représentation exclusive du contour ne permet pas d'identifier la géométrie réelle de ce corps.

Vue latérale
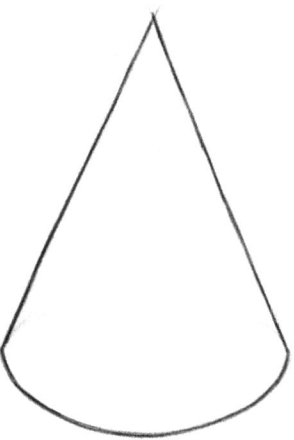

Vue de dessus
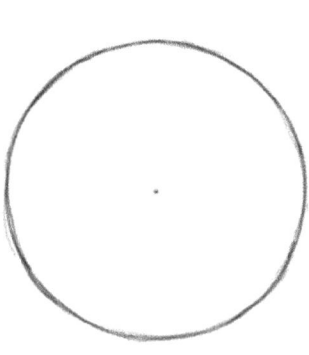

Pour résoudre ce problème, nous devons, en tant que dessinateurs, donner au spectateur des informations supplémentaires sur le sujet représenté. Nous pouvons le faire à travers la représentation des ombres. Grâce à la représentation des ombres, la forme tridimensionnelle d'un corps devient beaucoup plus évidente. On parle aussi de plasticité.

Observez maintenant le cône avec les ombres représentées. La différence se voit instantanément.

Vue latérale
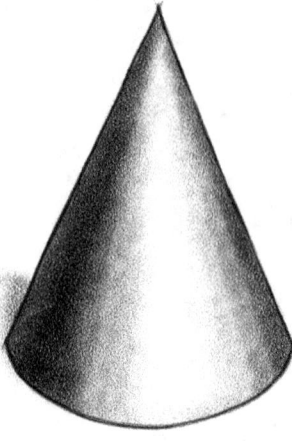

Vue de dessus
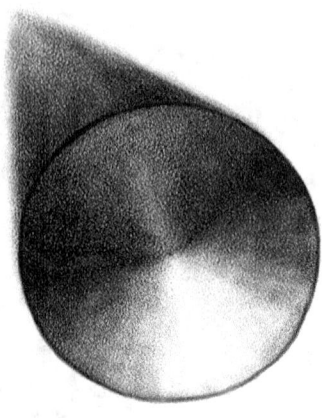

LES BASES DE LA REPRÉSENTATION

L'esquisse suivante d'une chaîne de montagnes montre un autre exemple pratique de corps spatiaux. Ici aussi, les ombres rendent finalement la forme tridimensionnelle reconnaissable.

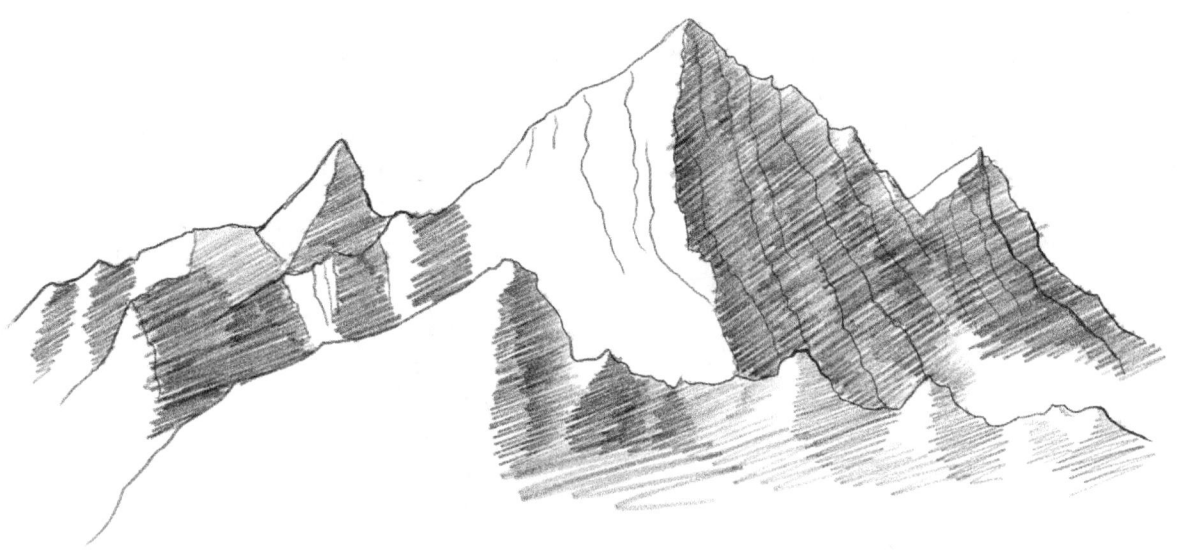

Dessiner plastiquement, c'est donc faire apparaître des corps et des objets en trois dimensions à travers des ombres. Les motifs semblent plastiques, concrets et réalistes.

Au début, il est recommandé de développer et de former le sens de la représentation spatiale et de la plasticité en contemplant et en reproduisant des formes simples. Ceux qui ont gagné un peu de pratique et de sécurité peuvent essayer des objets plus complexes et de forme irrégulière.

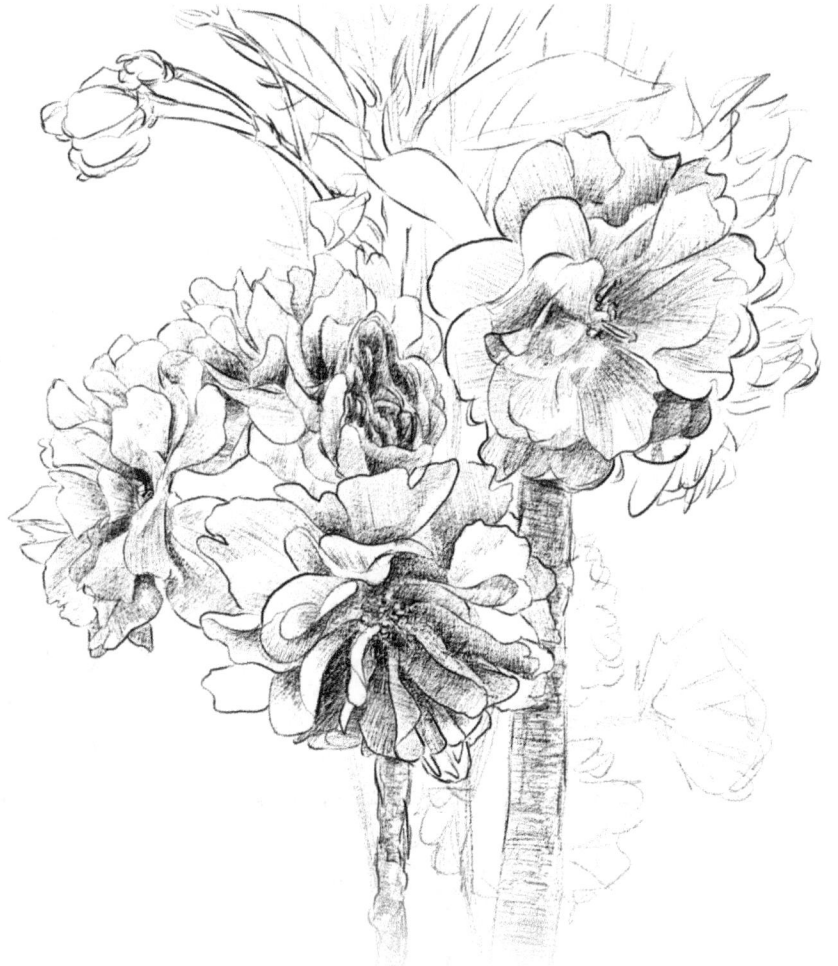

Augmenter la plasticité

Pour un effet plastique plus fort, certains motifs conviennent mieux que d'autres. Par exemple, les formes rondes permettent souvent une meilleure représentation plastique que les formes carrées, car les ombres peuvent se révéler lentes. Surtout les dégradés clair-obscur permettent une très bonne description d'une forme.

La direction d'où émane la lumière joue un rôle important. Vous pouvez augmenter la plasticité en affichant un parcours d'ombre sur un objet rond, qui devient extrêmement sombre vers le bord. Dans le même temps, la zone où la lumière frappe le plus intensément doit être dessinée aussi brillamment que possible.

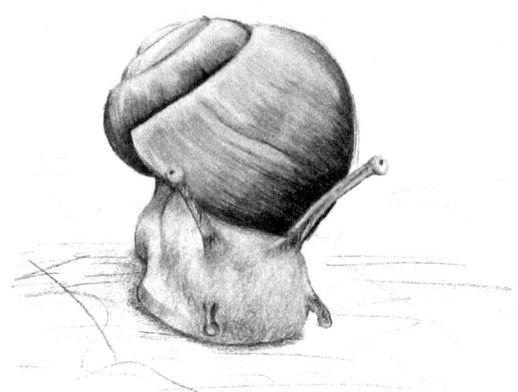

Plasticité élevée grâce à des ombres extrêmement sombres sur le bord de la coquille d'escargot

L'utilisation d'un large spectre de valeurs tonales renforce également l'effet de la plasticité. Cela signifie que vous dessinez du blanc pur au noir profond.

Si l'on compare un dessin au faible spectre de tons avec un dessin au spectre élevé, la différence qualitative de plasticité s'observe très clairement.

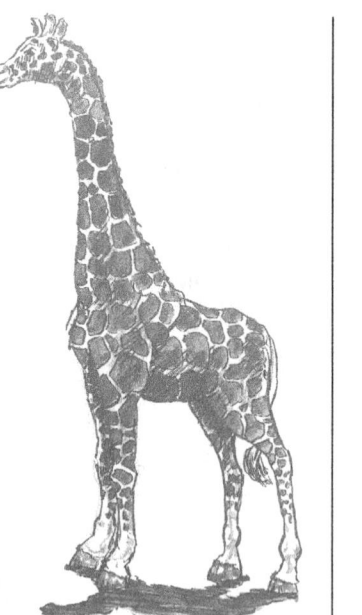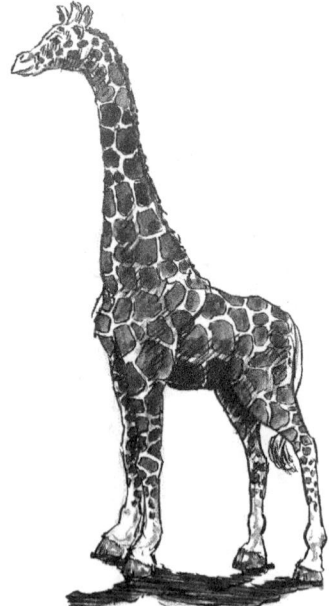

Comparaison de deux dessins au spectre de tons faible (à gauche) et élevé (à droite)

Vous devriez maintenant avoir une première compréhension de l'importance de la plasticité et de l'ombre. Tel était l'objectif de cette section. Vous apprendrez dans l'un des chapitres suivants comment dessiner des ombres. Dans cette étape, ce n'était initialement qu'une question de compréhension pure.

Structures et textures

Outre la plasticité, qui nous permet de communiquer au spectateur la forme tridimensionnelle du sujet, il existe également une possibilité de lui transmettre des informations sur la texture de la surface. Pour ce faire, nous pouvons utiliser des structures ou des textures.

Par exemple, vous pouvez utiliser une texture appropriée pour montrer qu'un objet représenté est confectionné en bois. Ou nous dessinons une surface duveteuse par une structure correspondante.

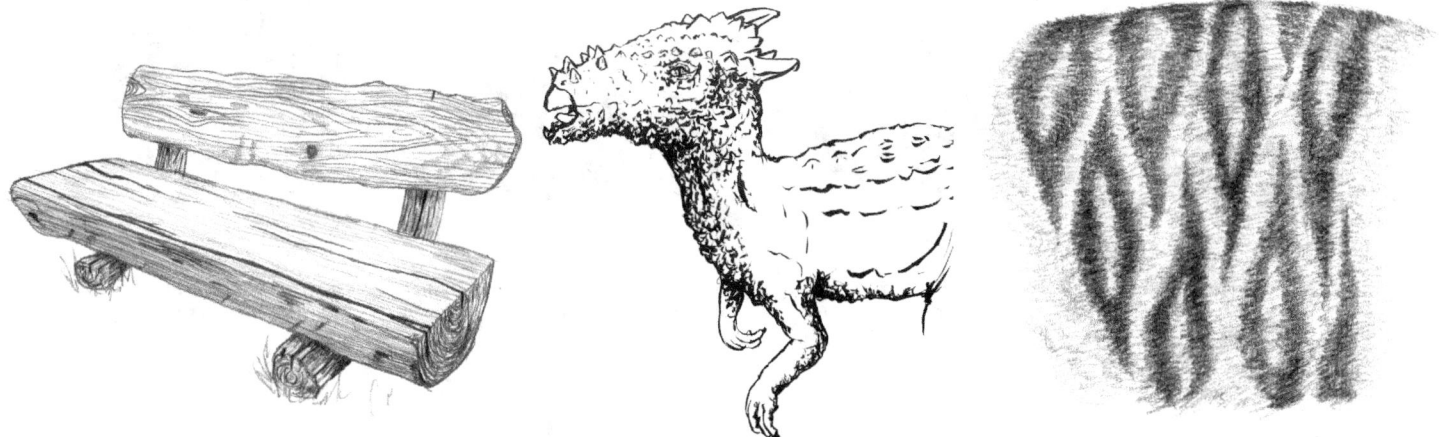

Dessin d'un banc avec une structure en bois et la fourrure d'un tigre

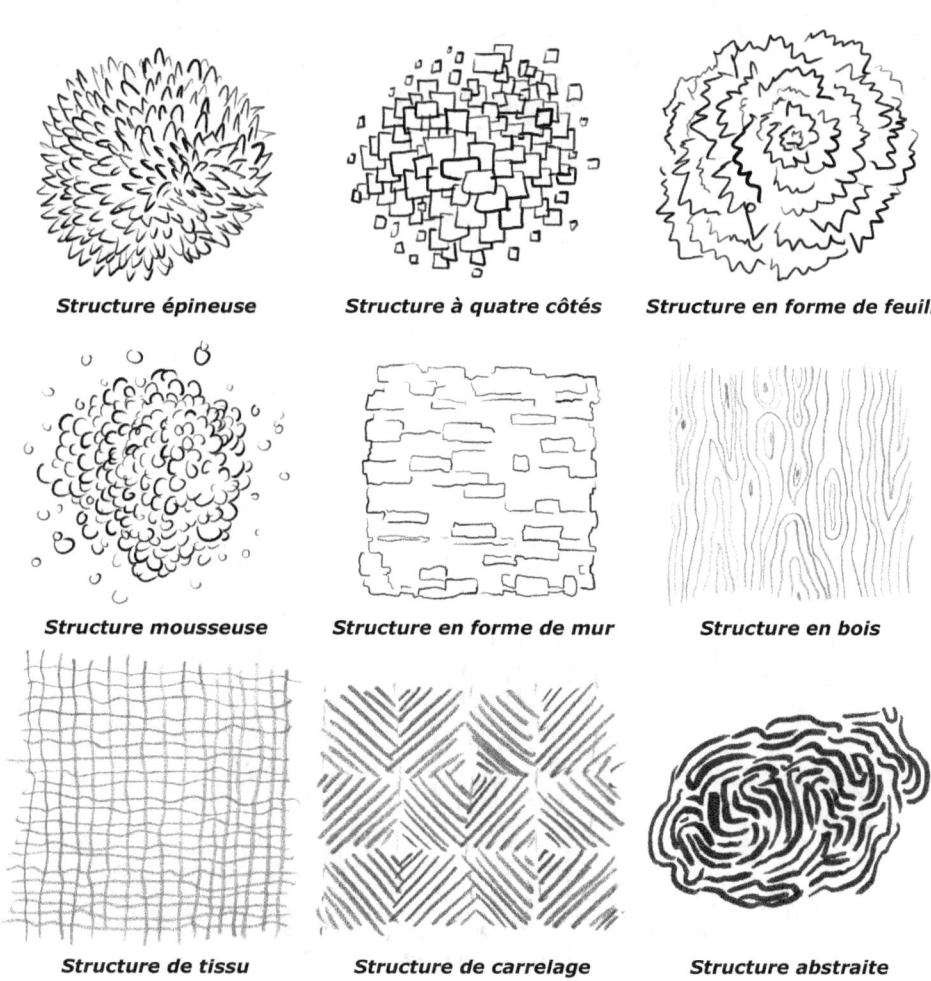

Structure épineuse *Structure à quatre côtés* *Structure en forme de feuille*

Structure mousseuse *Structure en forme de mur* *Structure en bois*

Structure de tissu *Structure de carrelage* *Structure abstraite*

Les structures peuvent être parfaitement représentées par des lignes. En règle générale, les structures ne doivent pas être uniformes pour paraître authentiques et naturelles. Chaque ligne d'une structure peut être différente de par sa forme, sa direction, l'épaisseur de son trait et sa longueur. Ces caractéristiques peuvent même varier dans une même ligne.

Les possibilités d'application des structures et des textures sont très vastes : la laine, les écailles, les graviers, l'eau, la peau, l'herbe et d'innombrables autres choses peuvent être ainsi reproduites.

Comme décrit précédemment, la représentation de la texture et de la structure permet de communiquer des informations supplémentaires au spectateur. La surface créée est ensuite recouverte par les ombres afin de reproduire également la plasticité.

Les ombres peuvent alors être représentées par une texture plus sombre ou plus épaisse, ou en donnant plus de densité à la texture. Bien entendu, on peut aussi recourir à des techniques de dessin comme les hachures. Vous en apprendrez davantage dans les prochains chapitres du livre.

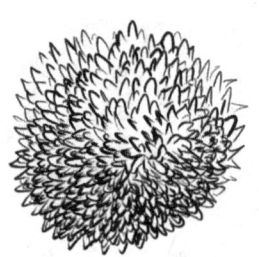
La plasticité à travers une structure plus dense

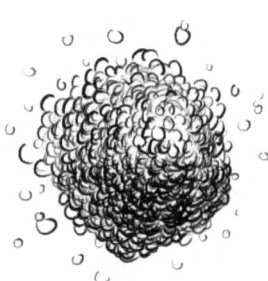
La plasticité à travers une structure plus dense

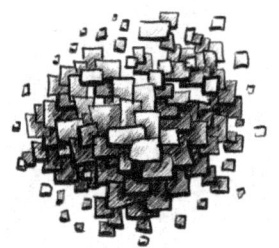
La plasticité à travers l'épaisseur des lignes et les hachures

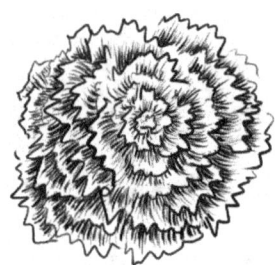
La plasticité à travers les hachures

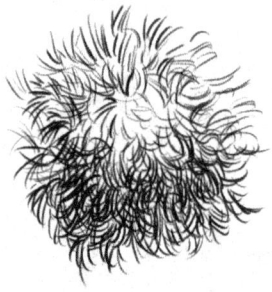
La plasticité à travers une structure plus dense

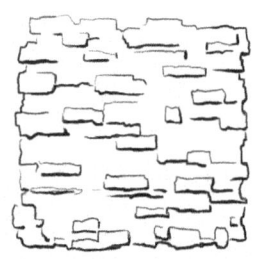
La plasticité à travers l'épaisseur des lignes

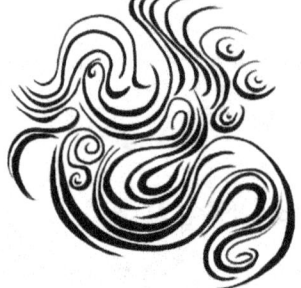
La plasticité à travers l'épaisseur des lignes

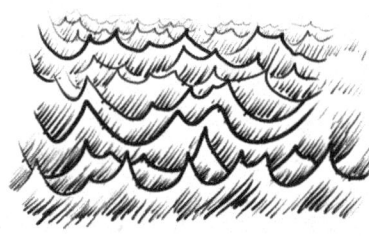
La plasticité à travers les hachures

Structure dans le contour

Lors du dessin du corps, il est également important de reproduire la structure dans le contour. Par exemple, un tronc d'arbre peut détecter une structure grossière de l'écorce. Cette structure devrait également être reconnaissable par un contour inégal correspondant.

Vous trouverez un exemple négatif et positif de structures de contour dans l'illustration affichée ici.

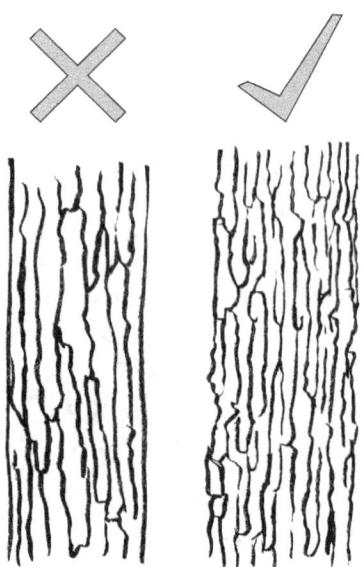
Comparaison tronc d'arbre, à gauche : sans structure de contour ; à droite : avec structure de contour

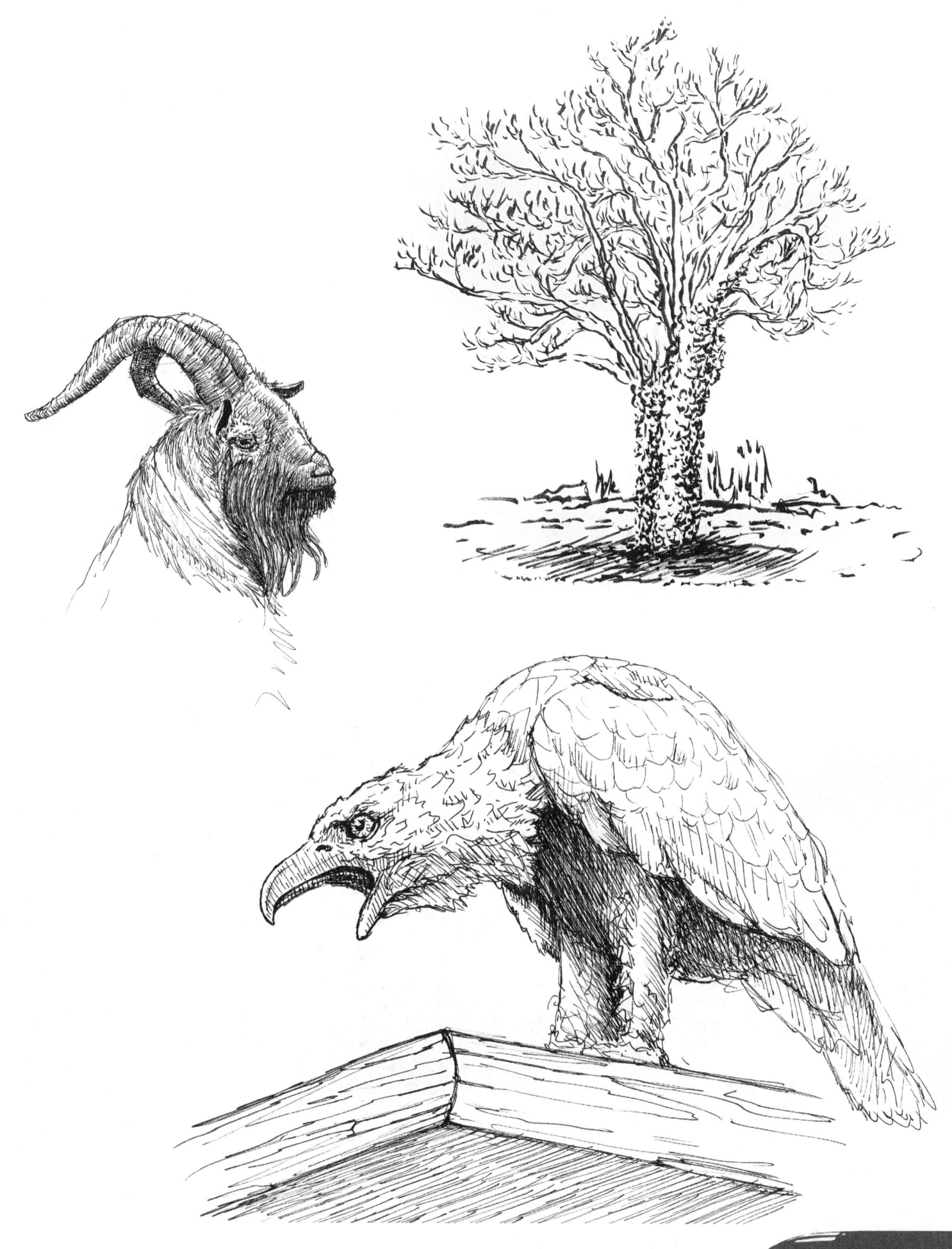

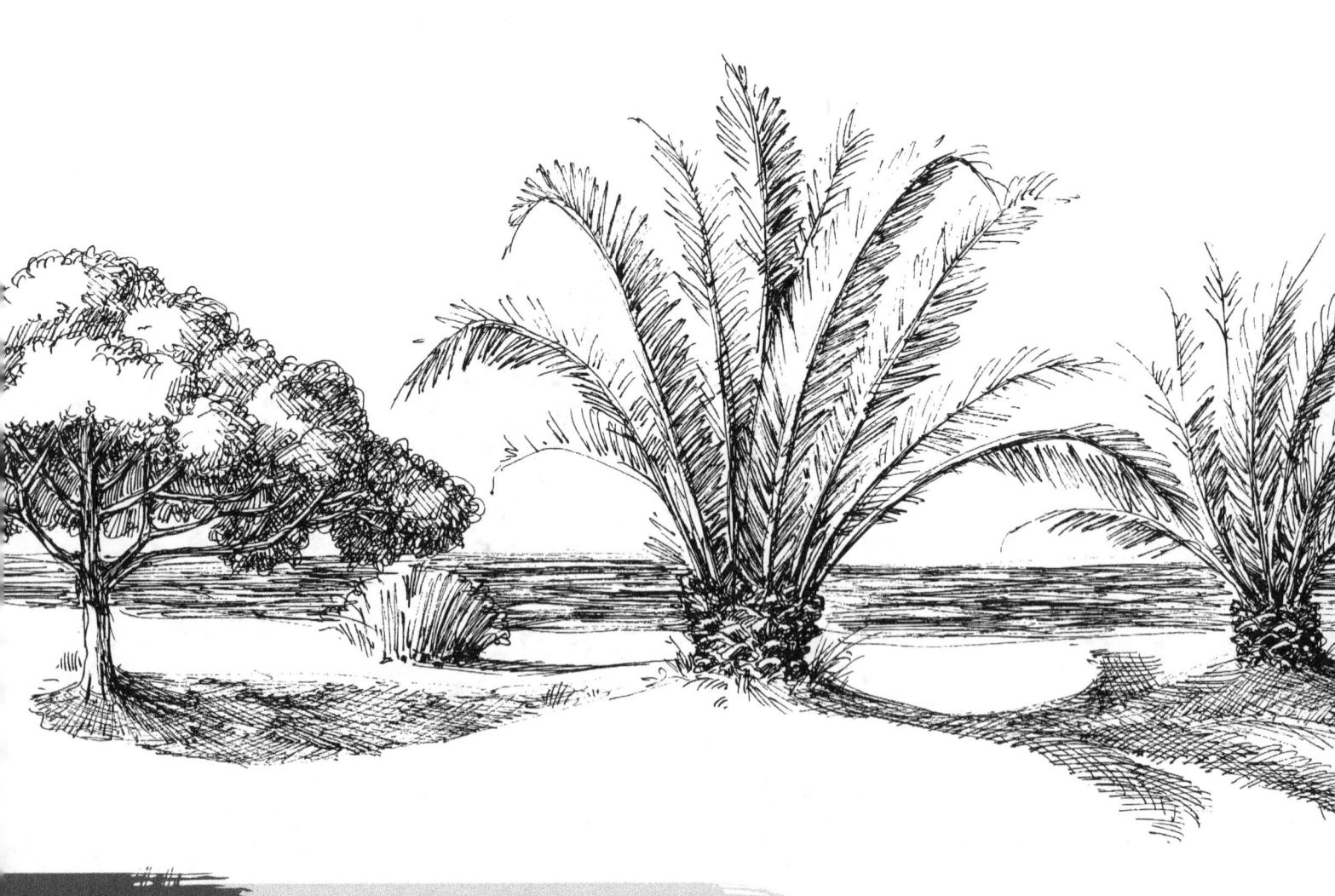

LES BASES DE LA REPRÉSENTATION

PRINCIPES DE BASE DU DESSIN

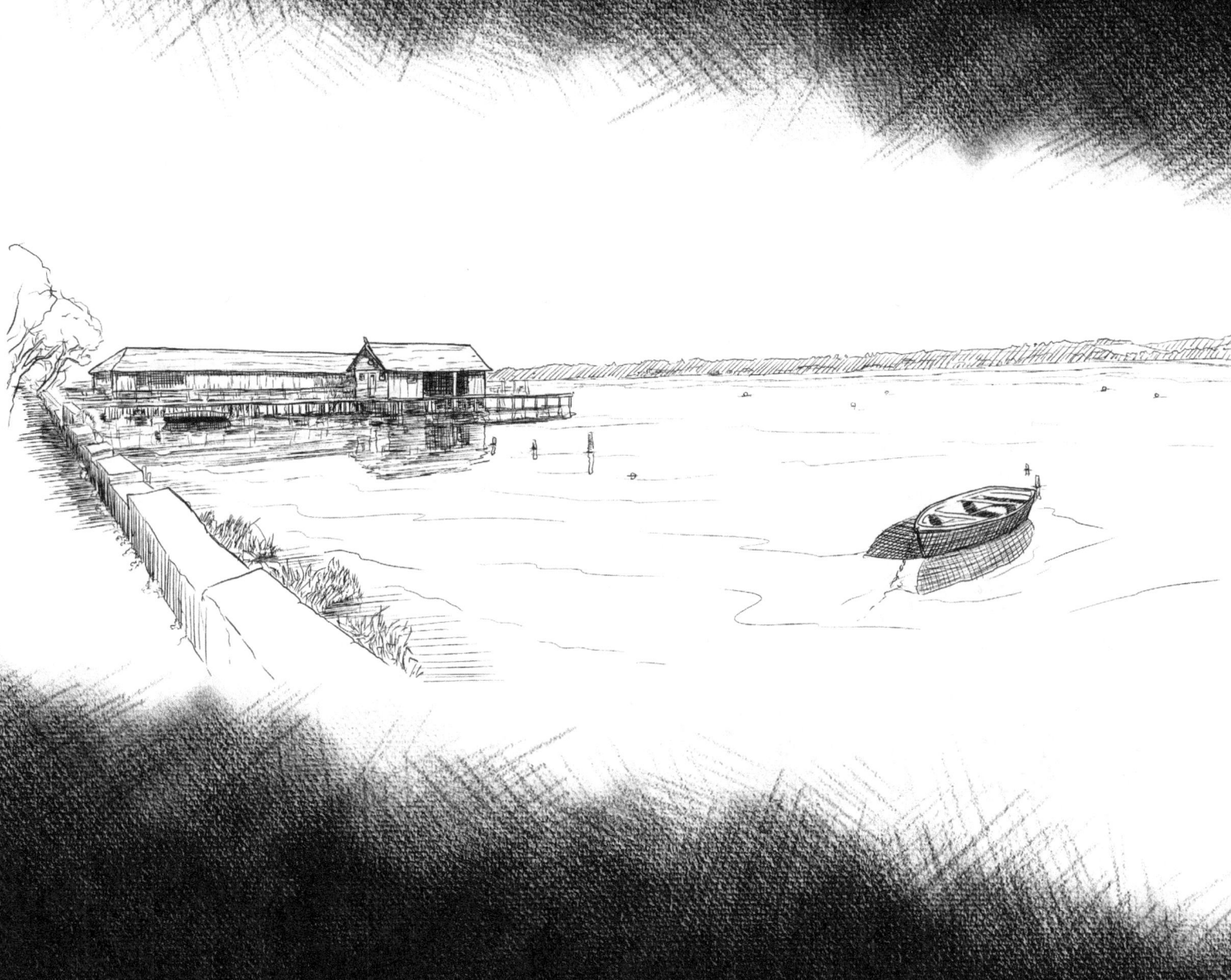

Le thème de ce chapitre sont les principes de base du dessin, qui vous permettront de dessiner des motifs complexes et de rendre vos images plus excitantes, naturelles et réalistes.

Améliorer la qualité du dessin

Comme nous avons pu le voir, il n'est donc pas facile de tout reproduire correctement en se fiant à ses propres yeux. Essayez toujours de remettre en question ce que vous pensez voir. Essayez de tout regarder sans a priori et analysez bien votre sujet.

Vous pouvez encore améliorer vos compétences en dessin en appliquant quelques astuces pratiques, comme celles décrites dans les sous-chapitres suivants.

Utiliser une règle

Vous connaissez certainement l'image d'un artiste qui tient son crayon devant son œil pour prendre des mesures. Cette scène n'est pas un cliché, mais une méthode réelle pour dessiner en respectant les proportions de sujets réels. Le crayon peut alors servir à différentes fonctions :

1. Évaluer l'angle

En tenant le crayon à l'horizontale ou à la verticale, on peut évaluer si une arête du sujet s'écarte de l'horizontale ou de la verticale. Il n'est souvent pas facile de le savoir. Vous pouvez vous servir du crayon comme ligne de référence à cet effet.

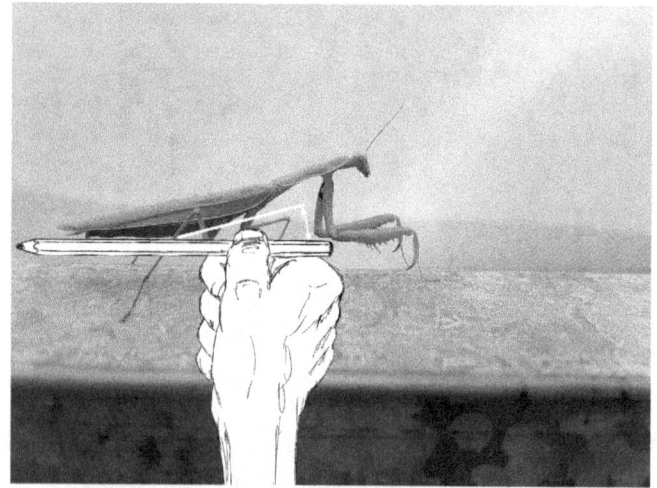

Crayon horizontal : La face inférieure de la mante religieuse est légèrement inclinée par rapport à l'horizontale.

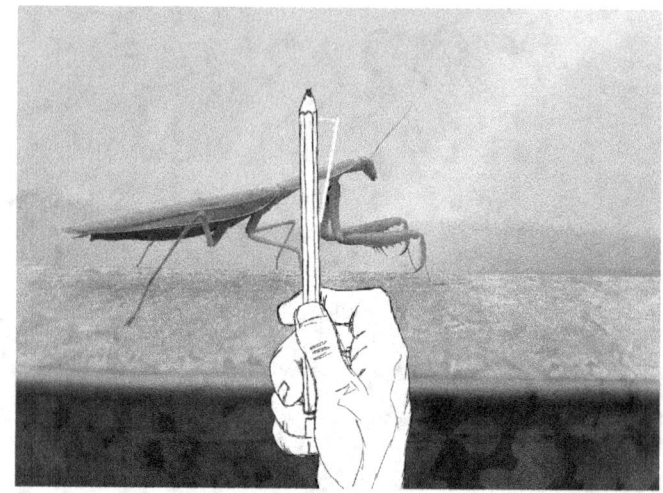

Crayon vertical : Le haut du bras de la mante religieuse s'étend à un léger angle par rapport à la verticale.

2. Prendre les mesures

Vous pouvez également utiliser le stylo comme référence. Cela vous permet de comparer différentes parties de votre motif et de les esquisser en conséquence dans les bonnes proportions.

Pour ce faire, trouvez une partie de votre motif d'une longueur appropriée pour la comparer à d'autres longueurs. Saisissez ensuite cette mesure avec votre doigt sur le stylo et utilisez-la comme référence. Comparez si d'autres parties ou bords du motif sont aussi longs, plus longs ou plus courts que cette mesure de référence.
Dans l'idéal, de nombreuses parties de votre motif correspondent à un multiple de cette mesure de comparaison ou ont même la même longueur.

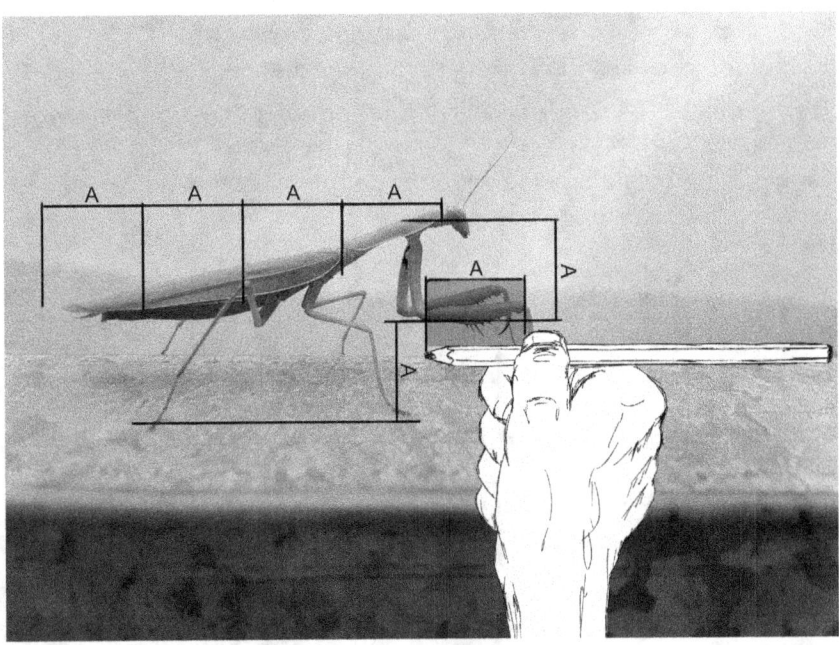

Crayon comme référence

Dans l'exemple d'image suivant, la longueur d'un avant-bras de la mante religieuse sert de mesure de référence. Certaines longueurs importantes correspondent presque exactement à la mesure A ou approximativement à un multiple de celle-ci.

Si l'on applique maintenant les longueurs prélevées dans une esquisse, un dessin proportionnel est réalisé de manière relativement simple.

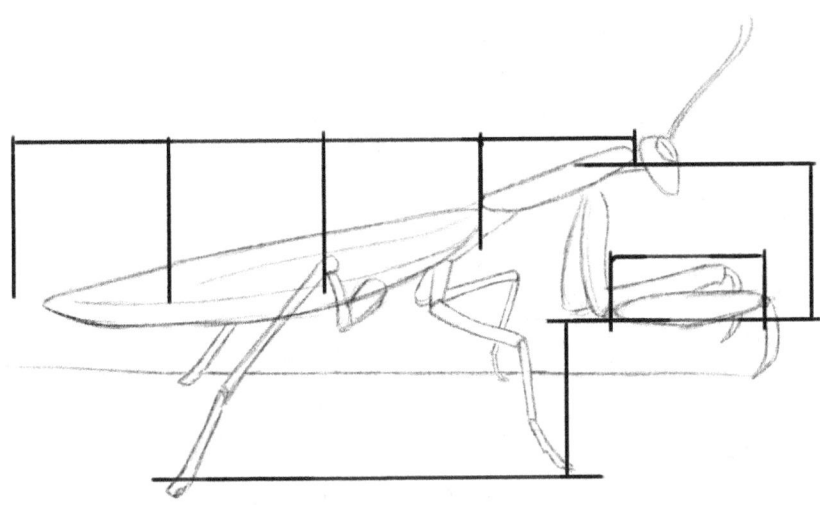

Esquisse utilisant la longueur mesurée A

3. Ligne d'orientation

Une troisième méthode consiste à utiliser le crayon pour comparer la position de différents bords, lignes, points, etc. du sujet. Pour ce faire, il suffit de tenir le crayon horizontalement, verticalement ou, si cela s'avère utile, en formant un angle devant le sujet afin de l'utiliser comme ligne d'orientation ou de comparaison.

On peut ainsi vérifier si certains points, lignes ou objets entiers se trouvent sur le même niveau ou s'ils sont décalés les uns par rapport aux autres.

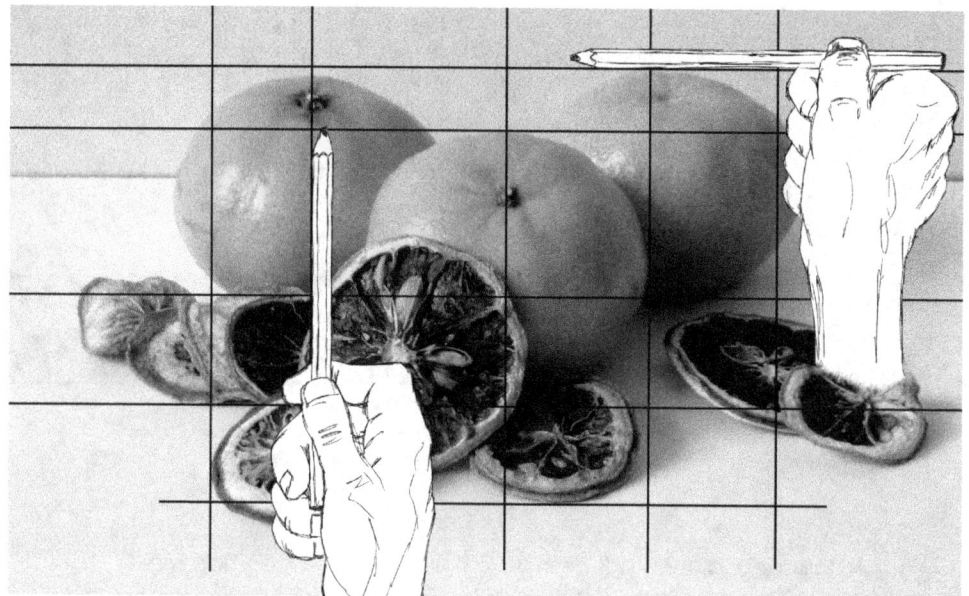

Le crayon comme ligne d'orientation

Les lignes d'orientation peuvent également être esquissées sur le papier à dessin. Cela facilite encore plus la présentation du motif.

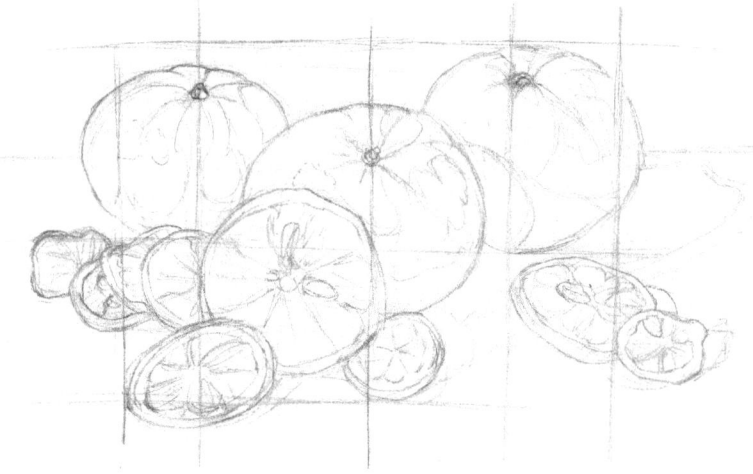

Dessin préliminaire d'une nature morte à l'aide de lignes d'orientation libres

Construire des corps complexes

Dans la plupart des cas, même les motifs complexes peuvent être décomposés en plusieurs corps géométriques simples. Pour les représentations d'objets architecturaux, cette approche est très évidente, car les formes géométriques dans les bâtiments sont très faciles à trouver. Cependant, il est souvent possible de procéder de la même manière avec des objets naturels - par exemple, pour dessiner des personnes et des animaux.

On fait une esquisse simple du motif à l'aide de carrés, de triangles, de cubes, de cercles, d'ellipses, de sphères, etc. Si ce modèle grossier est en place, on peut dessiner des transitions et les détailler davantage.

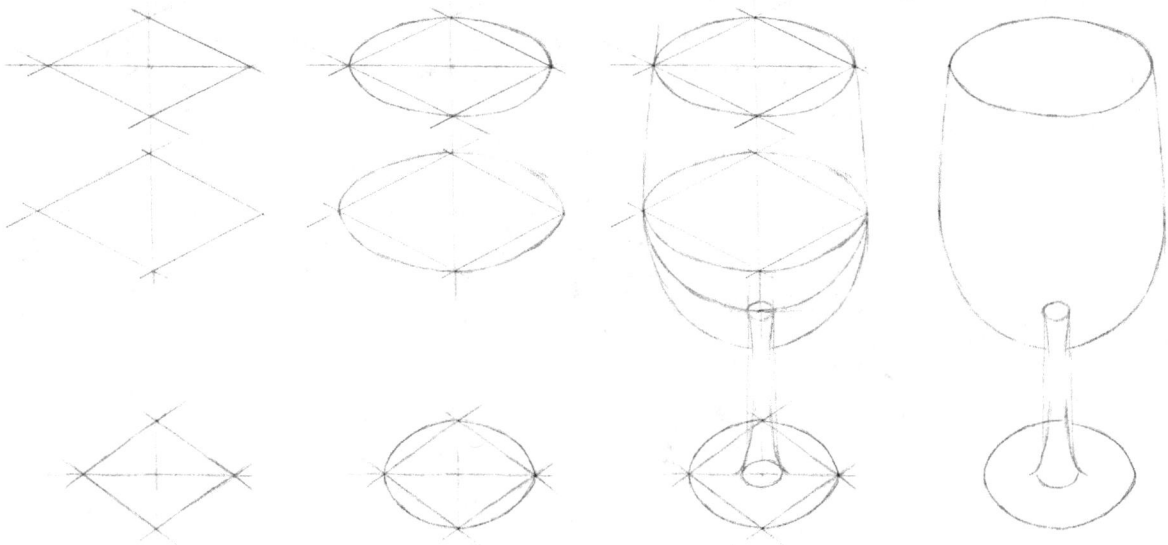

Construction pas à pas d'un verre de vin

Considérons la méthode à l'aide d'un exemple avec une table pliante. On voit rapidement que la table est composée de plusieurs cubes. Ce qui complique les choses, c'est que ses jambes sont inclinées. Le plateau de la table est entouré d'une bordure.

Maintenant, vous pouvez esquisser grossièrement les corps de base qui composent le motif. Vous verrez le résultat dans l'image suivante à gauche. Sur la base de cette esquisse, on affine le dessin en ajoutant plus de détails, comme on peut le voir sur l'image de droite.

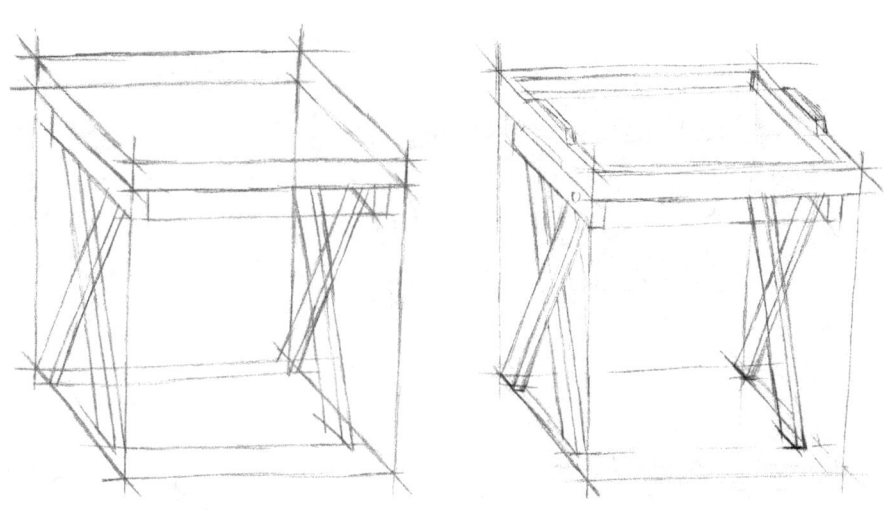

Esquisse du corps de base et description détaillée de l'ébauche

Méthode du squelette

Quand il s'agit de dessiner des êtres vivants, la méthode dite du squelette est adaptée. Cette méthode comporte le gros avantage que vous pouvez également représenter les silhouettes dans d'autres poses. Cependant, la condition préalable est d'avoir d'abord construit une sorte de corps squelettique du motif. Cette approche est donc un peu plus complexe dans un premier temps, mais peut être utile si vous souhaitez dessiner un motif encore et encore.

Appliquer la méthode du squelette

Pour appliquer la méthode, il faut d'abord construire un squelette simplifié du motif. Si vous le souhaitez, vous pouvez d'abord esquisser le véritable squelette du motif, comme dans l'exemple avec le T-Rex. Mais ce n'est pas obligatoire.

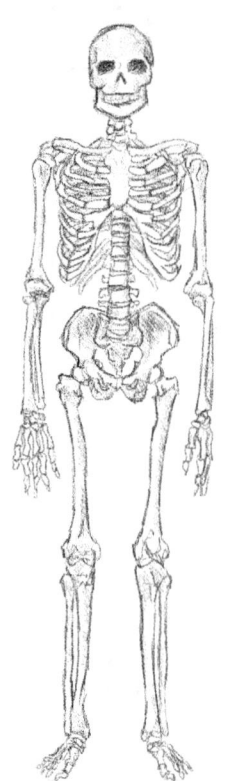

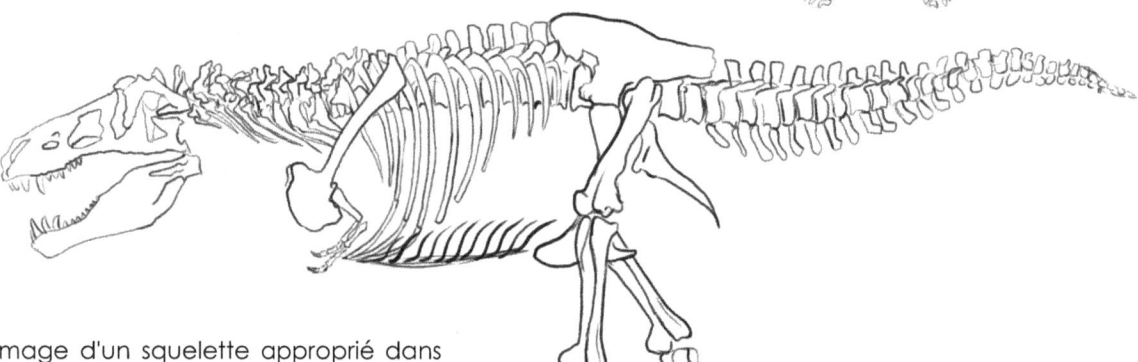

Vous trouverez l'image d'un squelette approprié dans un livre spécialisé correspondant ou tout simplement en effectuant une recherche d'images sur Internet. À l'aide de ce squelette, vous devez maintenant construire un squelette simplifié comme dans l'image suivante.
Les articulations qui peuvent être marquées comme de petits cercles sont importantes.

Squelette d'un Tyrannosaurus rex

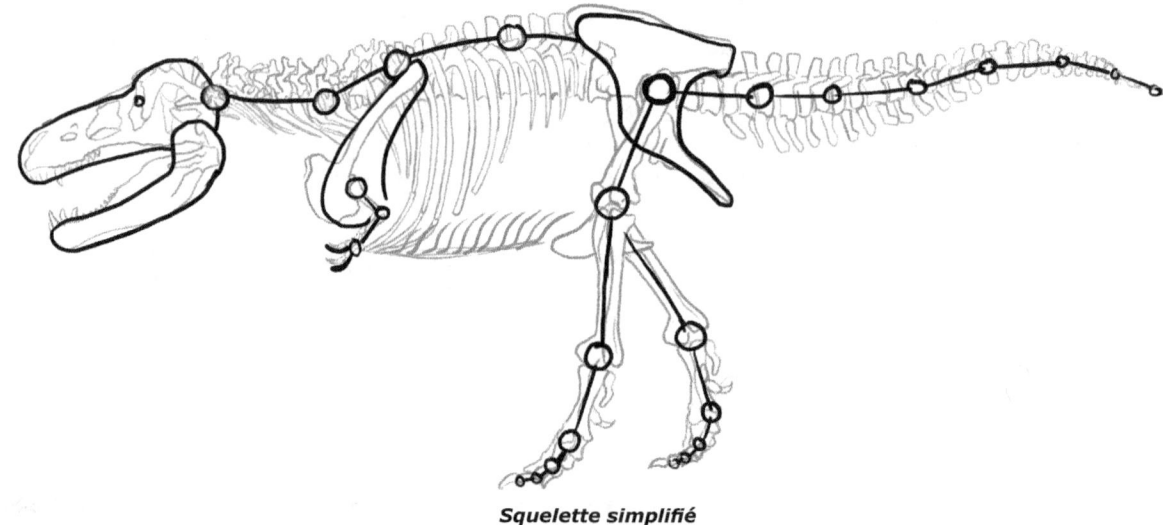

Squelette simplifié

PRINCIPES DE BASE DU DESSIN

Sans squelette réel déposé, le squelette simplifié ressemble à l'image suivante.

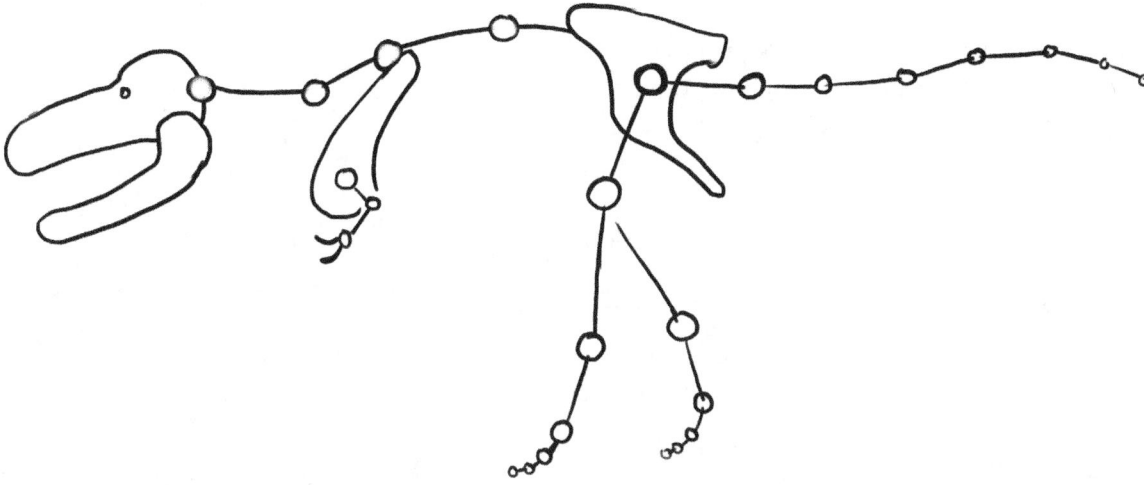

Avec l'aide des articulations marquées, vous pouvez maintenant déplacer votre motif dans d'autres poses à votre guise. Le tyrannosaure de notre exemple se met dans une posture accroupie. Prêt à l'attaque.

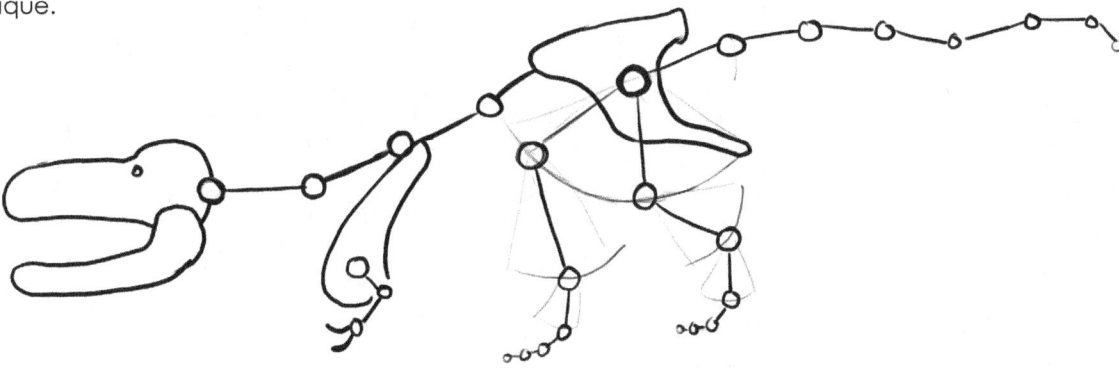

Maintenant, il ne reste plus qu'à recouvrir le squelette de peau et le contour du motif est prêt.

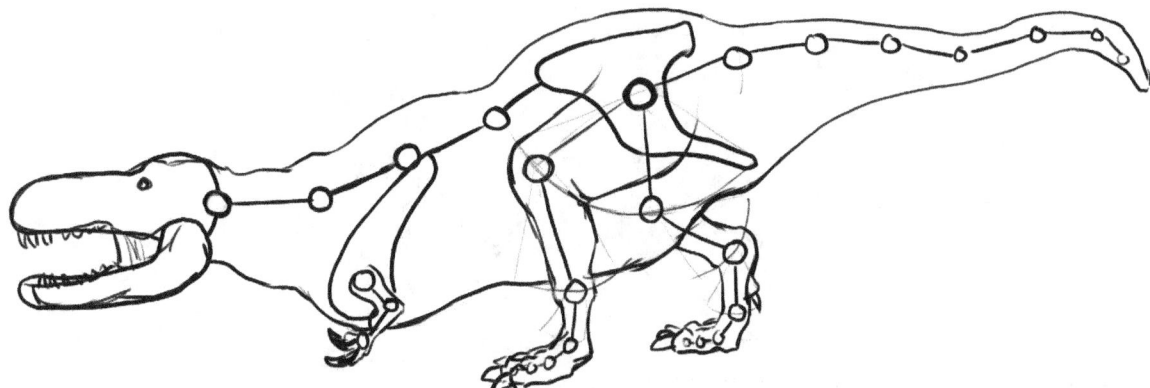

Mais vous pouvez faire encore plus avec cette méthode. Parce que tourner le motif dans une autre perspective est beaucoup plus facile à l'aide du squelette.

Tout d'abord, vous avez besoin d'une esquisse du squelette par le haut. Vous devez ensuite tourner cette esquisse à l'angle que vous souhaitez.

Dessinez maintenant des repères vers le haut ou vers le bas, là où vous voulez faire apparaître votre dessin. Ces repères vous indiquent les dimensions de la vue en perspective.

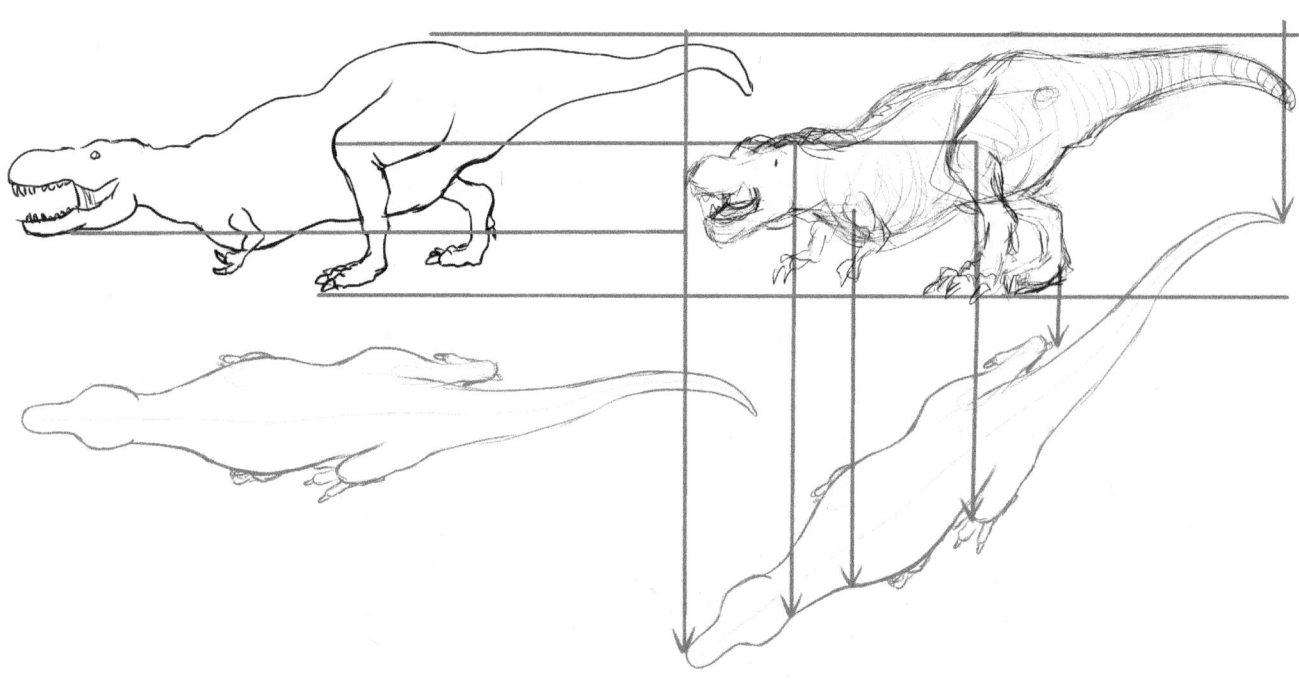

Tout ce qui manque, c'est la peau. Ensuite, votre dessin est prêt.

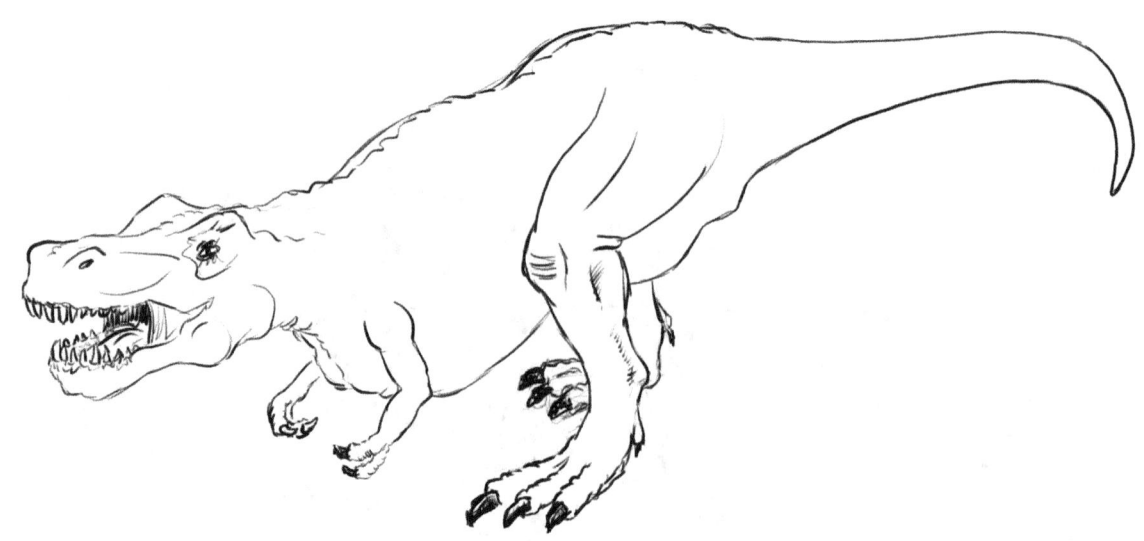

40   PRINCIPES DE BASE DU DESSIN

Rendre les dessins vivants et naturels

Pour rendre un dessin attrayant, il est important d'apprendre à tracer des traits naturels et vivants. Tout cela est relativement facile à apprendre et il suffit de quelques astuces pour avoir un effet important.

Naturellement irrégulier

Premier conseil important : pour que les objets - surtout ceux qui proviennent de la nature - aient l'air naturels, il faut dessiner les contours de manière irrégulière.

L'exemple du nuage permet d'illustrer ce principe :

Sur le croquis de gauche, le contour du nuage est tracé avec des arcs relativement réguliers. De plus, il ressemble beaucoup à un ovale. Le dessin semble ainsi rigide et peu naturel. En tant que spectateur, on a immédiatement l'impression qu'il y a quelque chose d'anormal.

Dans le croquis de droite, en revanche, le contour a été esquissé avec des arcs de différentes tailles. La forme générale est également irrégulière et ne ressemble que très grossièrement à un ovale.

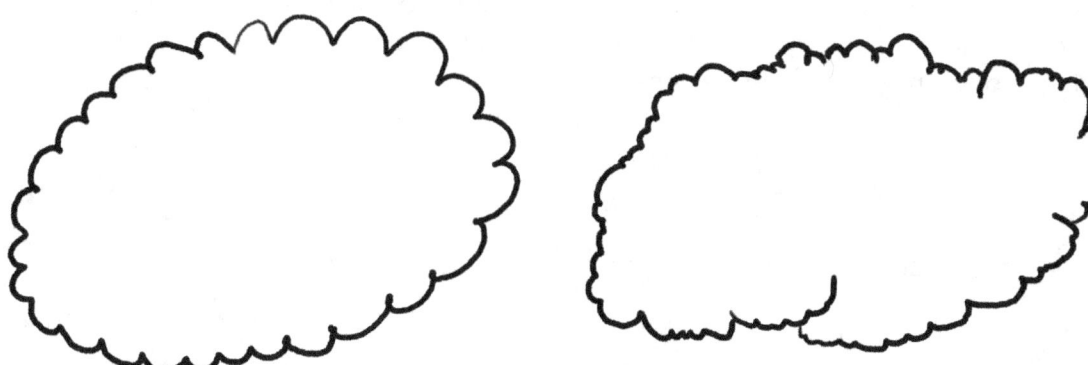

À gauche : nuage avec contours non naturels et réguliers / à droite : contours naturels et non réguliers

Contours ouverts

Lorsque vous esquissez le contour d'une forme, celui-ci ne doit pas nécessairement être fermé. Les dessins paraissent plus vivants et plus intéressants lorsque l'on laisse les contours ouverts. La forme doit bien entendu pouvoir être identifiée en tant que telle. Mais notre esprit parvient à bien identifier les formes, même si elles ne sont que partiellement représentées.

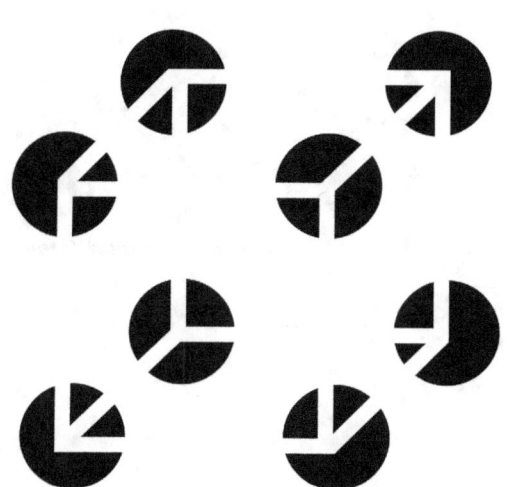

Le graphique suivant montre un exemple extrême de la manière dont notre esprit identifie une forme qui n'est en fait pas du tout représentée.

Dans l'exemple des points, on peut voir comment notre esprit ajoute quelques points pour former deux lignes qui se croisent, alors qu'en réalité aucune ligne n'est représentée.

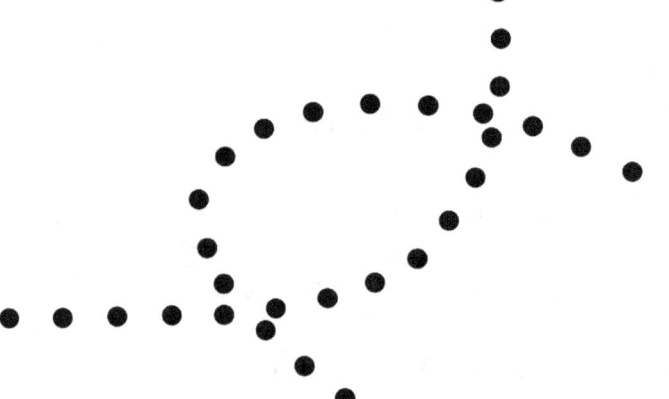

Le croquis suivant vous montre comment appliquer cette méthode dans un dessin. C'est surtout en agrandissant l'image que vous pouvez voir que le feuillage de la couronne de l'arbre ne forme pas un contour fermé. Les formes ouvertes donnent au feuillage un aspect lâche et léger, renforçant ainsi l'impression de voir des feuilles réelles.

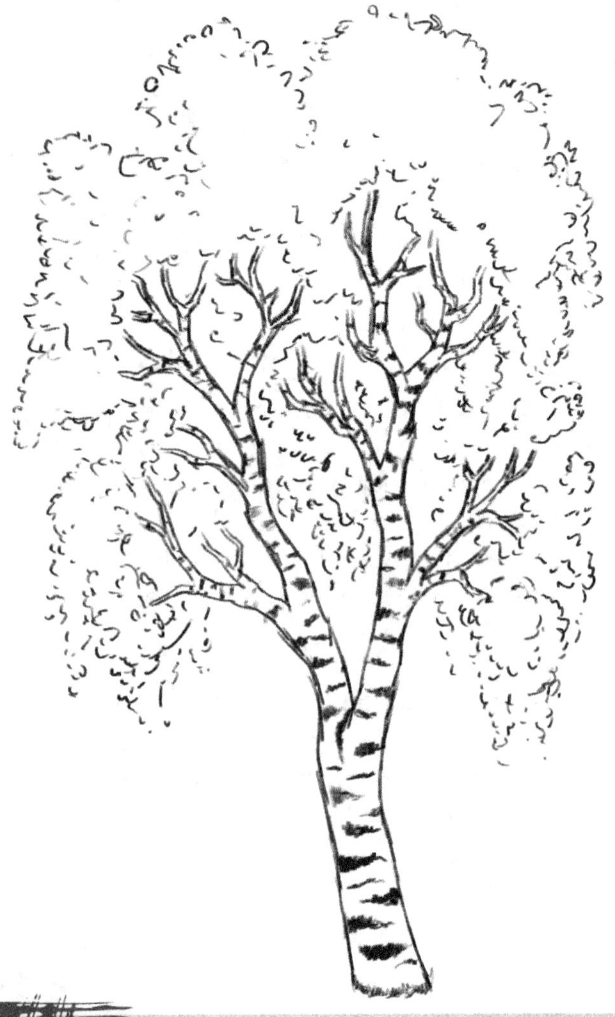

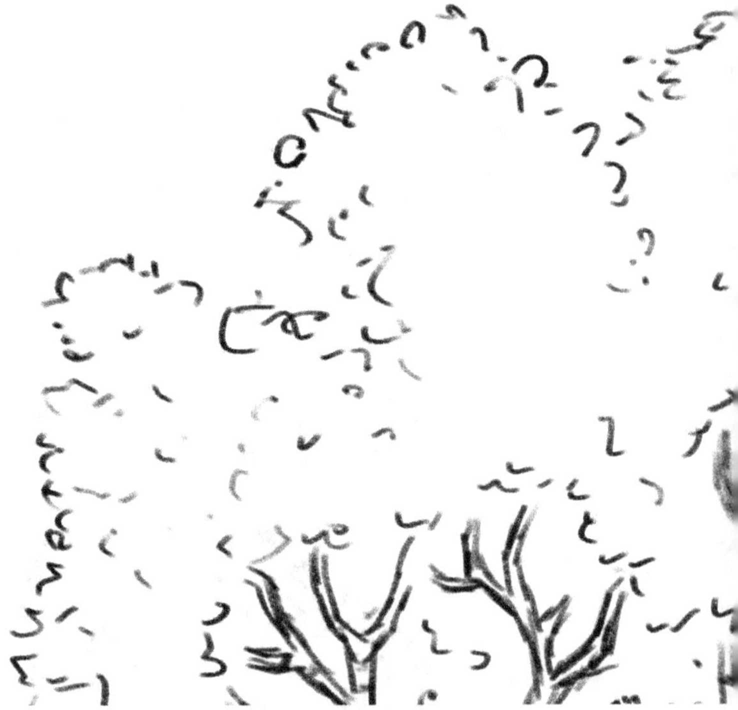

Représentation détaillée du feuillage

Technique du trait

En appliquant judicieusement différentes techniques de peinture, vous pouvez imiter les différentes propriétés de la surface. Cette méthode est aussi valable pour les arbres. Vous pouvez ainsi créer différents types d'arbres. Veillez également à ce que vos contours ne soient pas trop réguliers, car cela ne semblerait pas naturel.

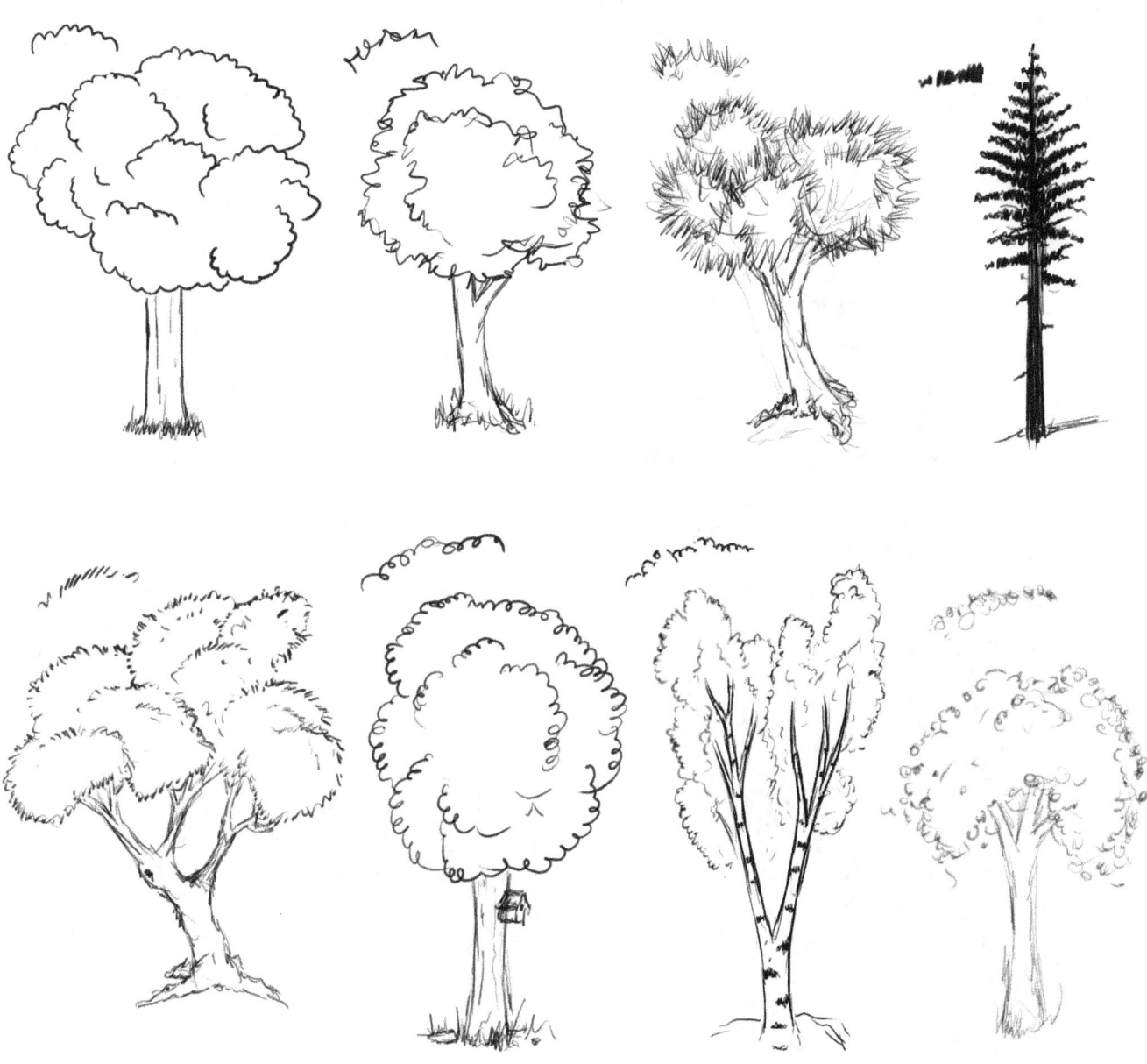

Représentation d'arbres avec différents styles de traits

Simplification

Une méthode importante pour le dessin consiste à réduire le degré de détail de manière ciblée. Comme le disait déjà Max Liebermann : « Dessiner, c'est omettre ».

Il suffit souvent de suggérer quelques fois les détails et les structures répétitifs pour créer l'illusion d'une certaine structure de surface, comme les tuiles, les briques, le feuillage et autres.

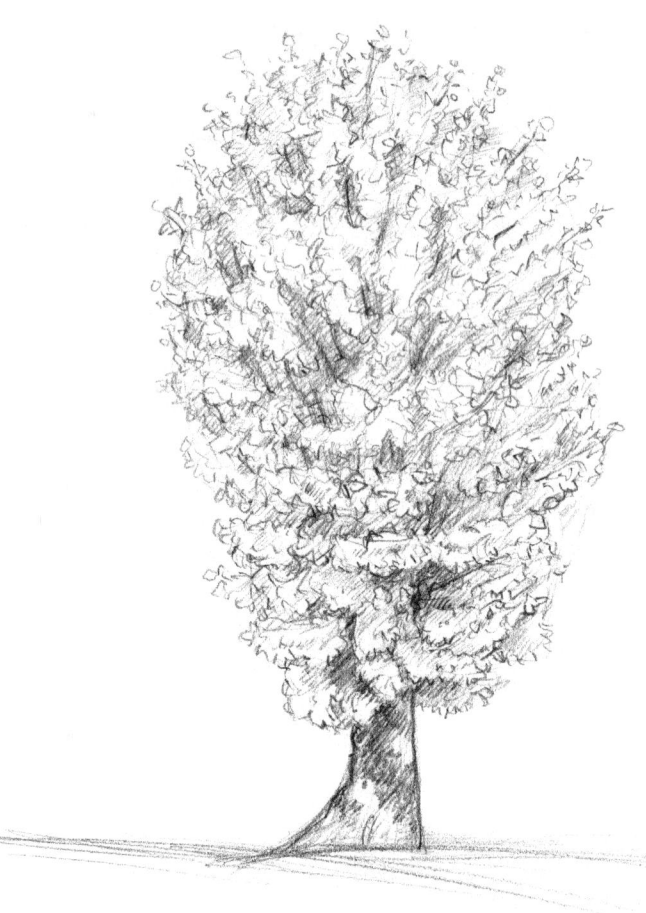

Simplification à partir de l'exemple d'un arbre

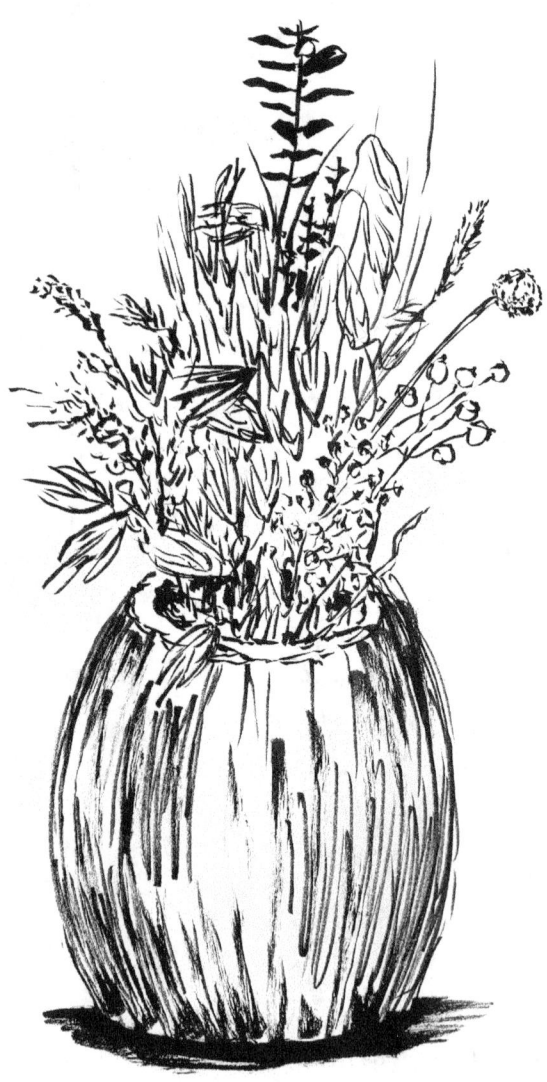

Dessin d'un bouquet de fleurs aux détails suggérés

Dans le dessin suivant, vous pouvez voir comment les éléments très détaillés ont été nettement simplifiés. La vue d'ensemble donne l'impression que le bâtiment a été représenté avec une grande précision, dans tous ses détails.
Dans ce contexte, faites surtout attention aux tuiles.

Faire des croquis

Le croquis est une méthode importante qui vous permet d'améliorer constamment vos compétences en dessin. Dessinez rapidement toutes sortes de choses que vous voyez. N'essayez pas de dessiner de manière détaillée, précise ou parfaite. N'ayez pas peur de faire des erreurs. Les croquis ne prennent finalement pas beaucoup de temps et vous pouvez ensuite vous en débarrasser en toute tranquillité. Le plus important est de reproduire la forme de base.

Vous trouverez ci-dessous quelques croquis dessinés à l'encre de Chine et au stylo-pinceau.

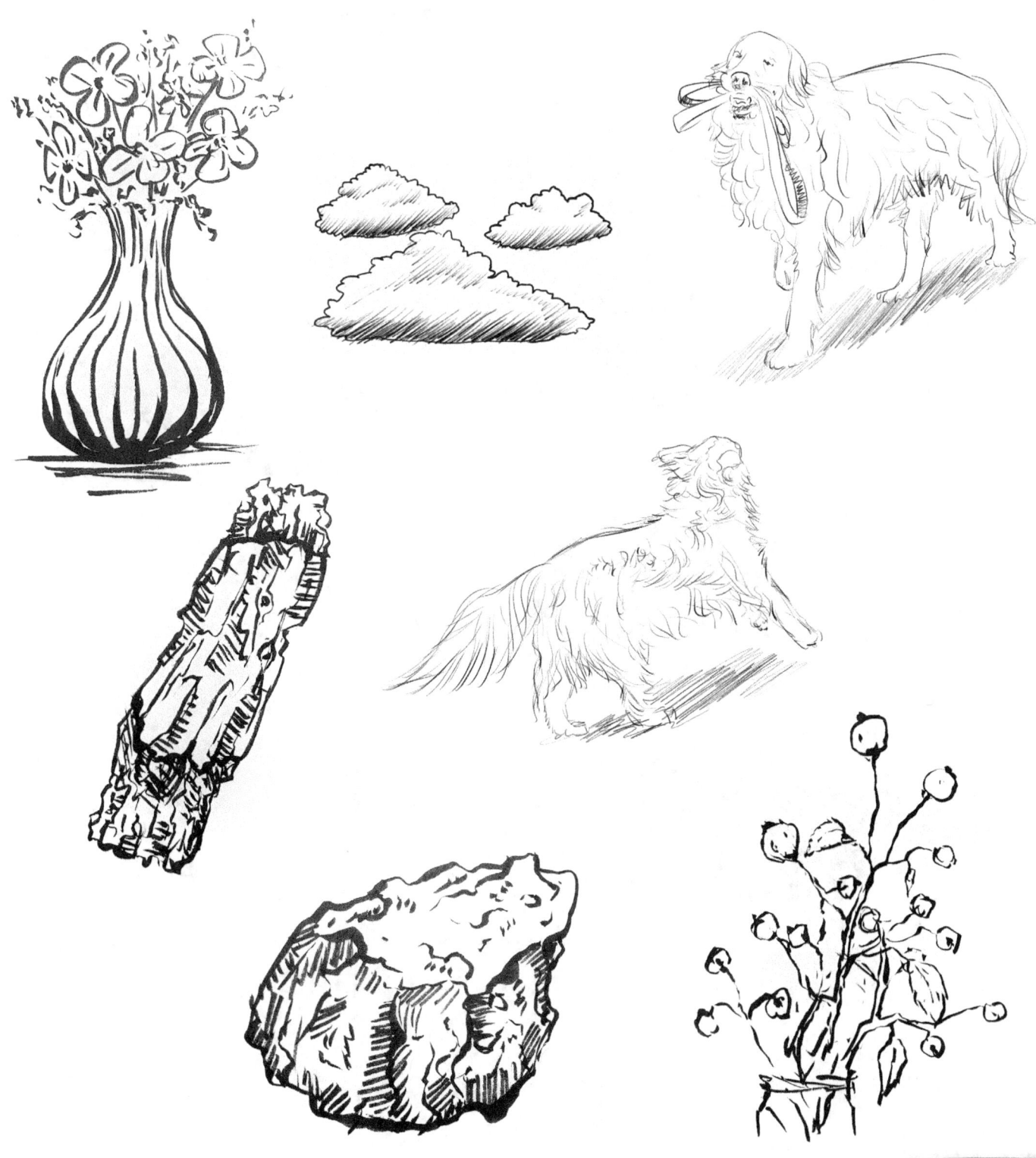

L'étude

Chaque fois que vous avez trouvé un motif spécifique que vous souhaitez représenter sous forme de dessin et que vous n'êtes pas sûr de la meilleure façon de le représenter, vous êtes arrivé au point où il est logique de mener une étude. Dans les beaux-arts, l'étude désigne l'étude graphique d'un objet.

L'objectif de cette étude est de développer des techniques ou des méthodes de dessin permettant de représenter les différents éléments d'un motif. Il peut s'agir de formes et de géométries, de structures, de la surface, d'un motif ou d'autres caractéristiques. L'étude est donc une méthode par laquelle on apprend à dessiner soi-même des motifs déterminés.

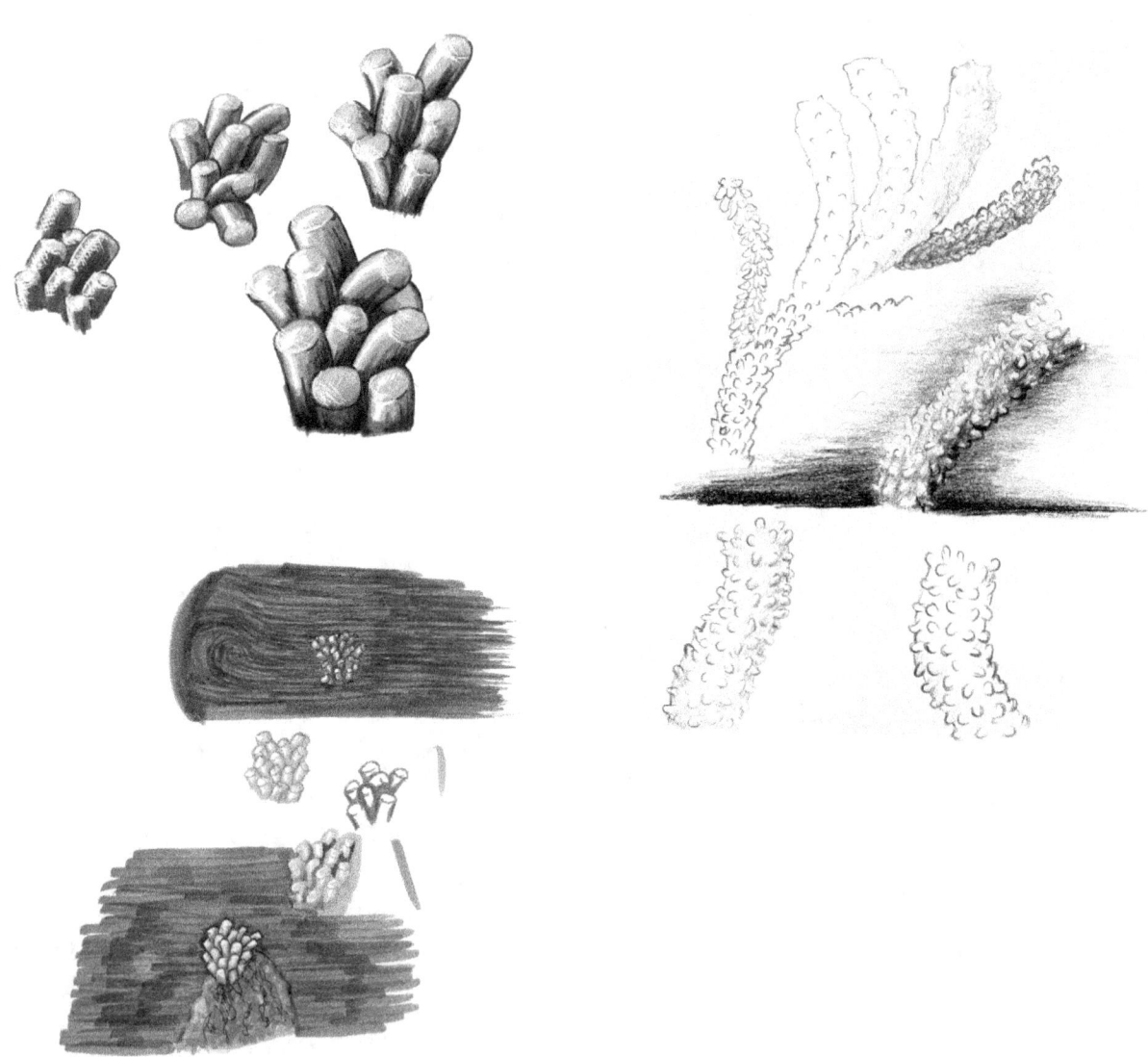

Étude des coraux et des plantes marines

PRINCIPES DE BASE DU DESSIN

Approche

Dans une étude, le motif n'est généralement pas représenté dans sa totalité. Au contraire, on ne dessine que certaines parties ou extraits de l'objet de dessin. Cela signifie que vous ne dessinez que les zones particulièrement intéressantes ou difficiles à dessiner.

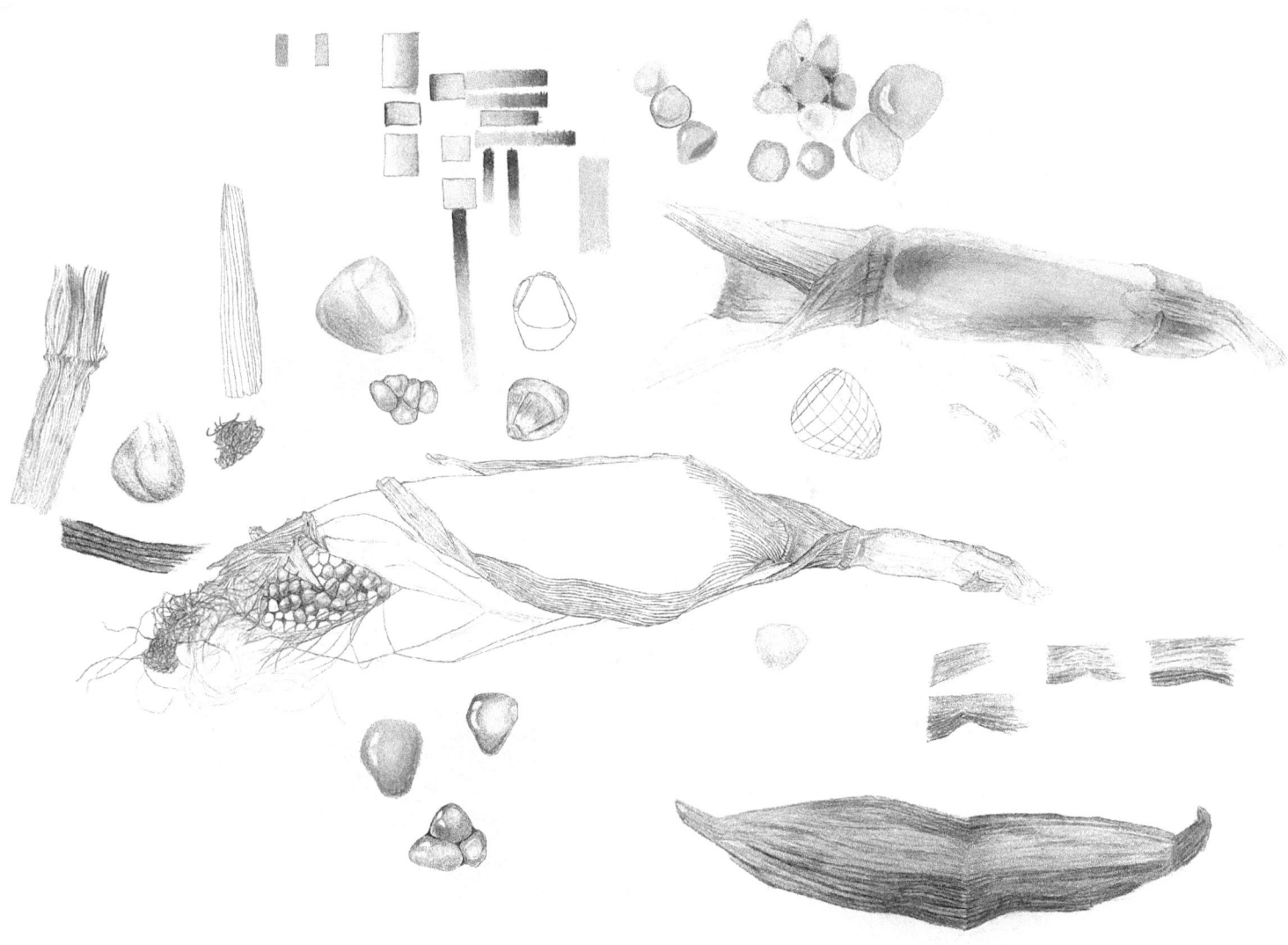

Étude sur l'épi de maïs

Si vous êtes satisfait des résultats de l'étude, vous savez comment dessiner l'objet étudié. On a découvert, par exemple, comment représenter les différentes surfaces, structures et formes. On peut maintenant s'aventurer sur le dessin proprement dit.

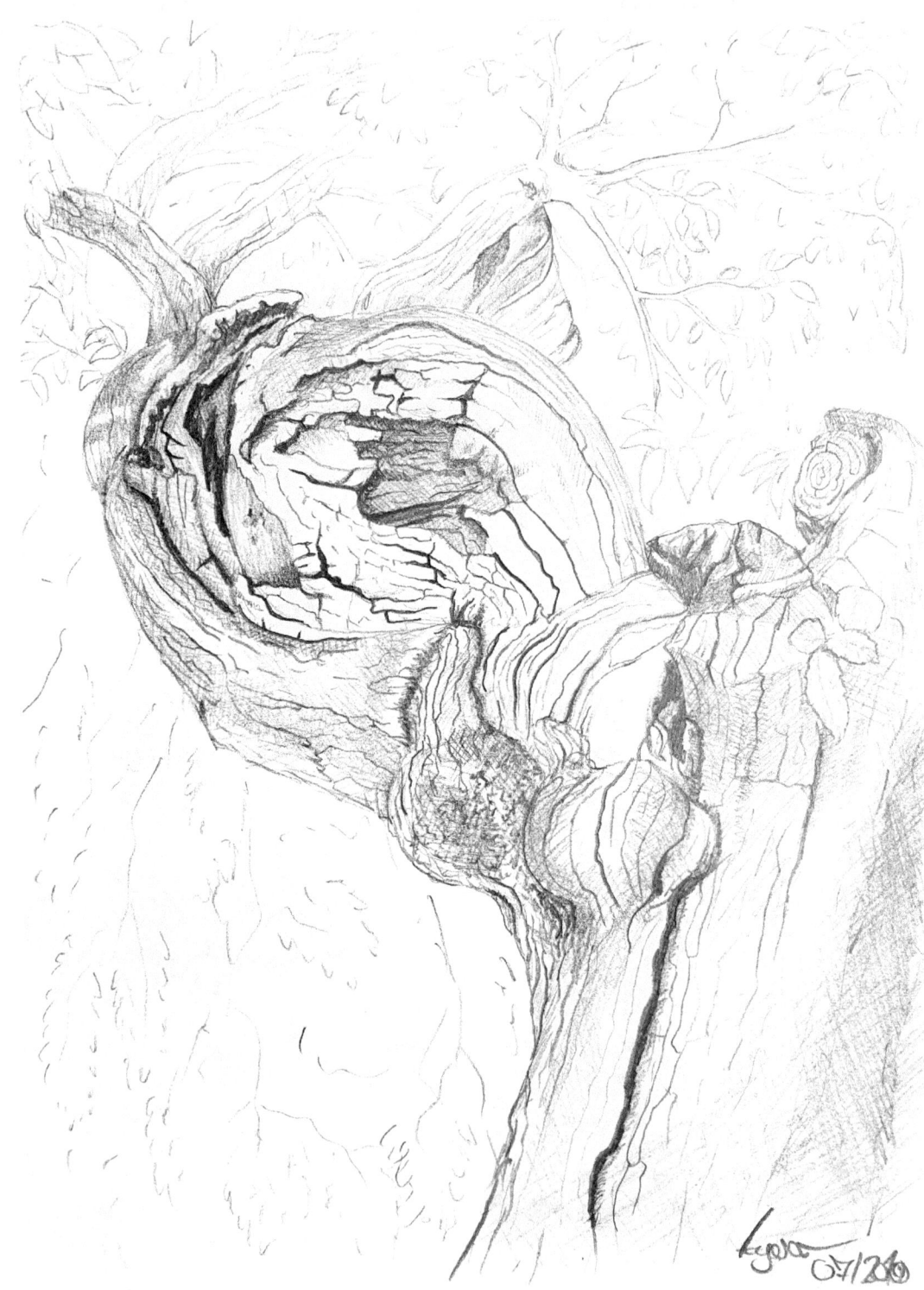

Dessin au crayon des structures de l'écorce d'un vieux chêne

PRINCIPES DE BASE DU DESSIN

MÉTHODES ET TECHNIQUES

Pour réussir à dessiner vos images, d'autres méthodes et techniques sont nécessaires en plus des premières bases. Tout d'abord, il y a les différentes techniques de dessin qui permettent de représenter les ombres.
Une fois que vous avez assimilé ces bases, vous pouvez continuer à améliorer vos compétences en apprenant à représenter certains matériaux ou en vous familiarisant avec des méthodes telles que la perspective du point de fuite et les règles de conception d'image.

Technique de dessin

Une fois que vous voulez remplir une zone avec une certaine nuance de gris, vous devez nécessairement utiliser une certaine technique de dessin. Les nuances de gris sont également appelées valeurs tonales dans le jargon technique.

La technique de dessin la plus importante et probablement la plus utilisée est - en plus de la ligne en tant que telle - la hachure. Dans ce livre, nous allons donc nous pencher en particulier sur cette technique. Parmi les autres techniques importantes que vous apprendrez dans ce livre, citons :

- La hachure
- Dessiner avec le côté large / plat du crayon
- Effacer
- Jongler

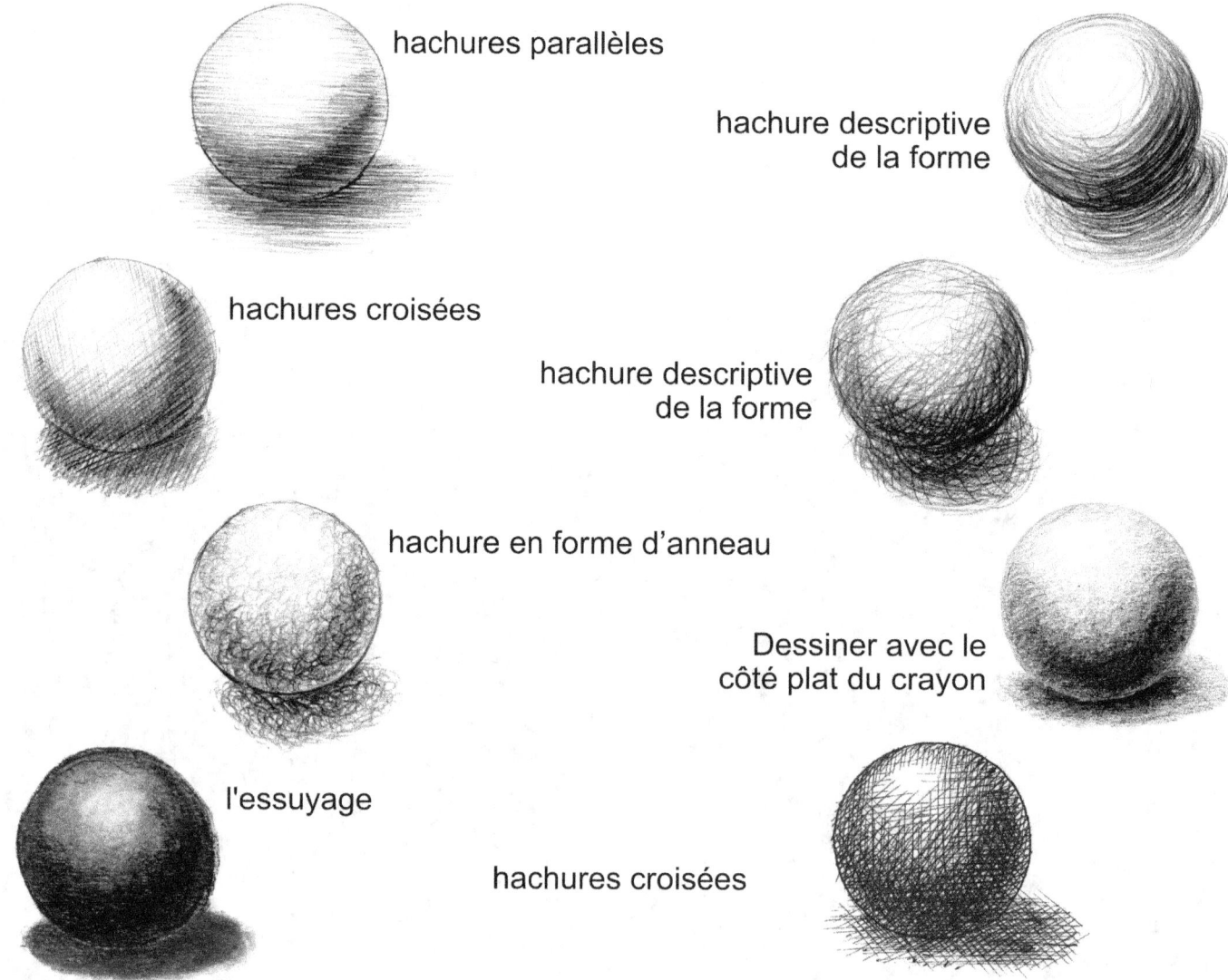

Différents types de hachures et autres techniques de dessin

MÉTHODES ET TECHNIQUES

Technique de dessin 1 - Les hachures

Les hachures consistent à dessiner une série de lignes généralement parallèles et équidistantes. Il est également possible de dessiner plusieurs hachures les unes sur les autres avec des angles différents. Si l'on dessine des lignes dans une seule direction, on parle de hachures parallèles. Lorsque des hachures sont dessinées avec au moins deux angles différents, on parle de hachures croisées.

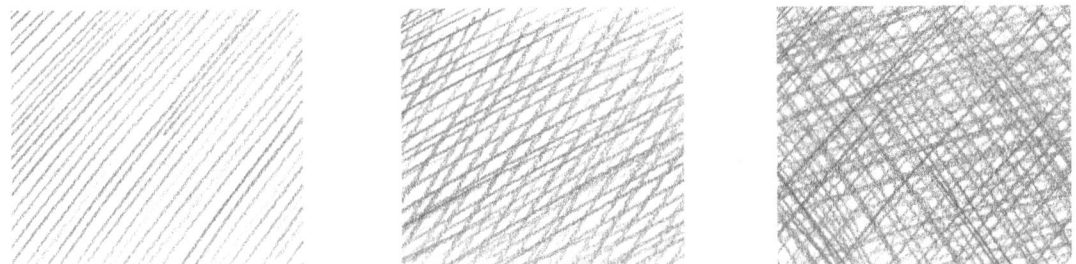

Hachures parallèles, hachures croisées à deux directions, hachures croisées à trois directions

L'objectif des hachures est de créer une certaine nuance. La nuance est le résultat du mélange des lignes avec le papier blanc qui ressort entre les lignes. Aux yeux du spectateur, les lignes et le fond se mélangent pour former une nuance de gris uniforme.

Créer des nuances avec des hachures

Il existe différentes manières de dessiner des surfaces plus claires ou plus foncées avec des hachures. Toutes les méthodes sont décrites ci-dessous.

Méthode 1 : Densité des lignes

En densifiant les lignes des hachures, il est possible de rendre la nuance plus sombre. Vous pouvez également densifier le réseau de lignes et assombrir la nuance globale en le superposant à une autre hachure d'orientation différente. En revanche, si vous souhaitez rendre une hachure plus claire, vous devez éloigner les lignes les unes des autres.

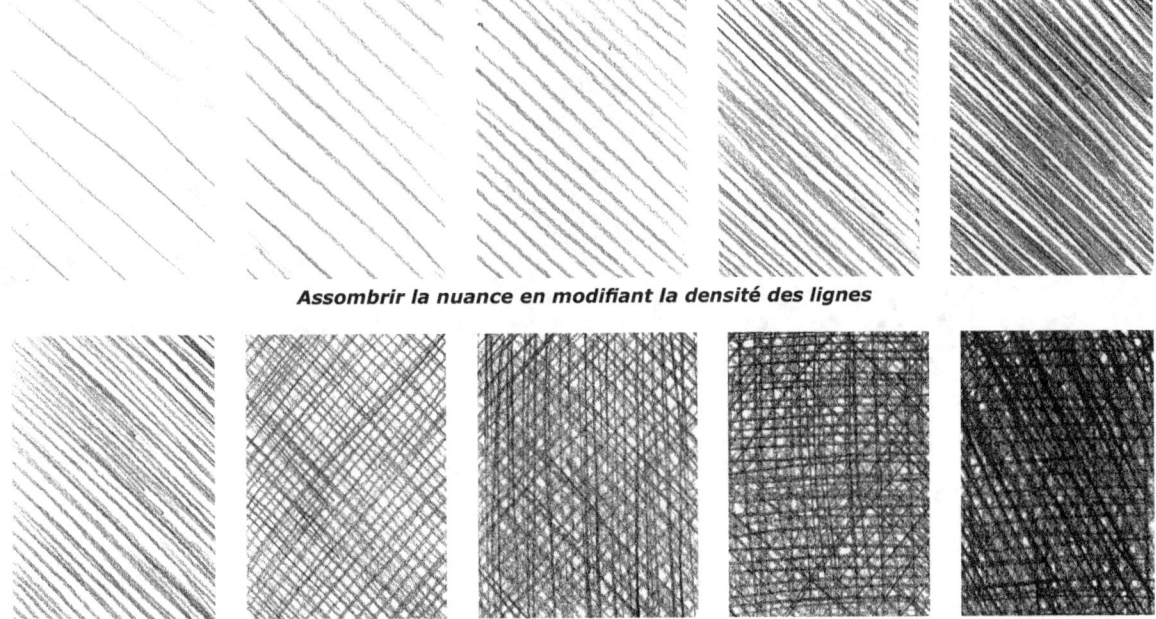

Assombrir la nuance en modifiant la densité des lignes

Assombrir la nuance par des hachures supplémentaires avec une orientation différente

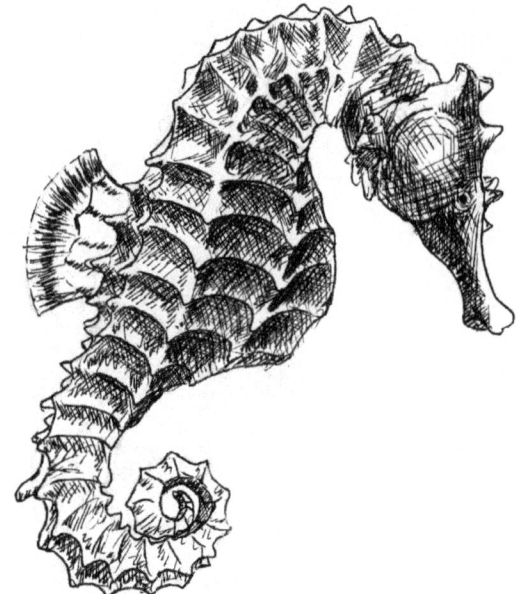

Si vous dessinez avec de l'encre de Chine, on utilisera principalement les deux méthodes présentées précédemment. Sinon, les seules alternatives seraient de diluer l'encre de Chine avec de l'eau pour dessiner des lignes plus claires ou d'utiliser des plumes ou des stylos de différentes épaisseurs.

Dessin à l'encre de Chine d'un hippocampe

Méthode 2 : Pression du crayon

Si l'on dessine avec un crayon, on a également la possibilité de contrôler la pression d'appui exercée dessus. Si l'on exerce une pression d'appui plus forte, les lignes deviennent plus épaisses et plus sombres, ce qui donne automatiquement une nuance plus foncée. En revanche, si l'on dessine les hachures avec une faible pression d'appui, on obtient des lignes plus fines et plus claires. Il est ainsi possible de dessiner des hachures denses correspondant toujours à une nuance de gris clair.

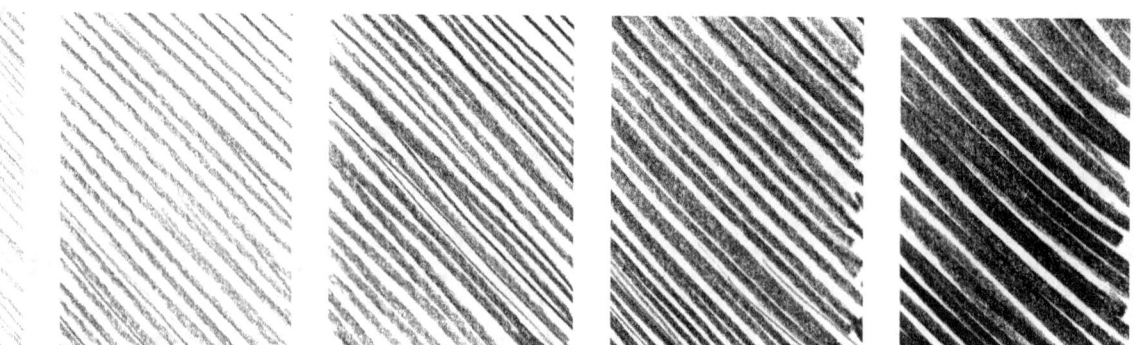

Différentes hachures dessinées avec une pression d'appui différente

Le dessin illustré ici d'un cheval avec cavalier est un bon exemple des méthodes décrites. On observe très bien ici comment la valeur tonale a été ajustée en appuyant plus fort sur le crayon dans les zones les plus sombres. La densité des lignes a également été augmentée dans les zones les plus sombres.

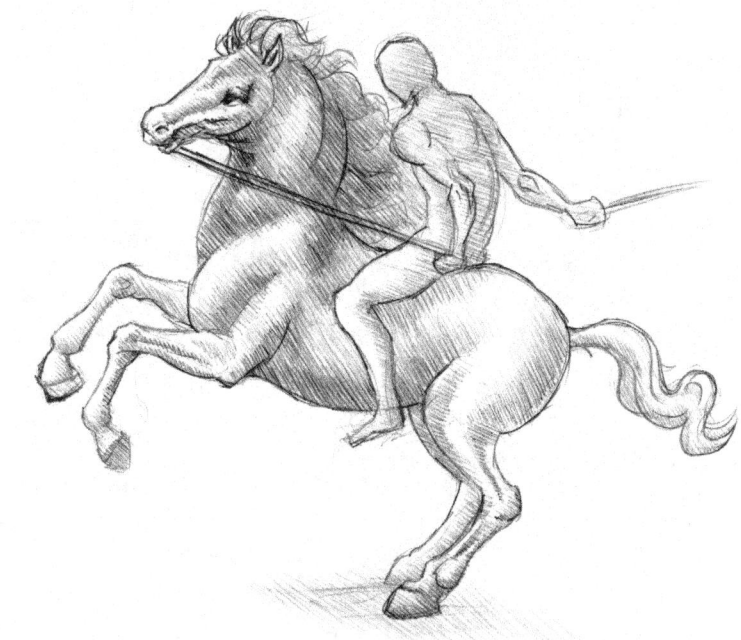

Dessin au crayon d'un cheval avec cavalier d'après un dessin de Léonard de Vinci

Méthode 3 : Dureté du crayon

On peut également utiliser des crayons de différentes duretés pour dessiner des hachures plus claires ou plus foncées. Les crayons durs créent une nuance de gris clair, tandis que les crayons doux créent une nuance de gris foncé.

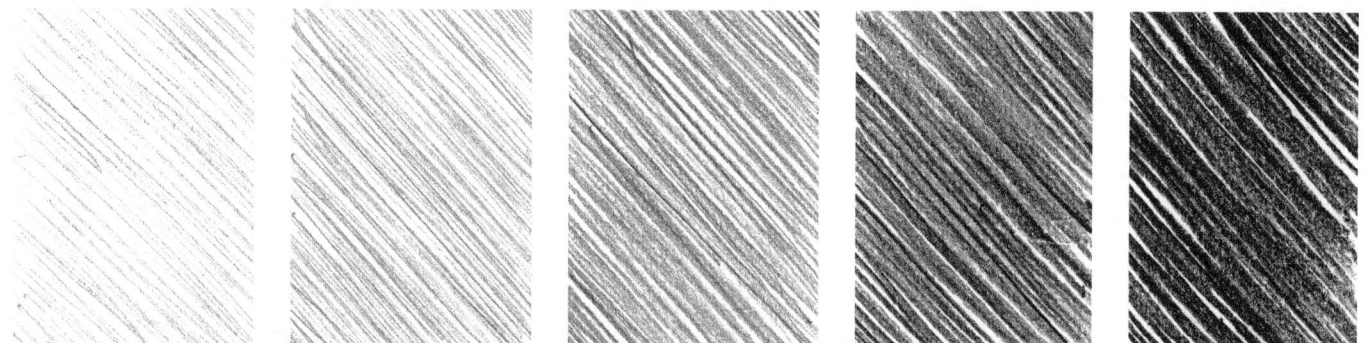

Hachures réalisées avec des crayons de dureté 2H, H, HB, 2B et 6B (de gauche à droite)

Ce dégradé clair-obscur est un exemple d'utilisation de crayons de différentes duretés. Comme vous pouvez le constater, il est possible de dessiner des dégradés de tons très doux, dans lesquels il est difficile de distinguer les différents traits.

Cela est particulièrement important si l'on essaie de dessiner de la manière la plus photo-réaliste possible.

Hachures et styles spéciaux

Hachure descriptive de la forme

Les hachures permettent d'illustrer davantage la forme d'un corps. Les hachures suivent donc ici la forme d'un corps. Cette hachure dite descriptive de la forme se prête surtout aux objets à géométrie convexe ou concave.

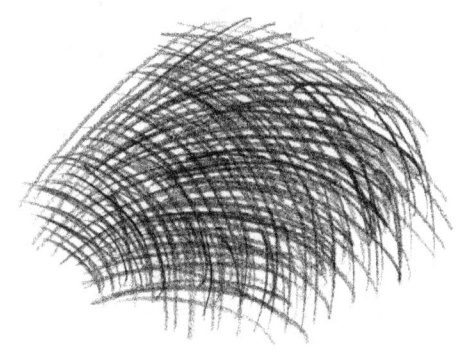

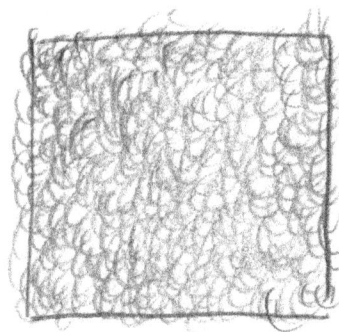

Hachure en forme d'anneau

Une autre variante consiste par exemple à utiliser des lignes circulaires, qui permettent également de représenter une certaine structure ou texture de surface par des hachures.

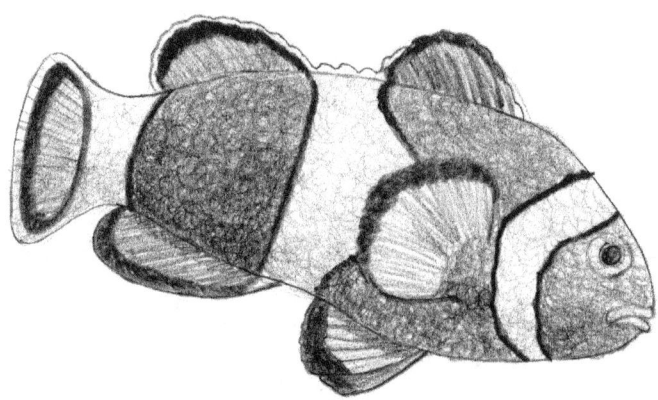

Exemple d'application d'un hachurage à friction

Groupes de hachures

On obtient des hachures très intéressantes et vivantes en dessinant de petits groupes de lignes parallèles dans des orientations différentes.

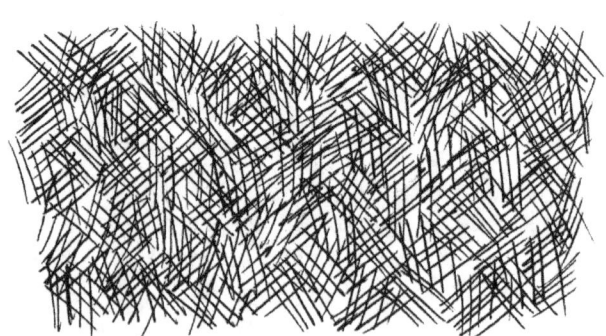

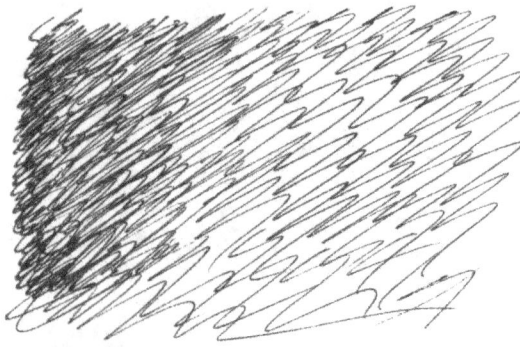

Lignes de gribouillage

Les lignes de gribouillage permettent de donner une certaine dynamique aux dessins. Les hachures semblent spontanées et désordonnées, ce qui donne à chaque image son caractère particulier.

Le cerf dans l'image affichée est un exemple d'application d'une hachure de gribouillage.

Vous pouvez voir que le dessin devient plus vivant grâce à cette technique de dessin.

Technique de dessin 2
Dessiner avec le côté plat du crayon

On dessine avec le côté plat du crayon en le maintenant à un angle relativement plat par rapport au papier. Vous pouvez utiliser cette technique avec un crayon/graphite, un crayon de couleur, du charbon et de la craie pastel.

En dessinant avec le côté plat du crayon, vous pouvez très rapidement et facilement remplir de grandes surfaces sans avoir à maîtriser une technique particulièrement savante. Souvent, cette méthode est considérée comme une technique plutôt malpropre. De plus, il s'agit déjà d'une technique de dessin dans laquelle aucun trait ni aucune ligne ne sont visibles, ce qui ne répond plus aux critères classiques d'un dessin.

Valeur tonale uniforme

Valeur tonale uniforme

Dessin avec ombrage ombré

Astuce

Les résultats optiques d'une hachure sont souvent plus impressionnants et l'écriture caractéristique du dessinateur apparaît plus clairement que lorsqu'il dessine avec le côté large du crayon.

Technique de dessin 3 - L'essuyage

La technique de l'essuyage peut être utilisée avec le crayon, le crayon de couleur, la craie et le fusain. Les supports de dessin en vrac - craie et fusain - se prêtent particulièrement bien à l'estompage.

La technique de l'essuyage consiste à estomper une surface préalablement dessinée avec le doigt ou un outil d'essuyage. Cette méthode permet de remplir très rapidement de grandes surfaces et de créer des dégradés clair-obscur particulièrement doux.

Hachures au fusain essuyées vers le haut à droite

À noter : Dans le cas de l'estompage, on est déjà à la limite entre le dessin et la peinture, car on ne voit presque plus de traits ou de lignes.

Il suffit de trois étapes pour réussir la technique de l'essuyage : La première chose à faire est de dessiner une surface, par exemple avec du fusain. Ensuite, on utilise un outil d'essuyage, comme une estompe, pour estomper la surface dans une direction. À la fin, on peut encore estomper le fusain au-delà de la surface dessinée pour créer un dégradé de nuances.

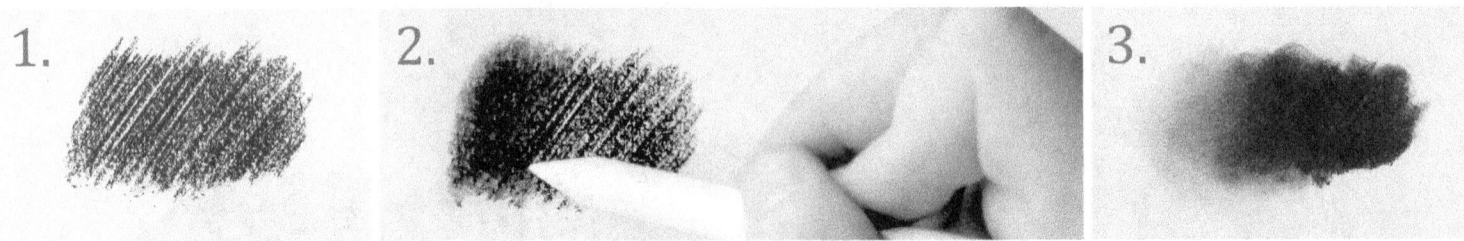

Technique de dessin 4 - L'essuyage en trois étapes

Technique de dessin 4 - Lavis

La technique du lavis est utilisée en combinaison avec l'encre de Chine. On applique la couleur à l'aide d'un pinceau, comme pour l'aquarelle, afin de créer des nuances et des tonalités. Pour donner un aspect transparent à l'encre de Chine ou à l'encre à appliquer, il faut la mélanger avec de l'eau.

Souvent, on combine le dessin à la plume et le dessin au pinceau. C'est ainsi que l'on obtient des contours et des structures dessinés à la plume et à l'encre de Chine, qui sont ensuite ombrés par le lavis.

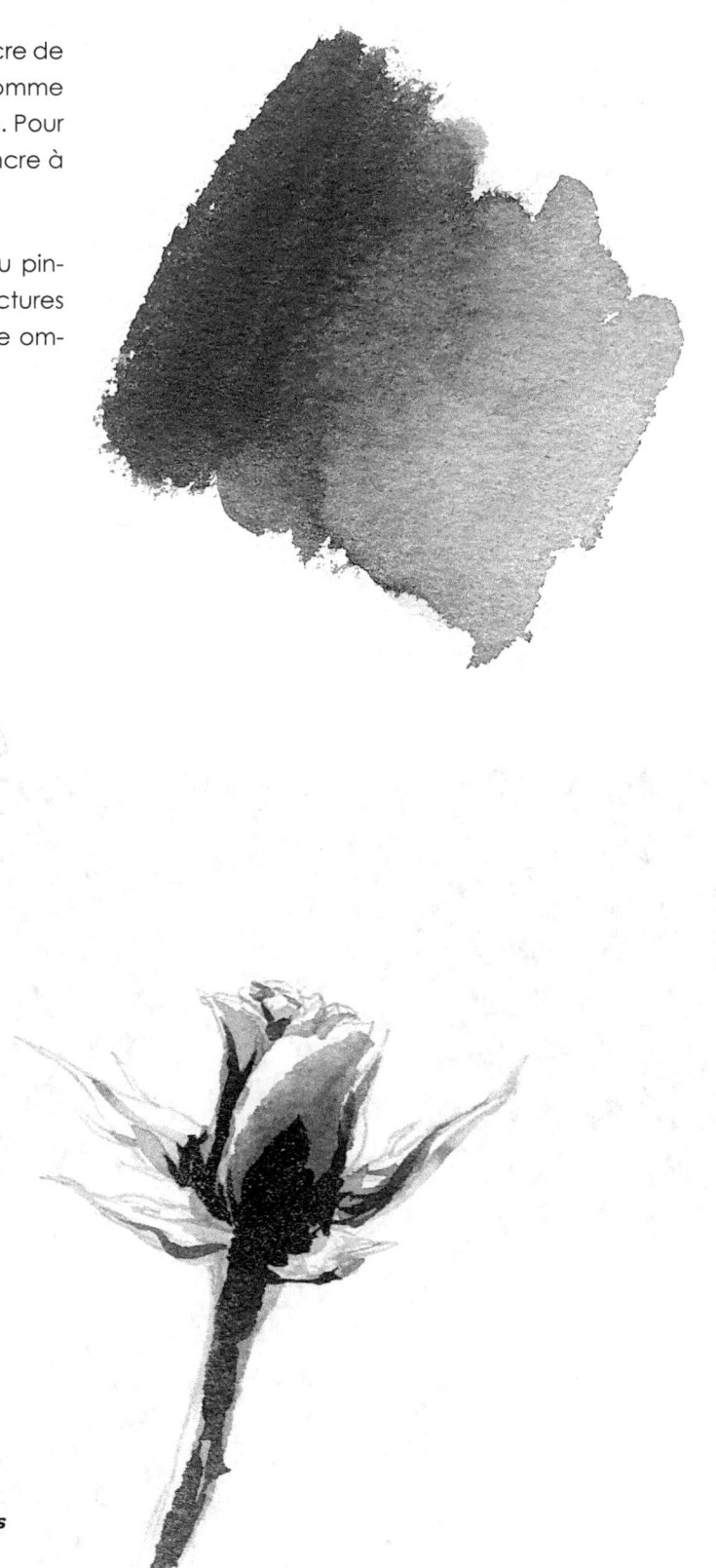

Dessin à l'encre de Chine de deux roses ombrées au lavis

Dessiner des ombres

Nous avons vu dans les chapitres précédents comment dessiner des objets dans l'espace. Nous avons également découvert certaines techniques, comme les hachures, pour représenter les nuances.

En combinant ces connaissances, nous sommes en mesure de dessiner des sujets avec des ombres. La représentation des ombres permet de donner aux objets une véritable apparence plastique, c'est-à-dire un aspect tridimensionnel.

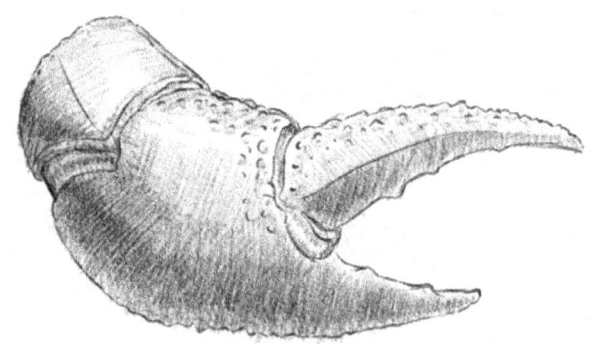

Zeichnung einer Krebszange mit hoher Plastizität durch Schattierung

Les ombres apparaissent toujours là où il n'y a pas de lumière directe. Par conséquent, les ombres décrivent également la forme des objets et créent une grande partie de l'effet plastique. Avec la représentation des ombres dans un dessin, la forme tridimensionnelle d'un corps apparaît vraiment. Cependant, vous devez toujours faire attention aux bonnes proportions des ombres et vous assurer de trouver la bonne valeur tonale. Des effets tels que les reflets de lumière contribuent également à l'effet.

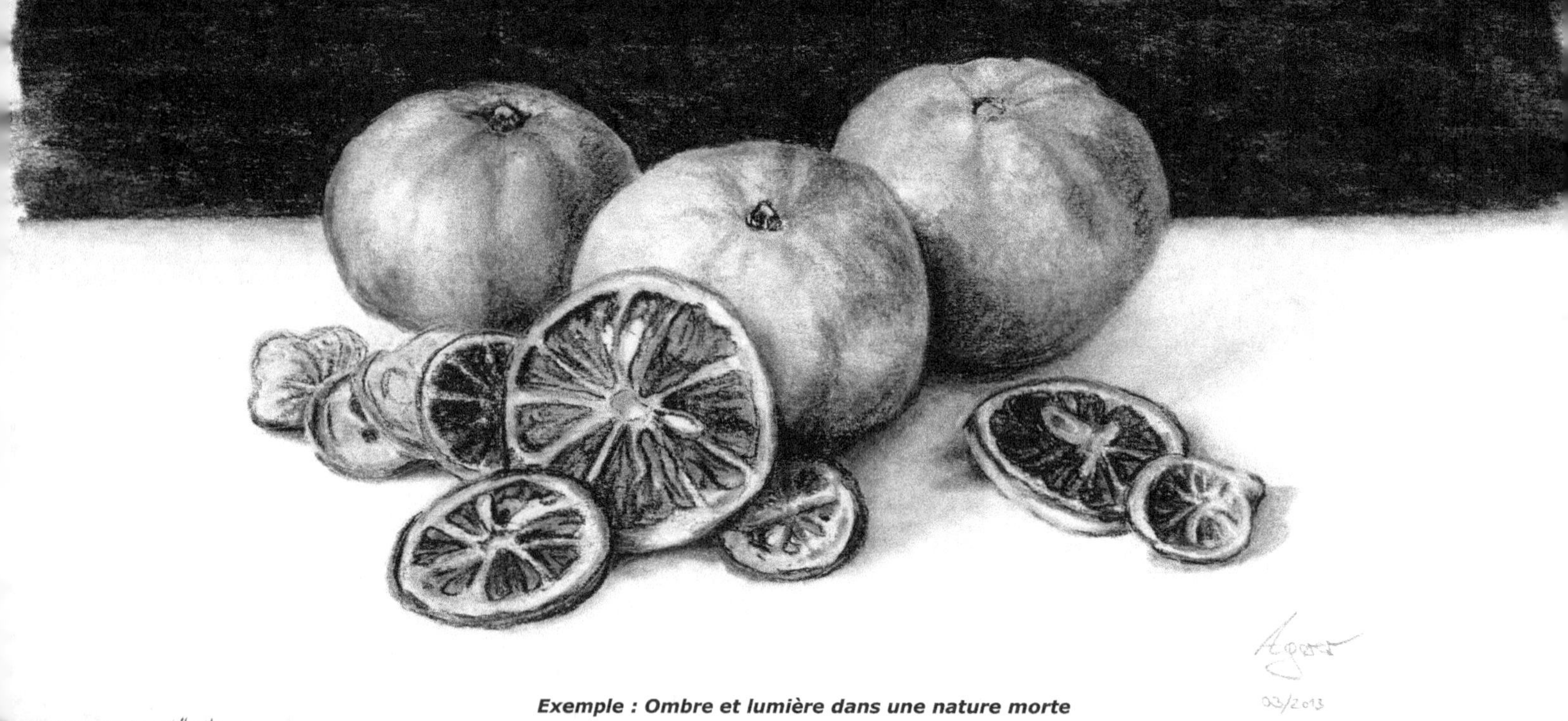

Exemple : Ombre et lumière dans une nature morte

MÉTHODES ET TECHNIQUES

Ombre et lumière

Pour pouvoir représenter correctement les ombres, il est nécessaire d'avoir des connaissances de base sur l'interaction entre la lumière et les ombres. Il est bien connu que les ombres se forment dans les endroits qui ne sont pas exposés à la lumière. Par exemple, si la lumière du soleil tombe sur un mur, celui-ci est éclairé d'un côté, tandis qu'il reste sombre de l'autre. Mais il n'y a pas que le mur lui-même qui est sombre d'un côté, l'ombre projetée par le mur se forme également sur le sol.

L'esquisse présentée décrit les différents types et zones d'ombre à partir de l'exemple d'une sphère. Notez également que la lumière se reflète sur le sol, éclairant ainsi légèrement le dessous de la sphère.

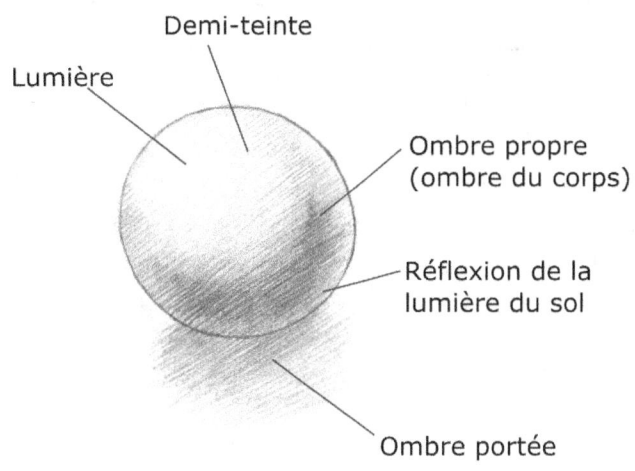

Différents corps

Pour vous entraîner, dessinez maintenant différents corps géométriques de base. Dessinez d'abord les contours et ombrez ensuite le corps. Vous trouverez dans les esquisses suivantes quelques exemples que vous pouvez reproduire.

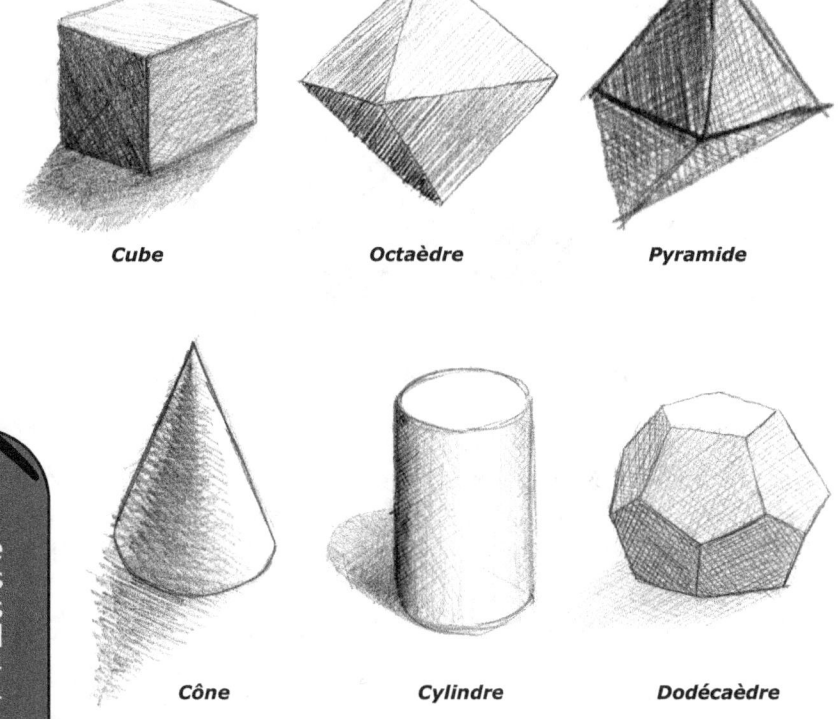

Astuce :

Il est important d'étudier par le dessin des corps géométriques simples, car on les retrouve dans tous les corps plus complexes. Il est souvent possible de décomposer des formes complexes en plusieurs corps géométriques simples, ce qui s'avère souvent d'une grande utilité pour le dessin.

Direction de la lumière et projection d'ombre

Selon l'endroit où se trouve la source de lumière, l'ombre d'un objet se projette dans l'une ou l'autre direction. L'ombre peut aussi s'allonger ou se raccourcir et changer d'obscurité. Selon l'intensité de la lumière, les bords des ombres peuvent apparaître plutôt doux et diffus, ou bien clairement définis et durs.

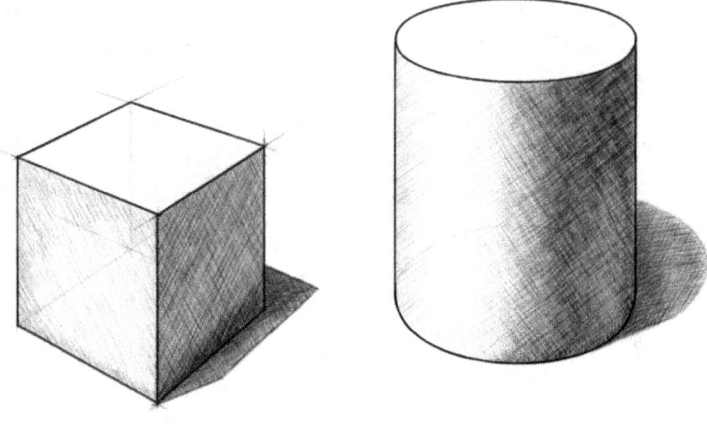

Dans les dessins, vous pouvez voir deux exemples de corps éclairés par l'avant gauche. Le cube et le cylindre projettent ainsi une ombre vers le fond à droite. Les corps sont également légèrement plus clairs sur leur côté gauche. Comme la lumière provenant du haut est relativement intense, ce sont les parties supérieures des corps qui paraissent les plus claires.

Dans les esquisses suivantes, vous trouverez d'autres situations d'éclairage dans lesquelles la lumière éclaire les corps de différents côtés.

Exemple 1 - Lumière provenant du côté

Ici, la source de lumière se trouve à gauche des objets et est très fortement inclinée. Le cube et le cylindre projettent ainsi une ombre vers la droite. En raison de l'angle d'incidence presque horizontal, les parties supérieures des corps sont relativement sombres.

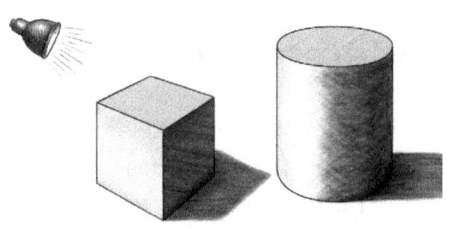

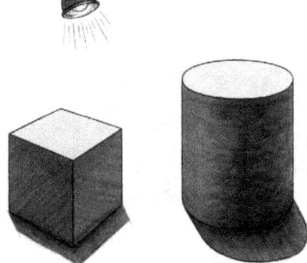

Exemple 2 - Lumière venant de l'arrière

La lumière vient ici de l'arrière, ce qui fait que les deux corps projettent de longues ombres directement vers l'avant. Sur la face avant, les corps sont très sombres.

Exemple 3 - Lumière venant d'en haut

Si la lumière vient directement d'en haut, il n'y a pas d'ombre à proprement parler sur les deux corps représentés. Une légère ombre a été représentée sur le dessin, car la source de lumière présente encore un léger angle.

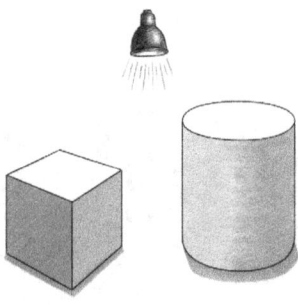

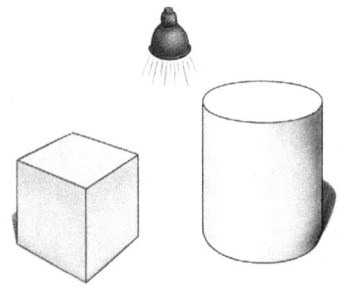

Exemple 4 - Lumière venant de l'avant

Si les objets sont éclairés de face, ils projettent une ombre vers l'arrière. Cette ombre est toutefois à peine visible depuis la perspective représentée. La face avant est éclairée par la lumière.

MÉTHODES ET TECHNIQUES

Construire et dessiner des ombres

Pour reproduire correctement les ombres, l'idéal est de disposer d'un modèle à reproduire (qu'il s'agisse d'un objet réel à dessiner ou d'une photo). Sinon, on peut construire soi-même les ombres, du moins pour les corps simples.

Pour ce faire, il faut déterminer la position de la source de lumière (imaginaire). Cela permet ensuite de déterminer l'angle d'incidence et l'angle de direction de la lumière. On peut alors construire soi-même une ombre, comme illustré dans le dessin ci-dessous.

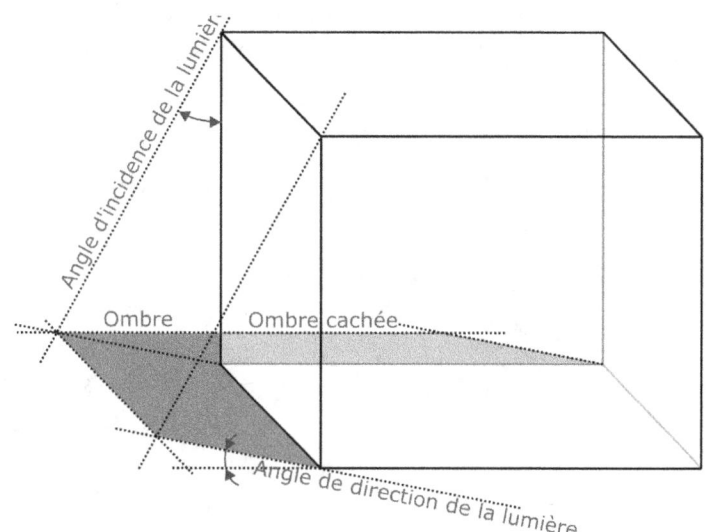

Construction de la projection d'ombre

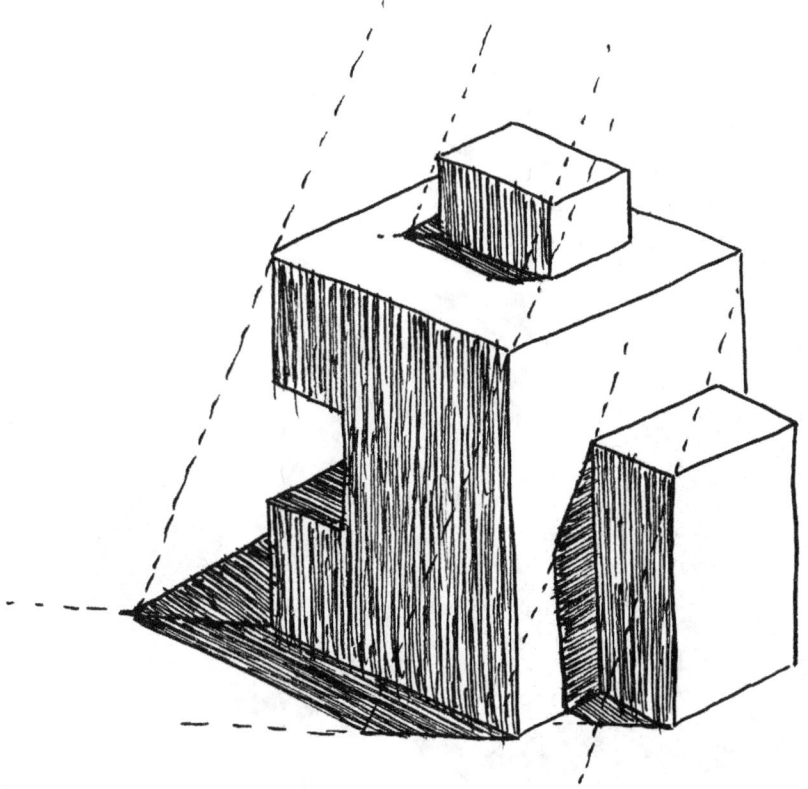

Si l'on dispose d'une expérience suffisante dans le domaine du dessin, on peut également représenter la projection d'ombre sans lignes auxiliaires. Cela fonctionne également dans une certaine mesure pour les formes plus compliquées. Toutefois, comme il peut être relativement difficile de représenter les ombres de manière absolument correcte en faisant appel à son imagination et à son appréciation, il est préférable de disposer d'un modèle ou au moins d'images de référence avec des sujets et des situations d'éclairage similaires.

Corps composite avec des ombres construites

Exemple avec une pierre

Afin de mieux illustrer l'interaction entre la lumière et l'ombre, nous allons maintenant passer à la loupe un exemple très simple mais pratique.

Dans l'esquisse illustrée, une pierre est visible dans la vue latérale et d'en haut. Les lignes représentent la lumière qui éclaire la pierre.
Dans de telles situations, considérez toujours la direction d'où vient la lumière et la forme de l'objet. Essayez d'évaluer où les ombres apparaissent et combien elles sont puissantes.

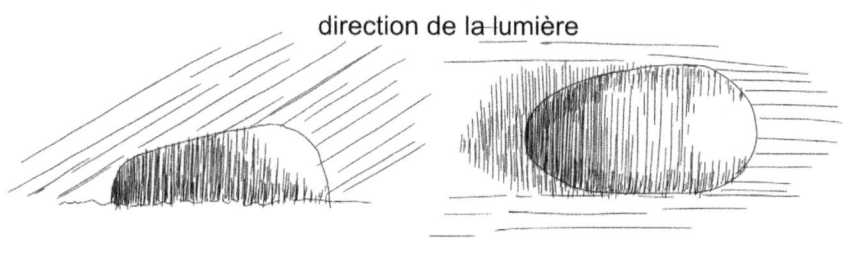

Selon la direction de la lumière, des ombres se forment à l'arrière de la pierre. La face avant, sur laquelle la lumière brille très directement, est particulièrement brillante.

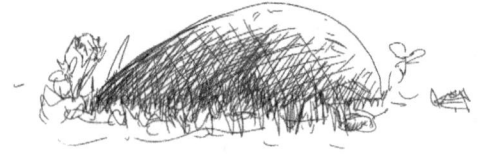

Pour les objets plus complexes, la construction d'ombres devient plus élaborée. Si vous avez un modèle ou si le motif est juste devant vous, vous pouvez étudier attentivement les rapports lumière-ombre afin de les représenter de la manière la plus convaincante possible.

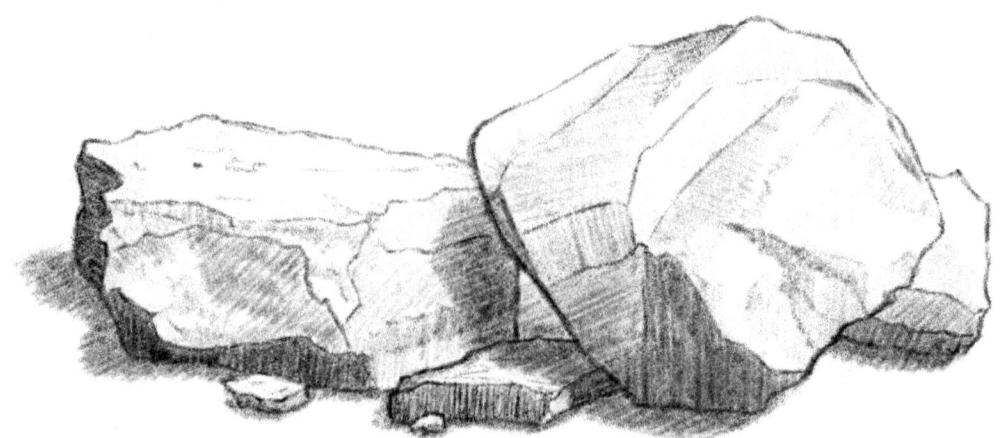

Arrangement plus complexe de roches

FLEURS, ARBRES & PLANTES

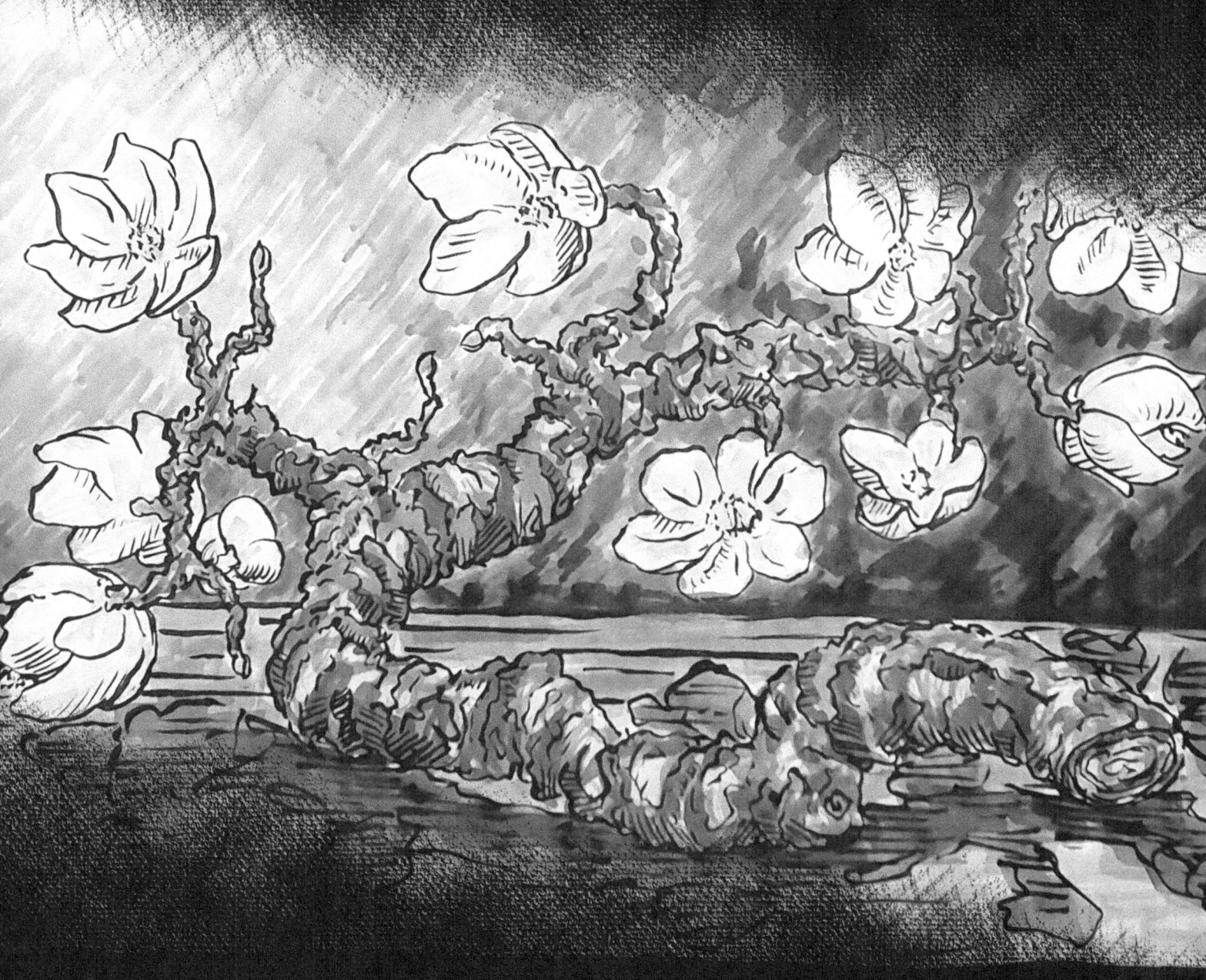

Les fleurs, les arbres et d'autres plantes constituent l'un des motifs classiques de la nature présentant une forme généralement très harmonieuse. Contrairement aux arbres, où le défi consiste plutôt à réduire le degré de précision, de nombreux détails peuvent être représentés pour les fleurs individuelles.

Dessiner des fleurs

Les fleurs sont un motif très classique de la nature avec une forme généralement très harmonieuse. Contrairement aux arbres, où le défi consistait plutôt à réduire le degré de précision, de nombreux détails peuvent être représentés pour les fleurs individuelles.

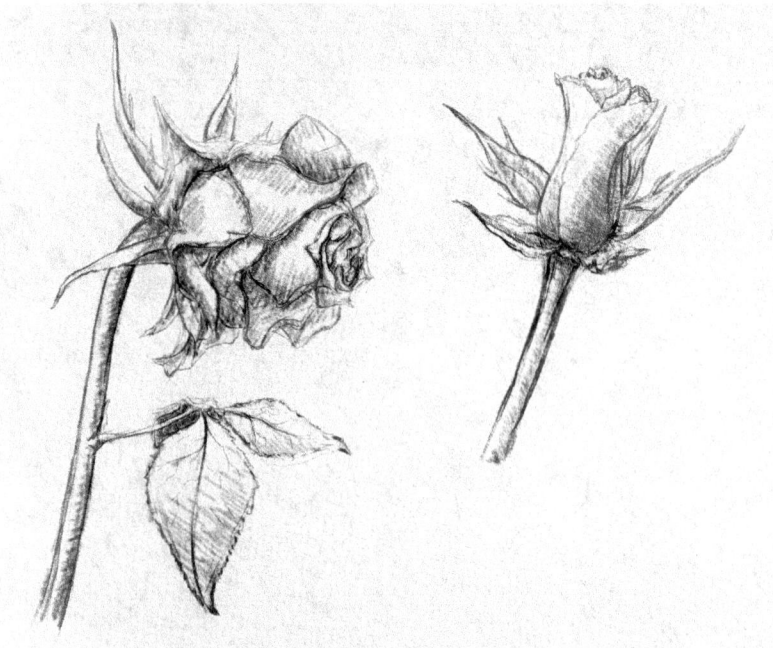

Dessin d'étude d'une rose à fleurs ouvertes et fermées

Dessiner correctement les pétales

Pour que les fleurs paraissent naturelles, il est important d'apprendre à dessiner correctement les pétales. Ce qui est décisif, c'est la courbure harmonieuse et le renversement.

La fleur typique comporte autour de son centre une variété de pétales qui poussent en étant assez uniformément répartis dans toutes les directions vers l'extérieur. Selon la façon dont les pétales sont orientés vers le spectateur, leur légère courbure est perçue différemment.

Dans l'image, vous pouvez voir la représentation de la courbure de différents pétales.

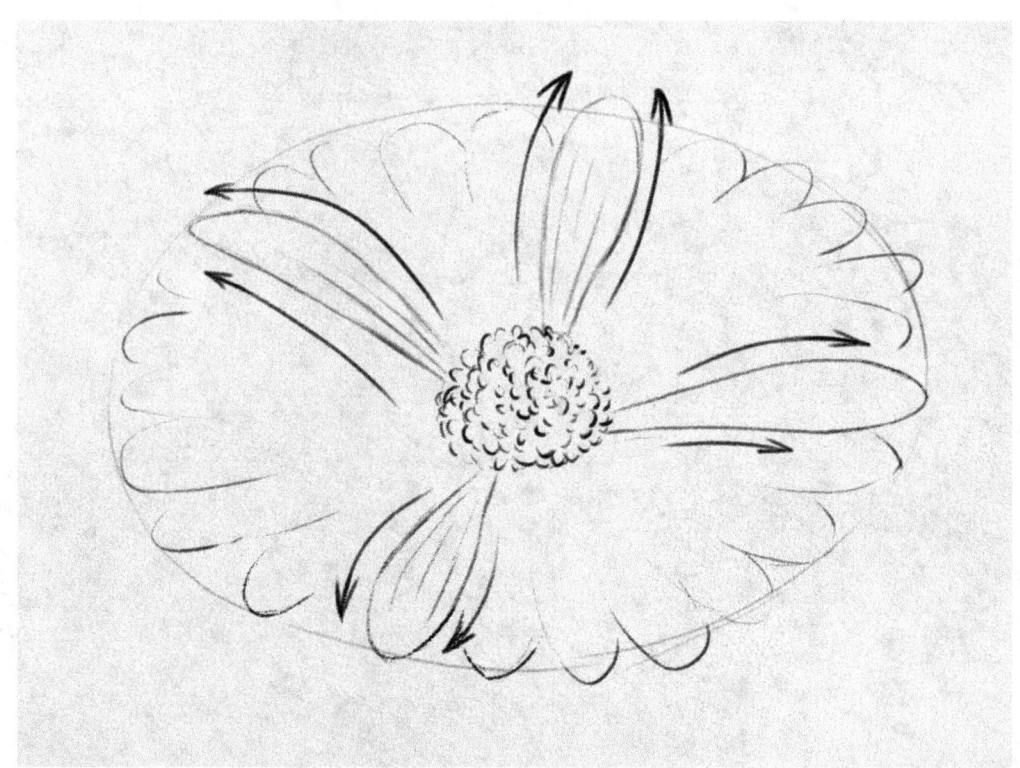

FLEURS, ARBRES & PLANTES

Le résultat final est le suivant.

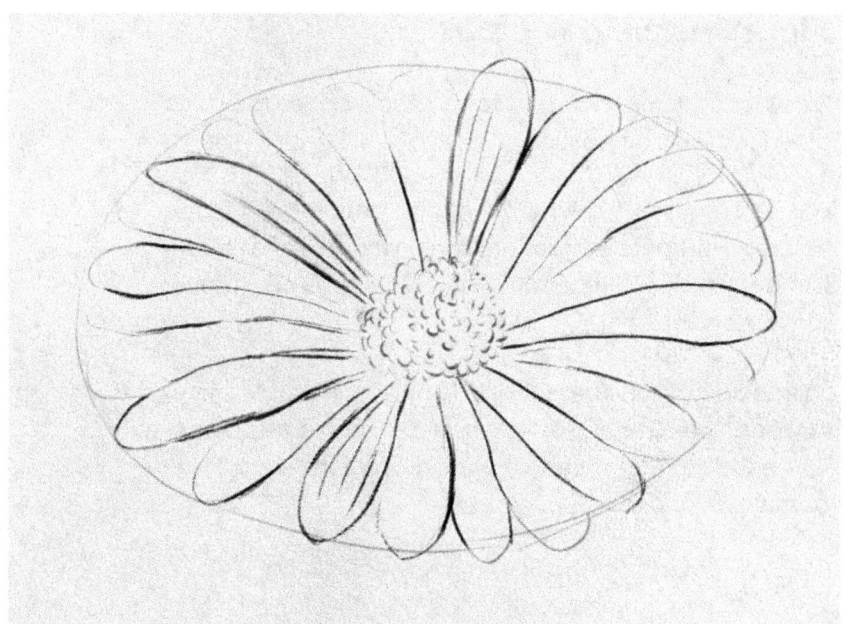

Cependant, de nombreuses fleurs présentent une forme différente. Vos pétales peuvent être beaucoup plus incurvés. La conséquence: on peut presque y voir un revirement. Cela signifie qu'à un certain point, on ne reconnaît le pétale que sous forme de ligne et que le dos apparaît ensuite.

Dans l'esquisse suivante, vous pouvez d'abord voir cet effet sur une feuille de papier. Le point d'inversion a été marqué. Vous pouvez voir comment, derrière ce point, le dos du papier devient visible et le devant disparaît.

Il en va de même pour les pétales comme pour la fleur en forme de coupe illustrée.

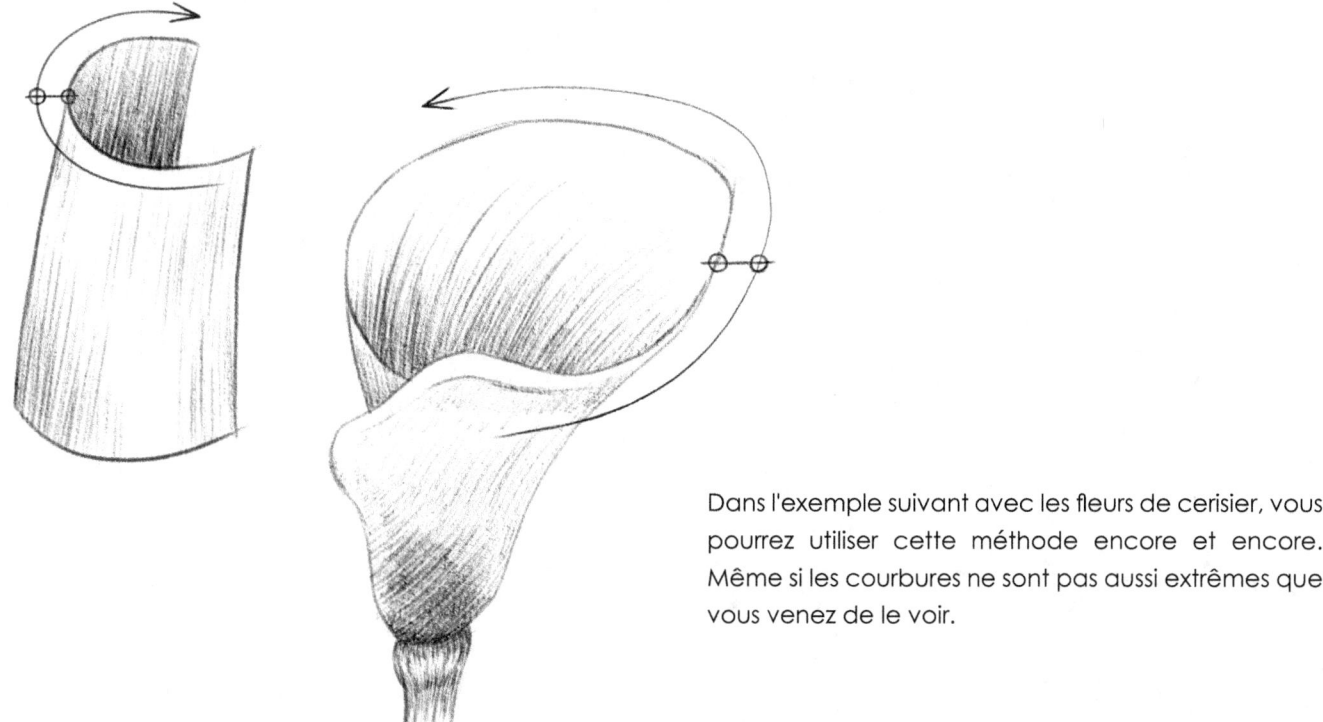

Dans l'exemple suivant avec les fleurs de cerisier, vous pourrez utiliser cette méthode encore et encore. Même si les courbures ne sont pas aussi extrêmes que vous venez de le voir.

Fleurs étape par étape

Essayons maintenant un exercice étape par étape avec quelques fleurs de cerisier.

Lors de l'esquisse, il est important de transmettre la forme naturelle des pétales dans un élan uniforme. Faites attention à l'endroit où un pétale est plié de manière à montrer son côté arrière.

Le tronc d'arbre, les branches et les autres fleurs en arrière-plan ne sont mieux dessinés que de manière schématique. Cela crée un certain effet de profondeur dans le dessin.

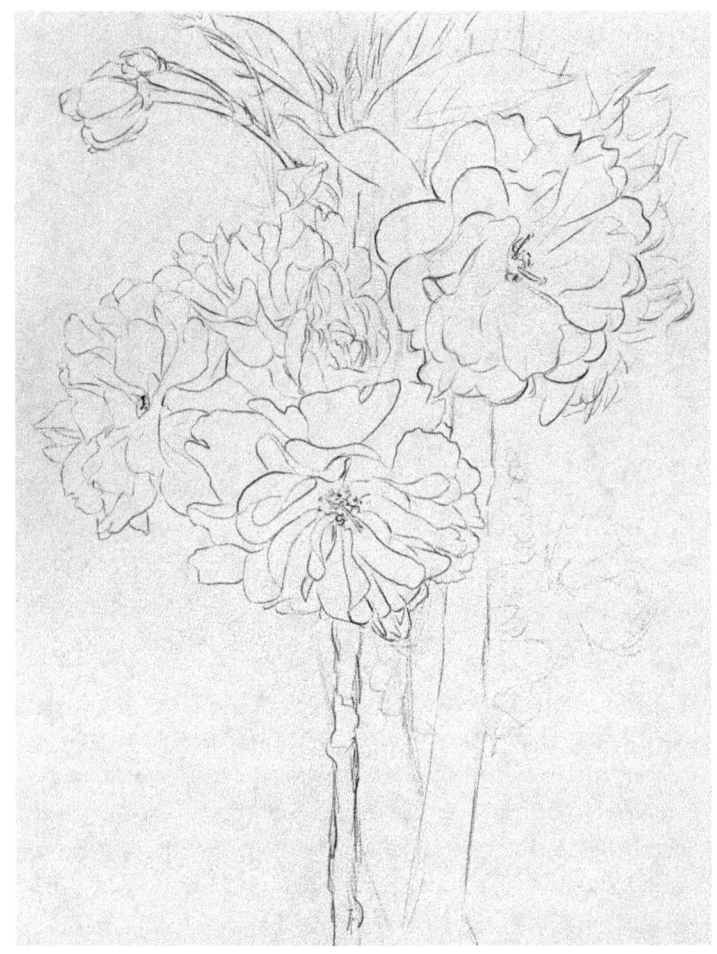

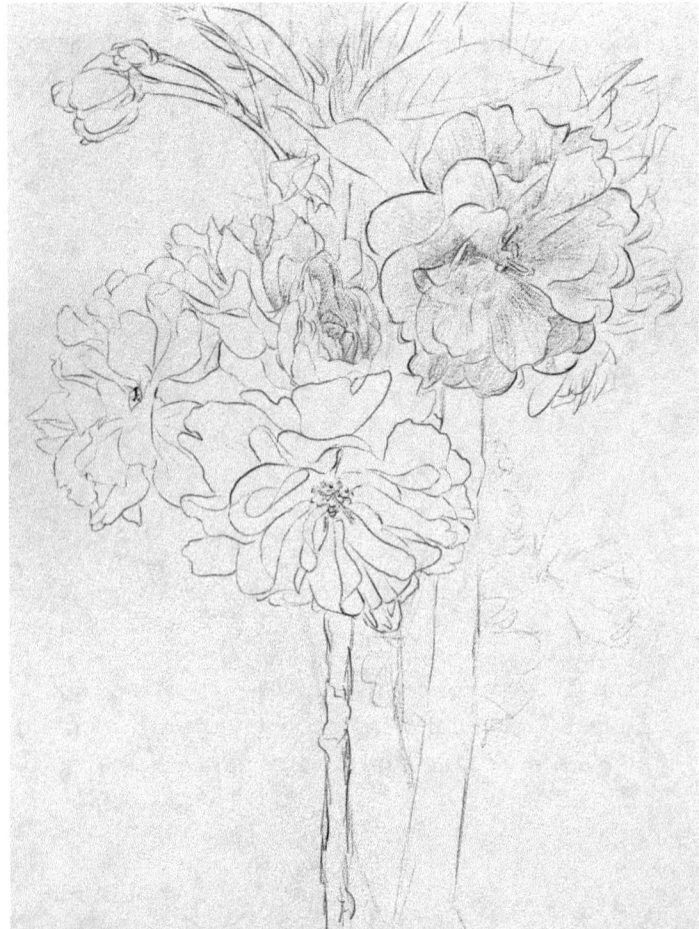

Viennent ensuite les premières nuances. Travaillez petit à petit. Les ombres doivent être aussi douces que possible, car les pétales sont très tendres et doux. Les nombreux pétales montrent clairement à quel point les fleurs de cerisier sont touffues.

De cette façon, vous dessinez maintenant plus d'ombres jusqu'à ce que toutes les fleurs aient été traitées au premier plan.

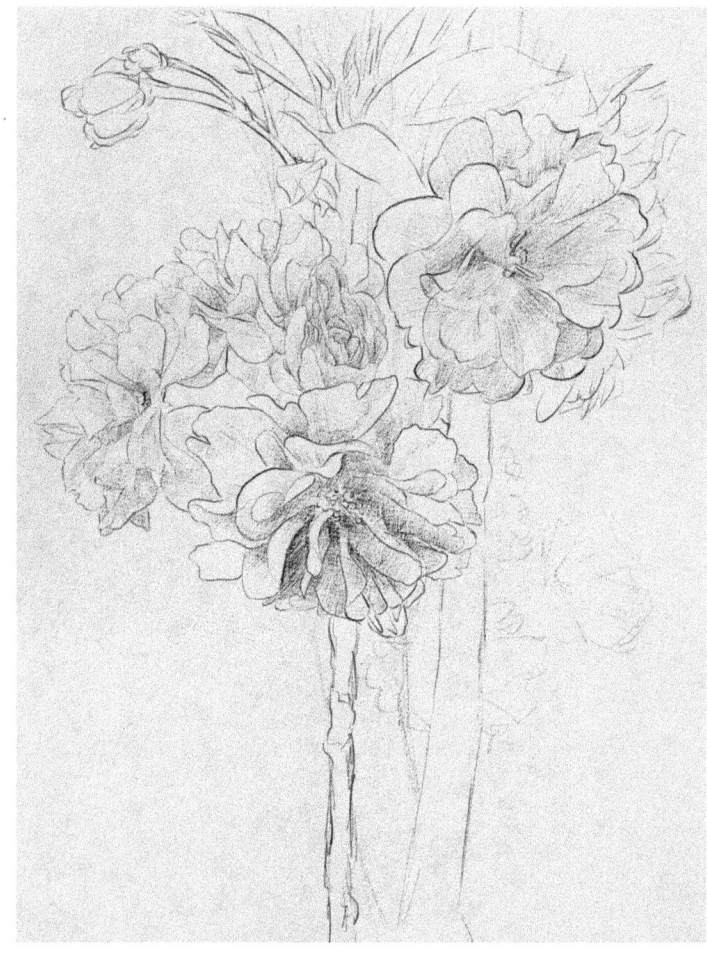

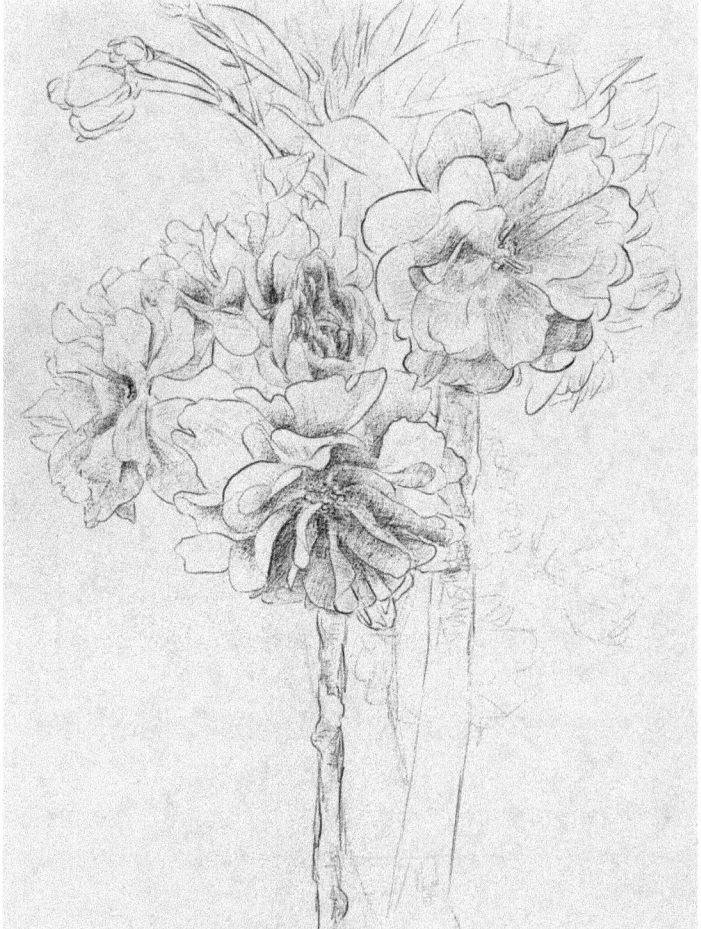

Pour augmenter la plasticité, il faut maintenant reproduire quelques profondeurs. Dessinez les endroits avec les ombres les plus fortes dans des teintes beaucoup plus sombres. Cependant, cet effet doit être utilisé à bon escient afin que les fleurs ne semblent pas trop lourdes et dures.

Dans l'image suivante, une partie du tronc a déjà été ombragée.

Dans la dernière étape, vous pouvez toujours ombrager complètement le tronc de l'arbre. Après cela, le dessin est terminé.

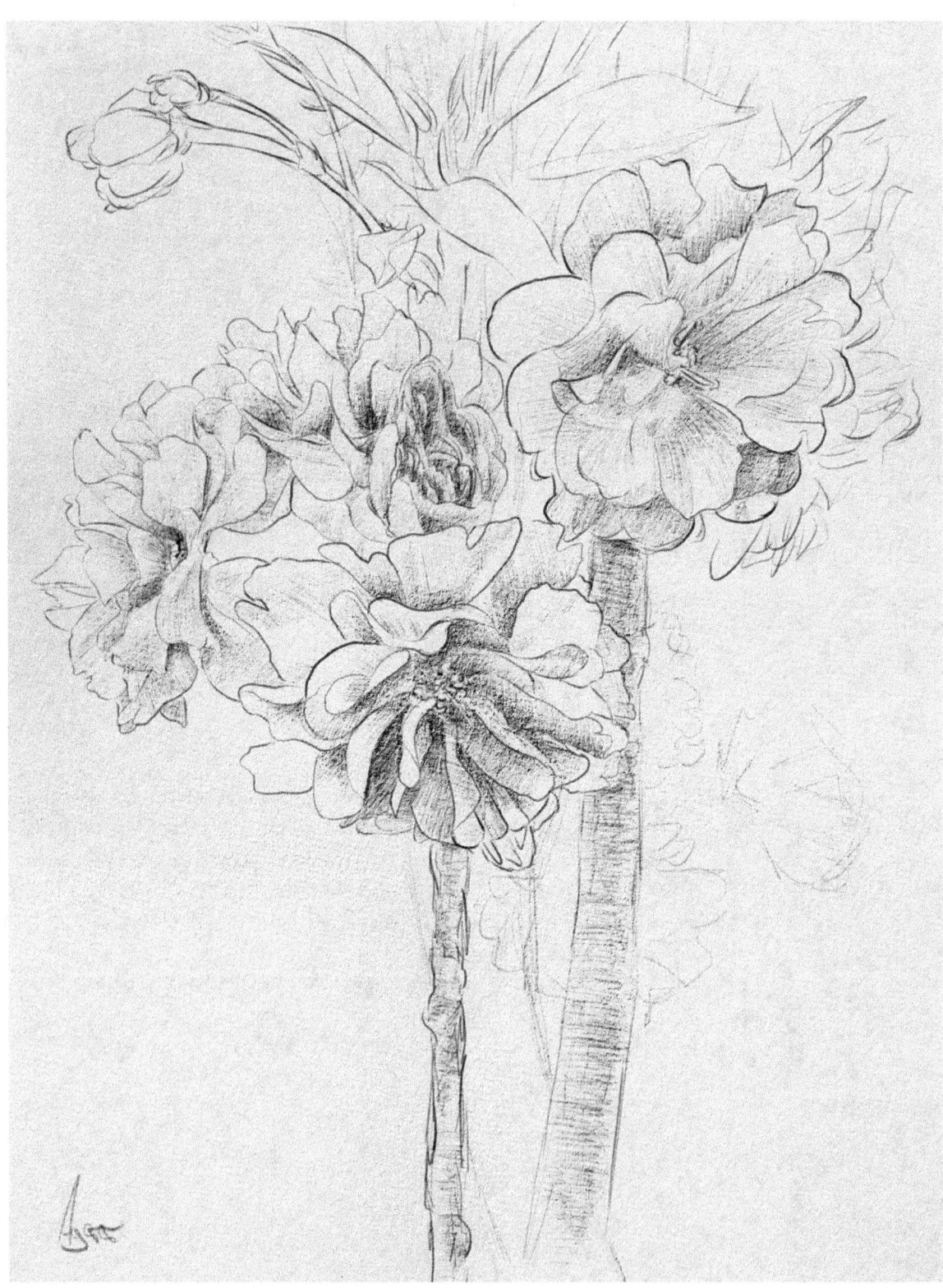

Fleurs à l'encre de Chine

L'encre de Chine sert également de support de dessin pour les fleurs. Le défi consiste à représenter la légèreté des feuilles et des fleurs avec des lignes claires et fortes.

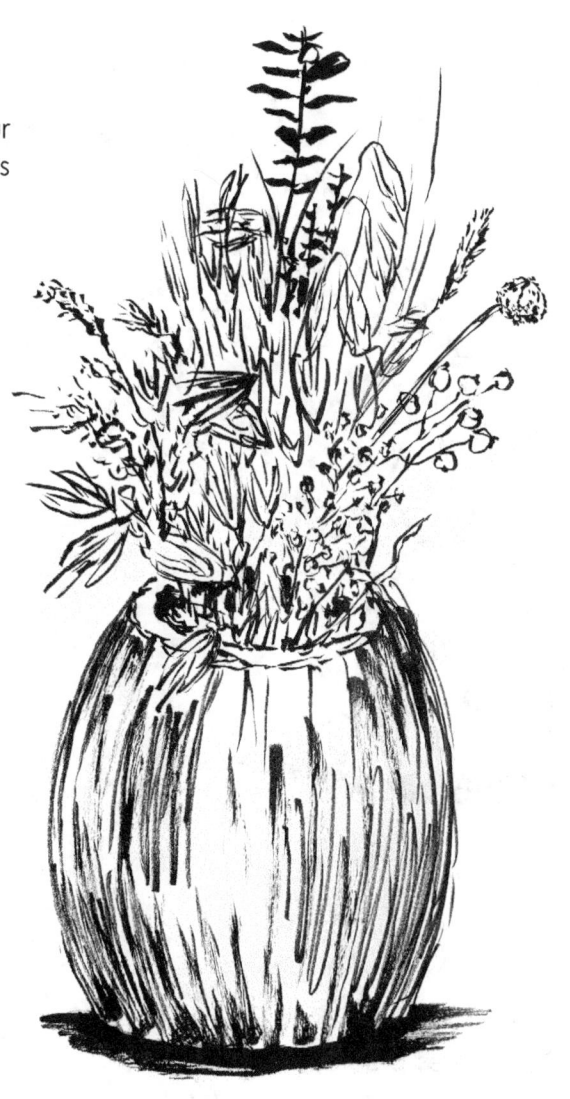

Simplification

Si vous voulez dessiner une multitude de fleurs et de floraisons, comme dans un bouquet de fleurs, il est important de simplifier et de réduire les détails.

Comme vous pouvez le voir dans le dessin à l'encre de Chine illustré, en suggérant des détails, vous pouvez créer un aspect général très attrayant.

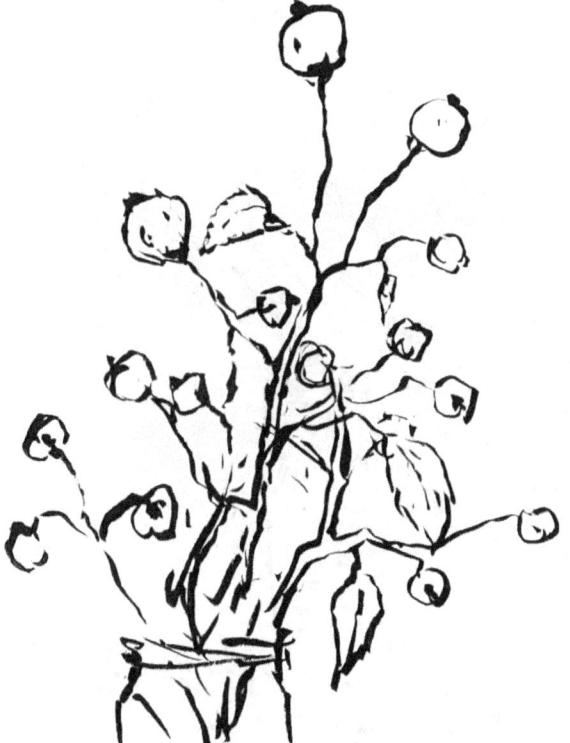

Contours

Même les dessins de contour purs peuvent être très attrayants quand ils sont esquissés avec de l'encre de Chine. Dessinez des lignes caractéristiques dont l'épaisseur varie.

Pas besoin d'esquisser les lignes de contour de manière uniforme et précise. Les lignes agitées et en mouvement rendent souvent le dessin plus intéressant et plus vivant.

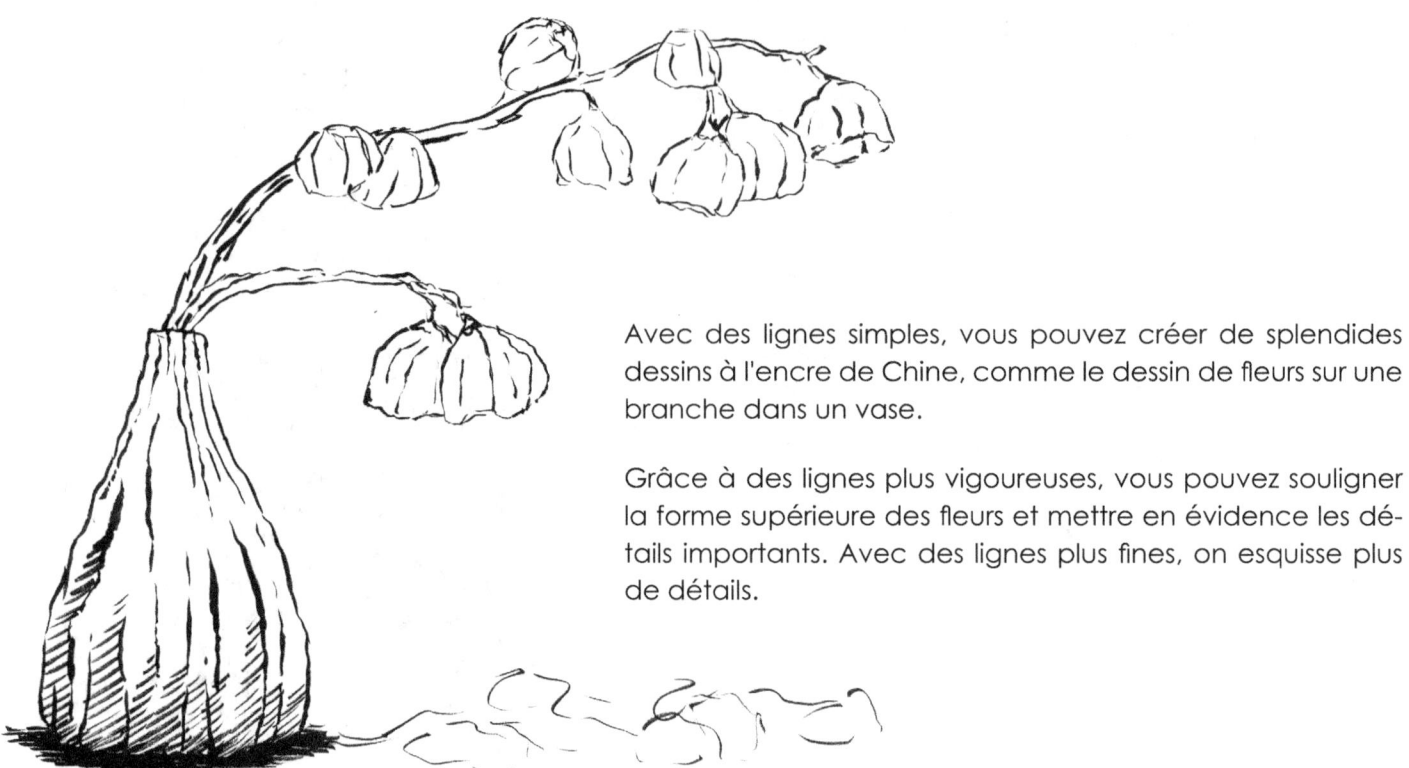

Avec des lignes simples, vous pouvez créer de splendides dessins à l'encre de Chine, comme le dessin de fleurs sur une branche dans un vase.

Grâce à des lignes plus vigoureuses, vous pouvez souligner la forme supérieure des fleurs et mettre en évidence les détails importants. Avec des lignes plus fines, on esquisse plus de détails.

L'élément déterminant dans la représentation des plantes avec de l'encre de Chine ? Même avec des lignes claires et parfois fortes - comme dans l'image montrée avec les fleurs de cerisier dans le vase - la légèreté des fleurs se reflète.

Les hachures ajoutent de la profondeur et de la plasticité à l'image. Mais ici aussi, il est important de s'assurer que les fleurs ne semblent pas trop lourdes.

Dans le dessin, on peut voir aussi bien que la structure des branches et d'autres éléments a été représentée à l'aide d'un contrôle habile de l'épaisseur de la ligne.

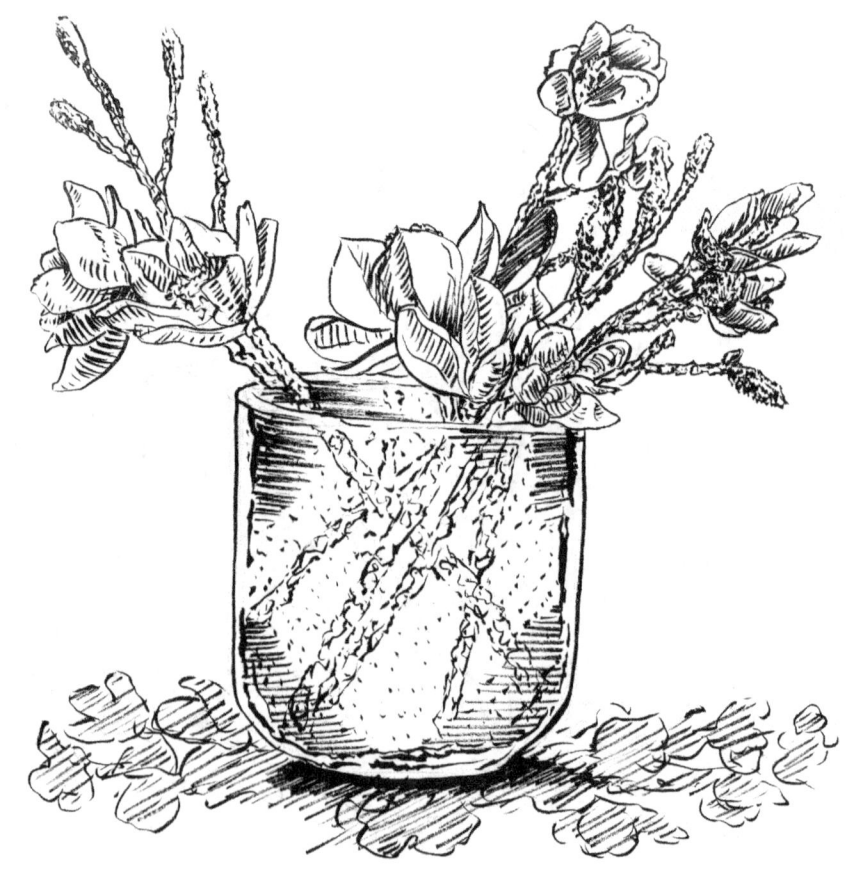

FLEURS, ARBRES & PLANTES

Structures en bois

Le bois a une structure très caractéristique et distinctive. Dans cet exercice, vous pouvez vous entraîner à dessiner une surface en bois. Le sujet est un banc en bois, comme on peut en trouver dans de nombreux paysages. Notez que nous pouvons voir trois types différents de structure en bois. L'assise est un tronc d'arbre coupé, dont nous voyons de face la surface avec l'écorce retirée.

En vue latérale, on peut voir les cernes annuels dont les structures se prolongent sur la face supérieure. La surface latérale correspond à la coupe transversale du tronc d'arbre, tandis que la surface correspond à la coupe longitudinale du tronc. Le dossier présente également la structure d'un tronc d'arbre coupé longitudinalement, avec en plus quelques structures de branches.

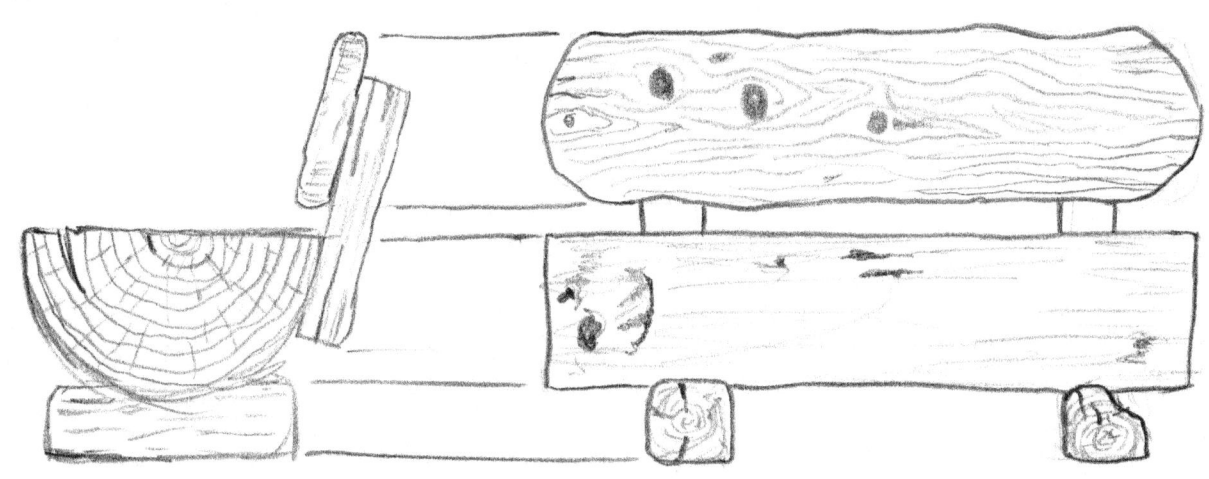

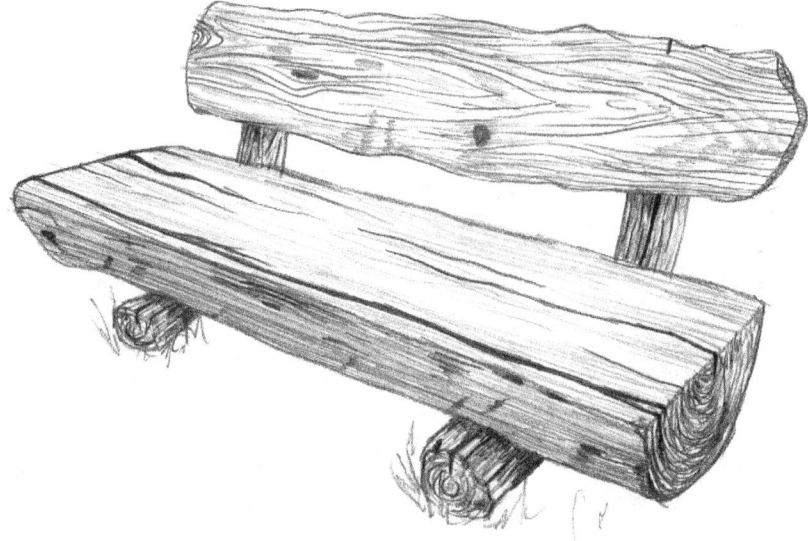

En perspective, il faut tenir compte non seulement des structures, mais aussi des formes. Toutefois, la représentation de la structure en bois permet de mettre encore plus en évidence la forme du sujet.

Représentation du bois

Maintenant, si vous continuez à travailler les structures en bois et à dessiner des ombres, le dessin est parfait.

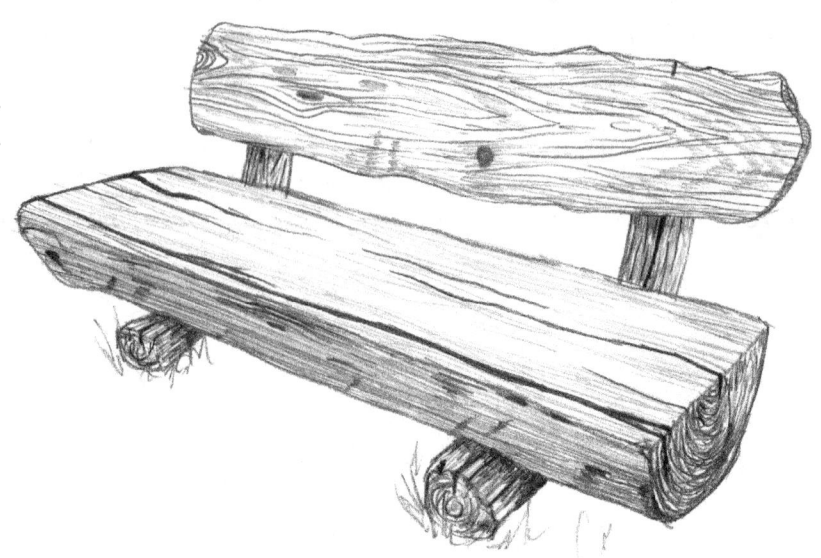

Une autre application pratique du matériau naturel qu'est le bois : la charpente à colombages, comme elle était autrefois utilisée pour la construction de maisons.

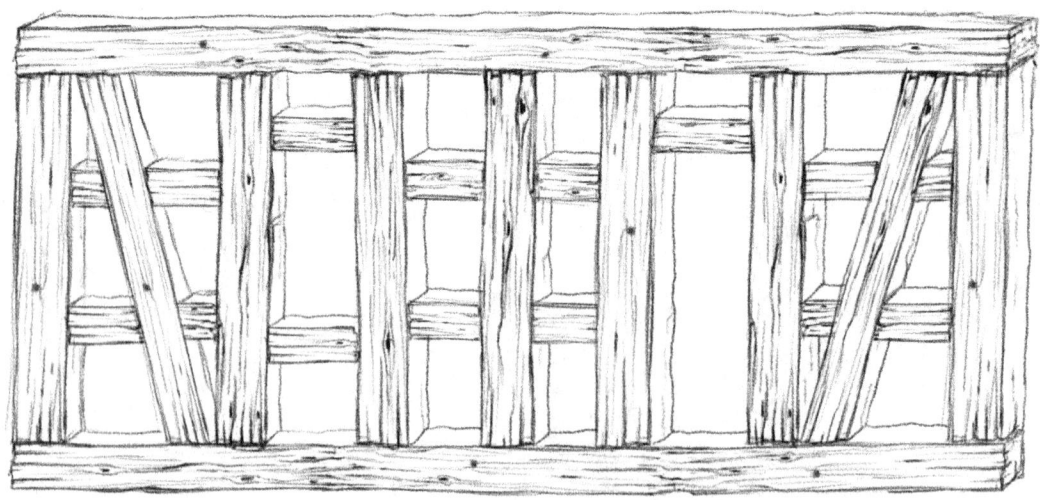

Esquisse d'une structure à colombages en bois

Dessiner des arbres

Après avoir abordé le sujet des fleurs pour la dernière fois dans le monde du plus petit, nous allons maintenant nous occuper des grandes choses : Nous allons dessiner des arbres.

Nous avons déjà présenté des fleurs et des feuilles individuelles en partie très détaillées. Maintenant, avec un arbre, nous sommes confrontés au défi de simplifier habilement les innombrables détails.

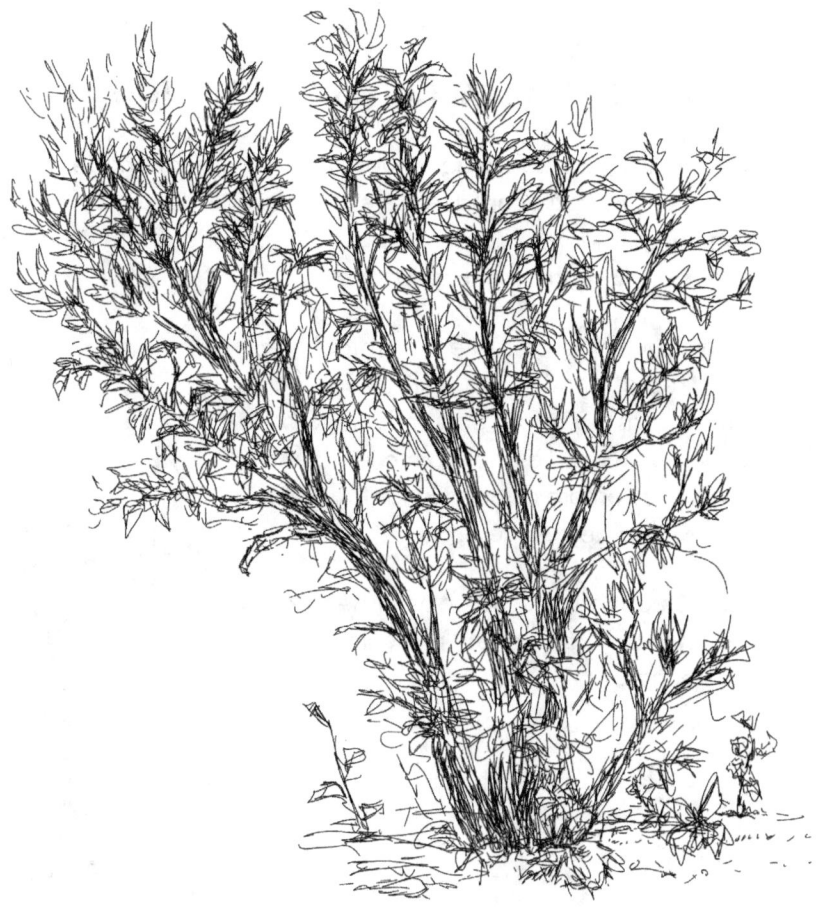

Dessin à l'encre d'un lilas

Dessiner un arbre

La représentation des arbres pose souvent des difficultés, surtout pour les débutants. La raison ? Un arbre est composé d'une infinité de détails. D'innombrables feuilles sont accrochées à une quantité très importante de branches et l'écorce présente une surface très structurée. Reproduire tout cela n'est pas chose aisée. En outre, il est nécessaire de capturer la forme individuelle de chaque type d'arbre.

Pour apprendre à dessiner un arbre, il faut donc maîtriser quelques techniques (que l'on peut aussi appliquer à tous les autres motifs). Cela inclut entre autres :

- La saisie de la géométrie supérieure,
- la simplification des détails et
- reconnaître les structures existantes.

Vous avez déjà appris à réduire les détails et à représenter les structures dans ce livre. Vous apprendrez ce qu'il faut entendre par la géométrie générale d'un arbre dans la leçon suivante.

Exemple de représentation d'un arbre

L'arbre comme corps volumique

Ce que l'on peut facilement oublier Les arbres forment des corps volumiques, y compris la couronne de l'arbre. On pourrait décrire sa forme comme une sphère ou une demi-sphère. Il faut surtout tenir compte de cette forme supérieure lorsque l'on dessine les ombres.

Dans le croquis présenté, vous trouverez une représentation très simplifiée d'un arbre, dans laquelle la couronne de l'arbre a été représentée sous forme de demi-sphère. Un ombre apparaît sur la face inférieure de la demi-sphère.

La même méthode doit être utilisée pour dessiner un arbre avec plusieurs petites couronnes.

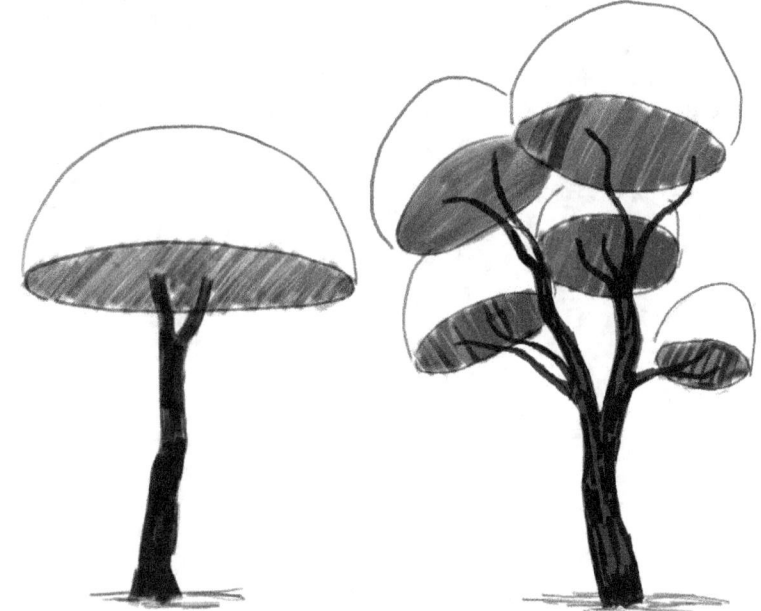

Avec une représentation un peu plus naturelle du feuillage, l'arbre ressemble à ceci.

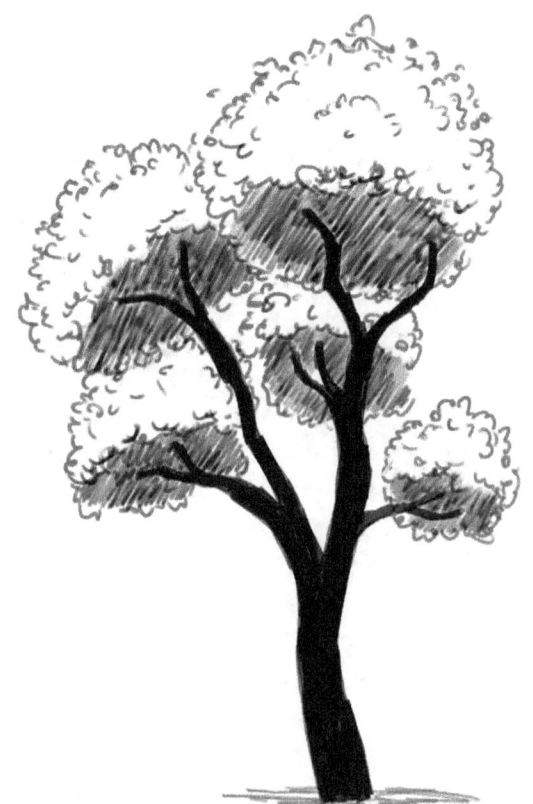

Dessiner un arbre pas à pas

Lorsque l'on dessine un arbre, il est préférable de commencer par en esquisser la forme approximative de manière relativement grossière. Dessinez le tronc, les branches visibles et la couronne de l'arbre.
Ne forcez pas trop les lignes pour pouvoir les effacer plus tard ou pour qu'elles restent aussi discrètes que possible dans le dessin ultérieur.

L'étape suivante consiste à préciser les contours. On représente plus précisément le tronc et les branches, en faisant attention au rajeunissement des branches au fur et à mesure de leur ramification. La couronne acquiert un contour qui laisse deviner des feuilles individuelles.
Pour que le dessin ait l'air naturel, il faut esquisser le contour de la couronne de la manière la plus irrégulière possible et laisser apparaître des formes ouvertes.

Comme la forme grossière de l'arbre est définie, on peut maintenant ombrager le tronc de l'arbre. Il faut une structure qui corresponde à celle de l'écorce. Notez également le type d'arbre que vous dessinez, car la surface de l'écorce peut différer considérablement d'une espèce à l'autre.

Maintenant, vous pouvez prendre la couronne de l'arbre. Lors de l'ombrage, réfléchissez à la forme supérieure que prend le feuillage. Pour l'ombrage, vous pouvez utiliser une technique de dessin de votre choix.

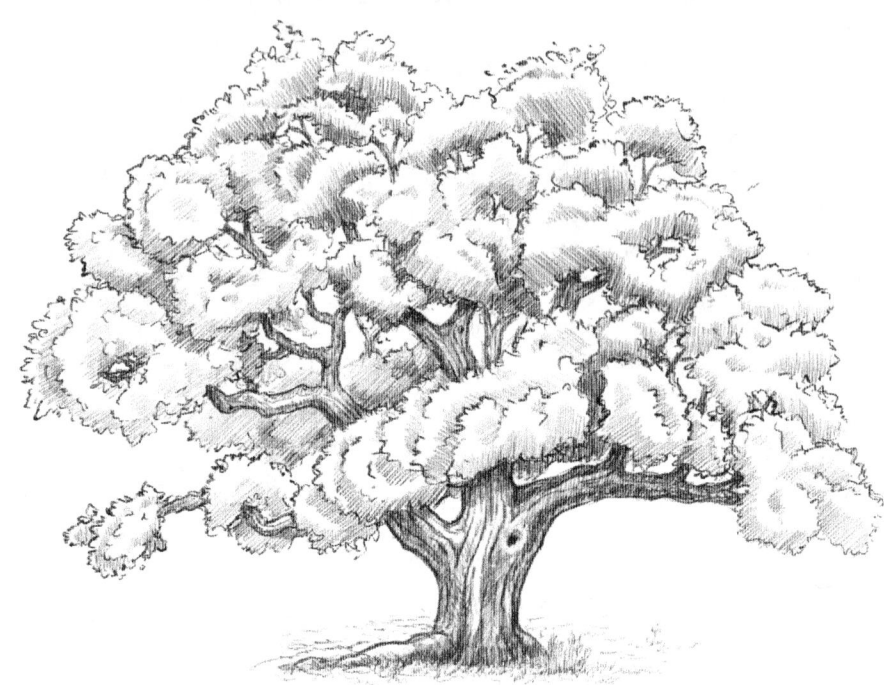

Dans la dernière étape, vous retravaillez l'ombrage et ajoutez des zones particulièrement sombres pour augmenter le contraste. Avec la signature finale, le dessin est terminé.

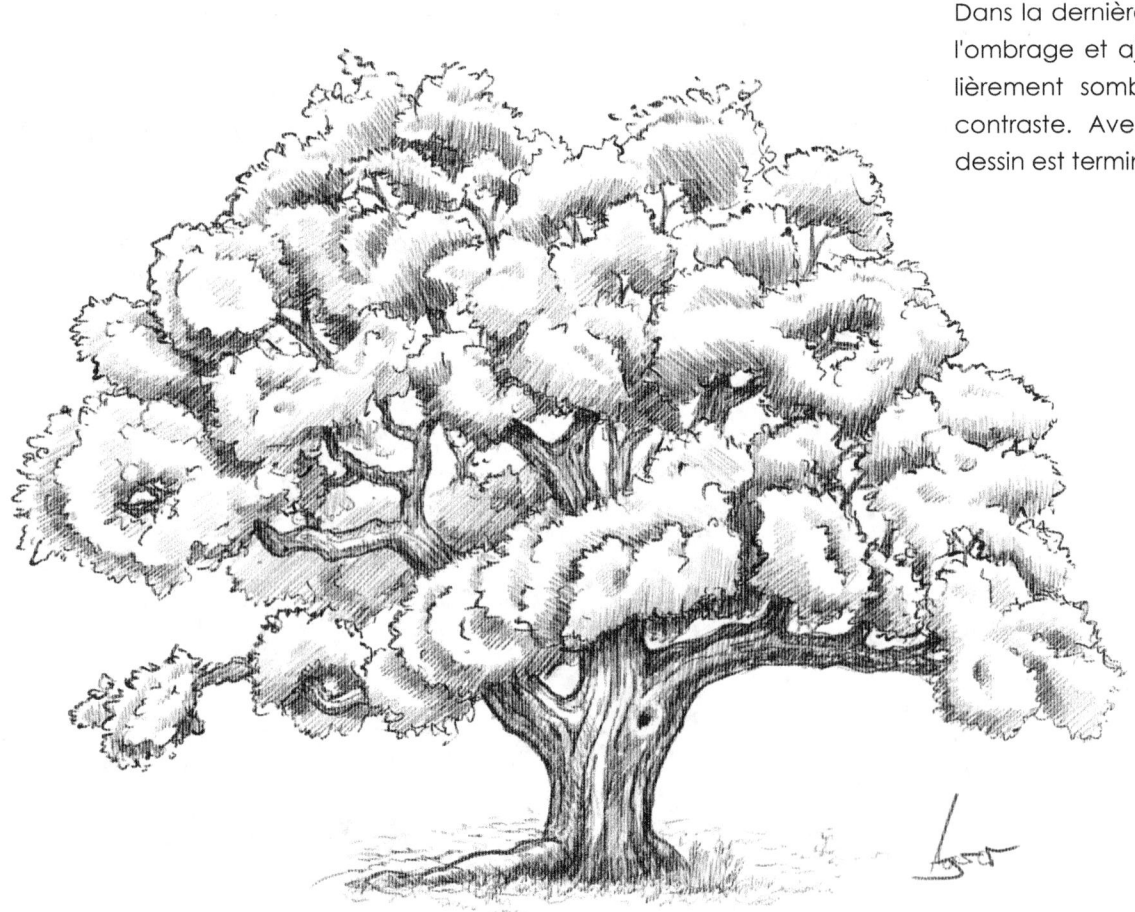

EAU, ROCHER ET NUAGES

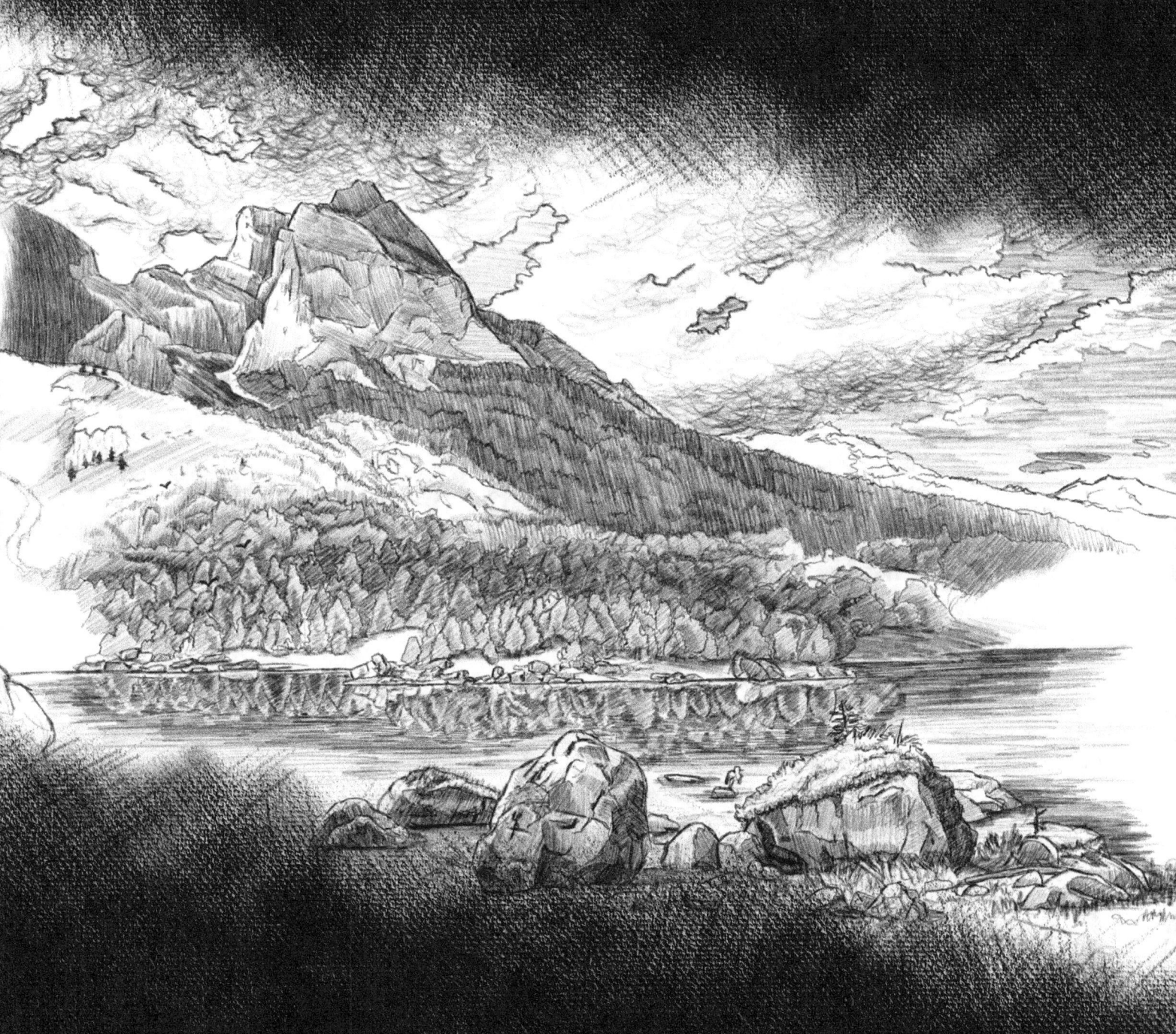

L'eau, les rochers et les nuages constituent entre autres les composantes de notre environnement qui façonnent de manière significative les paysages. Si l'on souhaite représenter la nature sous la forme d'un dessin de paysage, la représentation de ces motifs constitue également un outil important de notre répertoire artistique.

Eau

Dans les paysages, l'eau peut prendre différentes formes. Elle peut apparaître sous la forme d'une rivière, d'un lac, d'une mer ou même d'une chute d'eau. Vous apprendrez ici des techniques de présentation pour ces différentes formes, afin de vous préparer à toutes les situations.

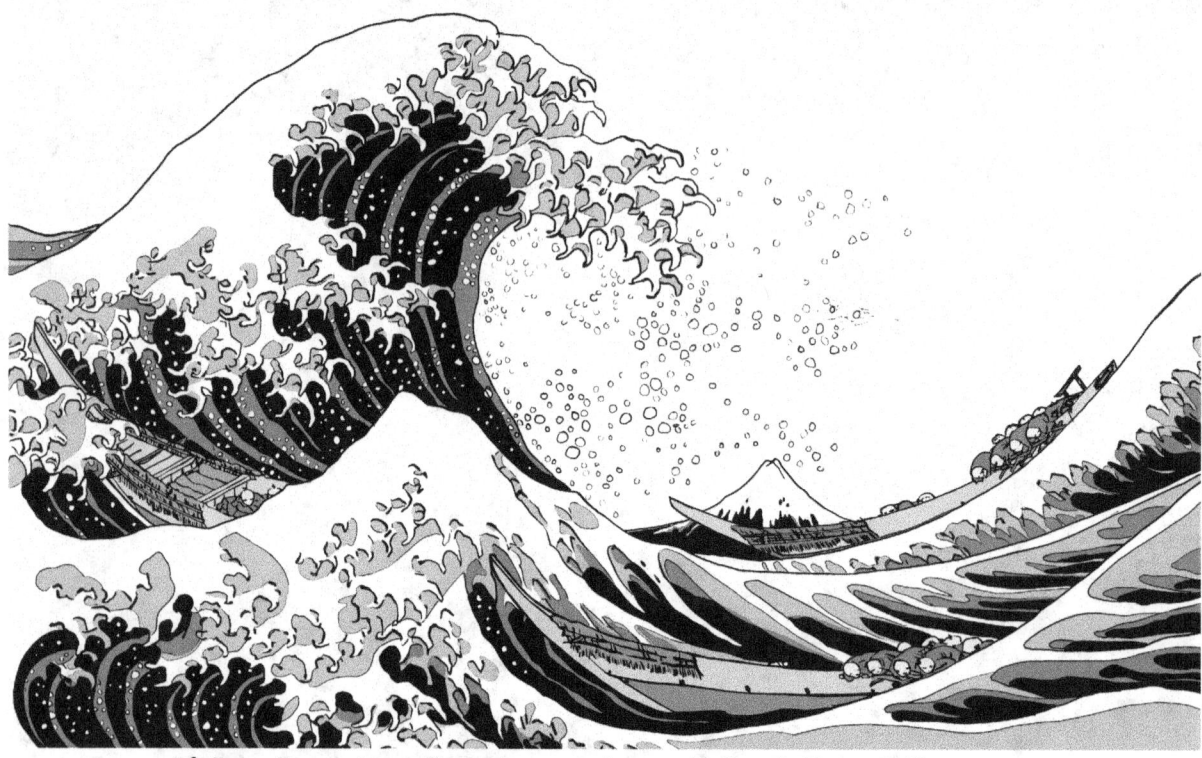

Réplique d'une estampe japonaise en couleur : « La Grande Vague de Kanagawa »
Original : Katsushika Hokusai

Rivière

Le défi que représente la représentation d'une rivière est le mouvement de l'eau. En tant que dessinateur, il faut donner l'impression au spectateur que l'eau s'écoule constamment dans un tableau statique. Au passage, les objets situés au bord de la rivière se reflètent dans l'eau ; du moins tant que le courant n'est pas trop violent.

Commencez votre dessin par un croquis de la rivière et de ses environs. Il serait préférable de dessiner également quelques objets plus hauts, comme les arbres dans cet exemple.

Dans le chapitre suivant, vous découvrirez également des astuces qui vous permettront de réaliser encore mieux ce croquis. Il s'agit de la perspective à un point de fuite.
Mais pour l'instant, nous pouvons dessiner sans cette méthode.

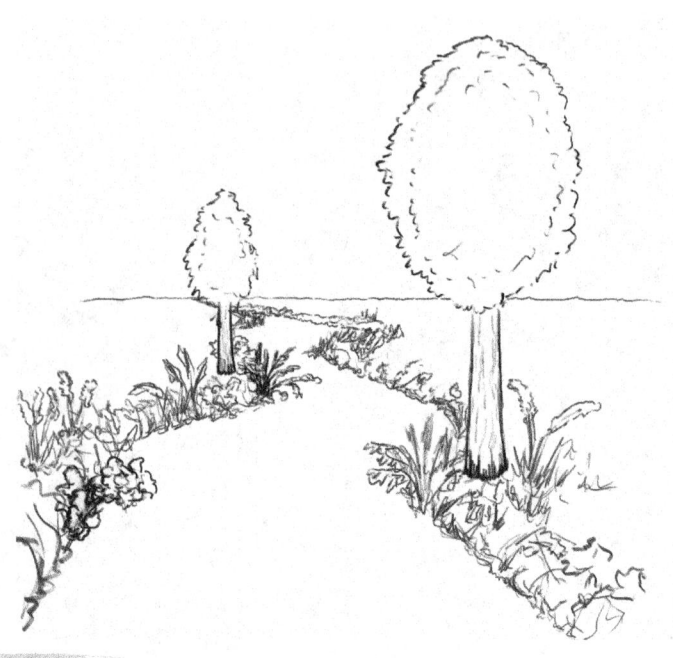

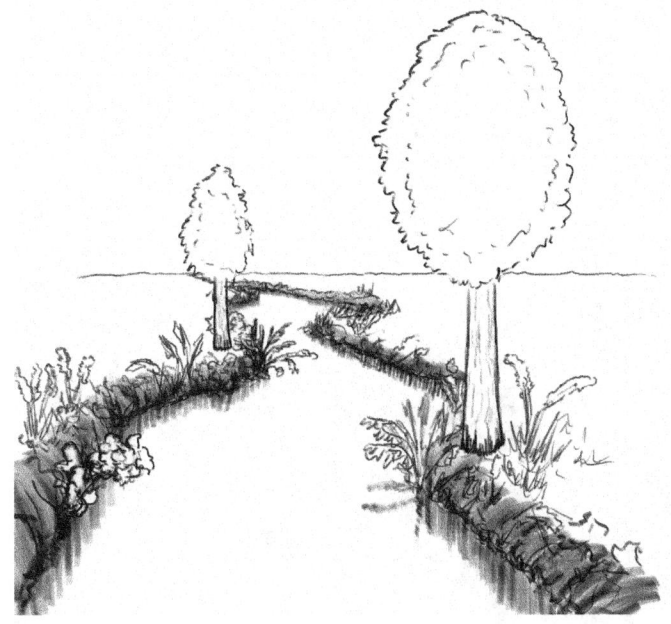

Vient ensuite la rive du fleuve. Il n'est pas nécessaire ici d'entrer dans les détails. Il suffit d'assombrir la rive. Ensuite, on peut dessiner le reflet de la rive dans la rivière avec des traits verticaux. Comme dans l'exemple présenté ici, on peut aussi dessiner le reflet de quelques longues herbes. Cela renforce l'effet.

Dans l'étape suivante, vous pouvez également représenter le reflet des arbres et d'autres objets plus hauts. Maintenant, la rivière semble immobile comme un lac. Aucun mouvement n'est visible dans l'eau.

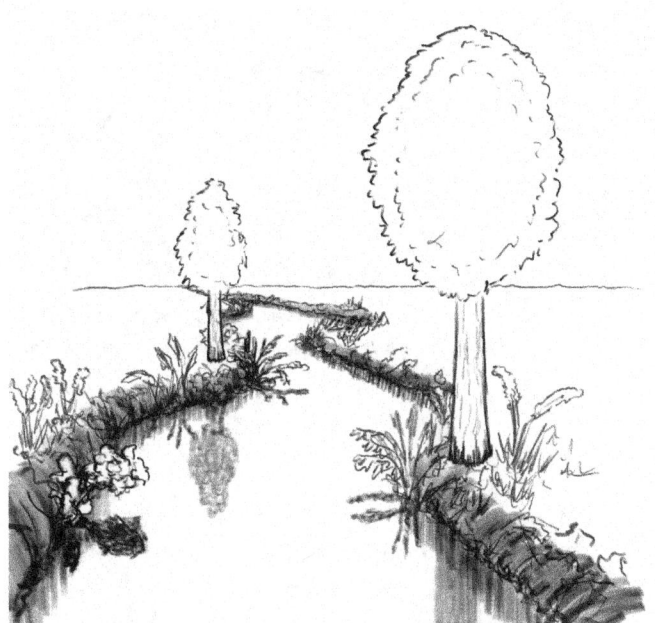

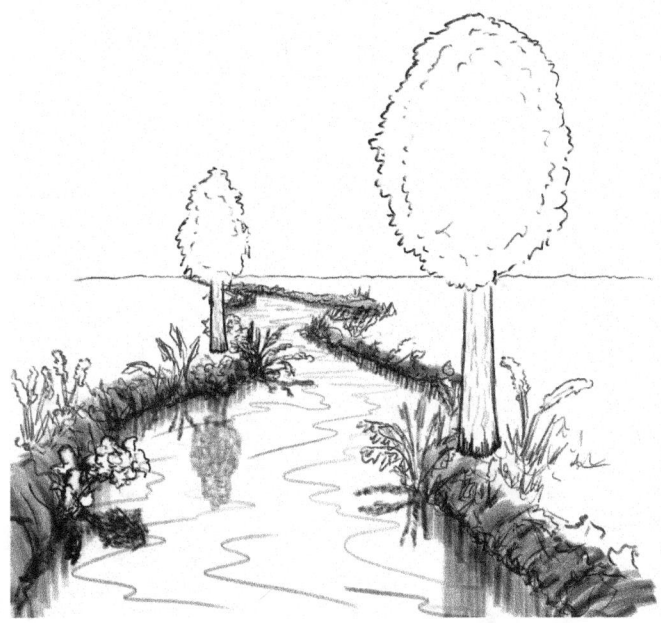

Vous pouvez suggérer le mouvement de l'eau en traçant quelques lignes ondulées. Les lignes doivent être réduites vers l'arrière afin de créer un effet de perspective. Votre petit dessin est alors terminé.

Plage et mer

Tout comme le fleuve, la mer est une eau en mouvement. Mais la mer se caractérise aussi par des vagues bien visibles. Selon les conditions météorologiques, ces vagues peuvent être très petites ou extrêmement grandes. Cela augmente un peu le niveau de difficulté.

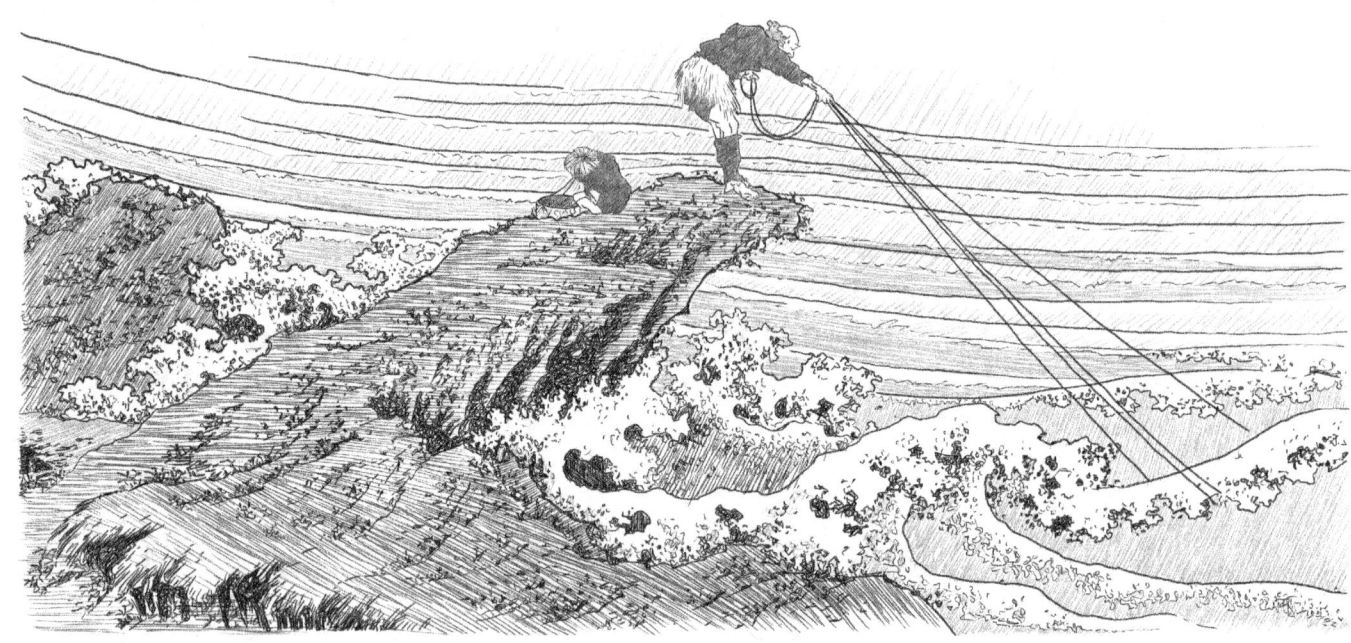

Représentation de vagues déchaînées s'écrasant contre un rocher
Reproduites à partir d'une estampe japonaise en couleur de l'artiste Hokusai

Nous dessinons à nouveau un petit croquis pour nous en entraîner, pour lequel nous commençons par un simple dessin au trait. Suggérez de petites vagues. Celles-ci ressemblent à des chaînes de montagnes. Au point où la mer rejoint la plage, on peut suggérer l'écume.

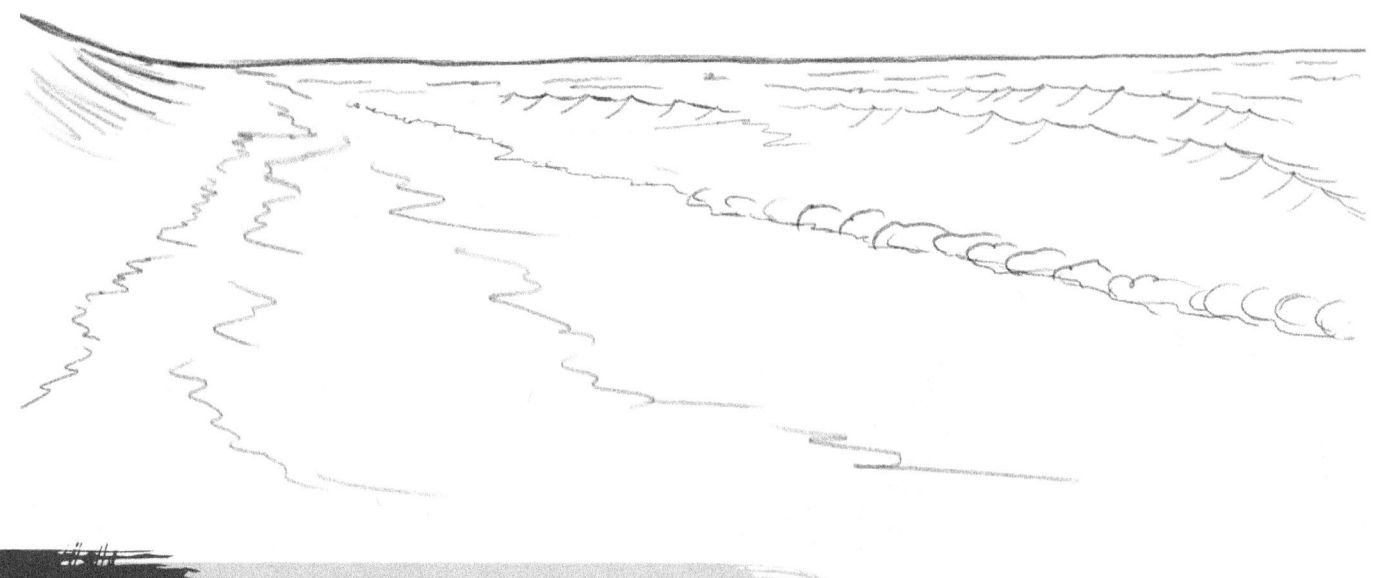

L'étape suivante consiste à structurer davantage l'eau. Les formes entre la plage et la grande vague représentent l'écume qui flotte à la surface de l'eau. La forme des vagues peut être mise en évidence par d'autres lignes, ce qui permet en même temps d'ombrer les vagues. Des collines ont également été suggérées à l'arrière-plan.

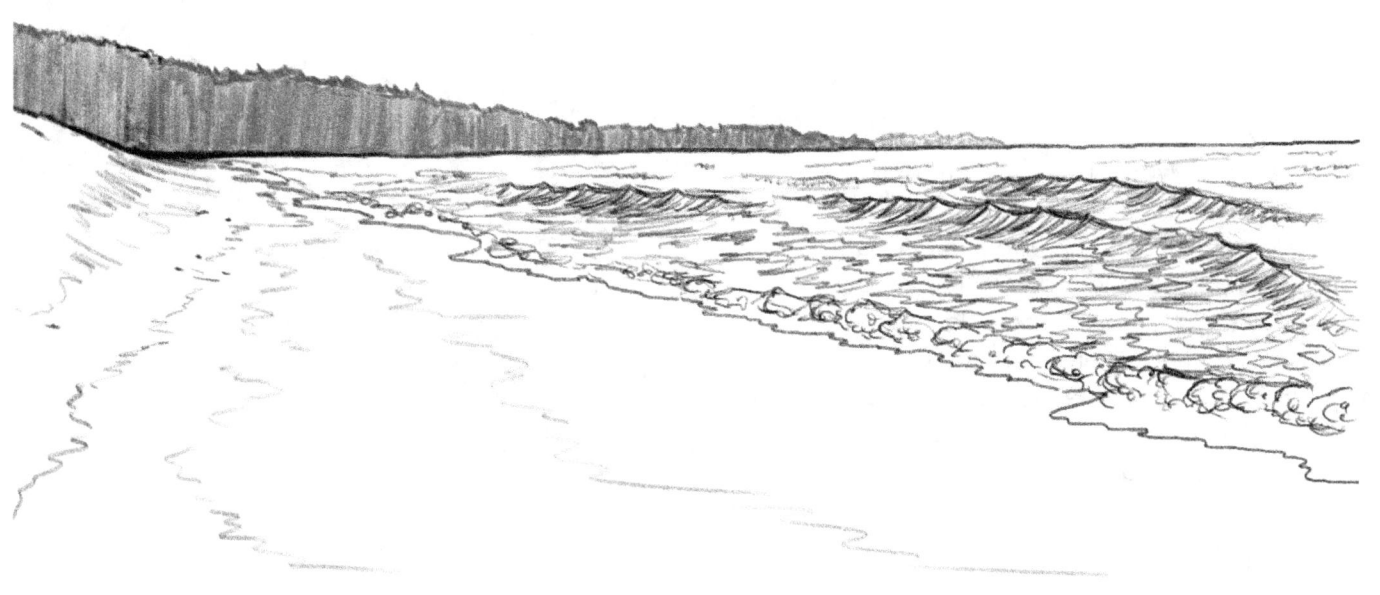

Maintenant, vous pouvez assombrir le reste de l'eau. Cela fait ressortir encore plus clairement l'écume et les vagues. Il est important que les vagues laissent toujours des zones claires pour que l'on puisse les distinguer du reste de la mer. En revanche, il est possible de représenter le dos des vagues avec un ton plus foncé.

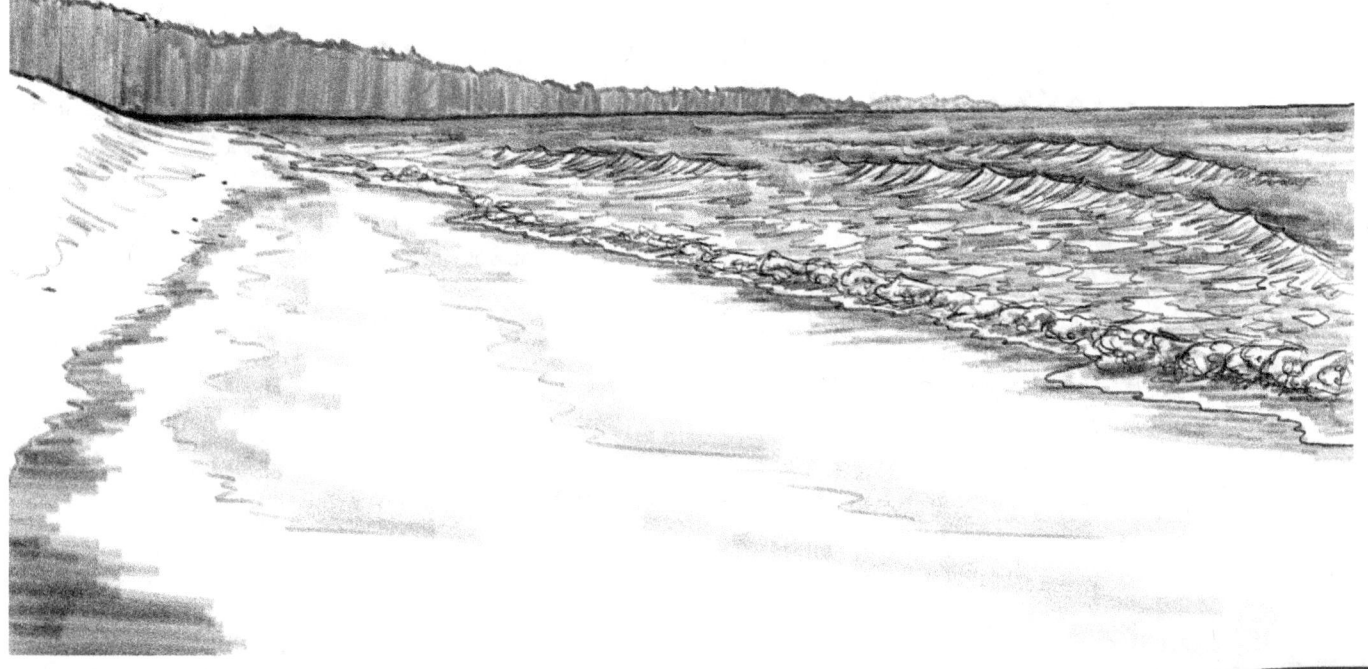

Chute d'eau

Pour une chute d'eau, le mouvement à représenter est encore plus important. Ici, l'eau se déverse à grande vitesse. De grandes quantités d'eau et de vapeur sont ainsi projetées dans l'air.

Pour l'exercice suivant, il suffit de s'imaginer une paroi rocheuse. L'eau d'une rivière s'écoule le long de cette paroi rocheuse et a creusé de larges tranchées dans la roche au fil des siècles. Commencez votre dessin par cette paroi rocheuse, en laissant suffisamment de place pour une ou deux chutes d'eau. Une couronne d'arbre suggérée délimite le côté gauche de l'image.

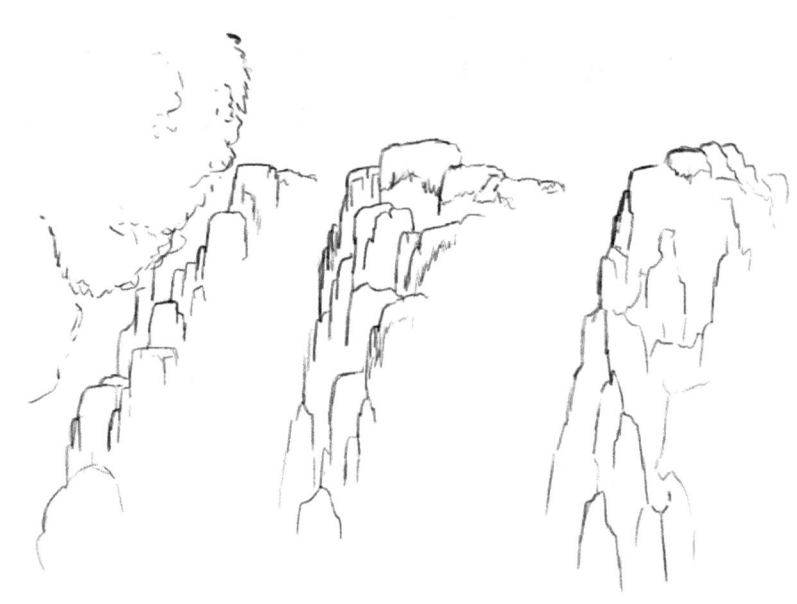

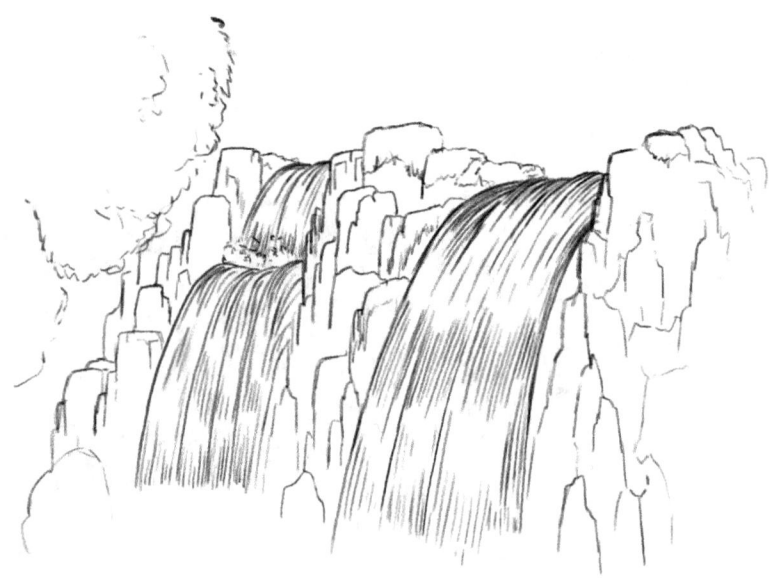

Vous pouvez maintenant dessiner la chute d'eau. Pour ce faire, dessinez les contours des courants d'eau et d'autres lignes dans le sens du courant. En laissant des zones blanches, vous pouvez représenter le reflet de la lumière du soleil.

À l'endroit où la chute d'eau rencontre le sol, il y a beaucoup d'eau qui se soulève. Vous pouvez représenter ce phénomène de la même manière que les couronnes d'arbres ou les nuages. L'eau plus calme qui se trouve plus bas peut être dessinée avec des lignes horizontales.

J'ai également esquissé un arbre dans la paroi rocheuse afin de rendre l'image encore plus vivante.

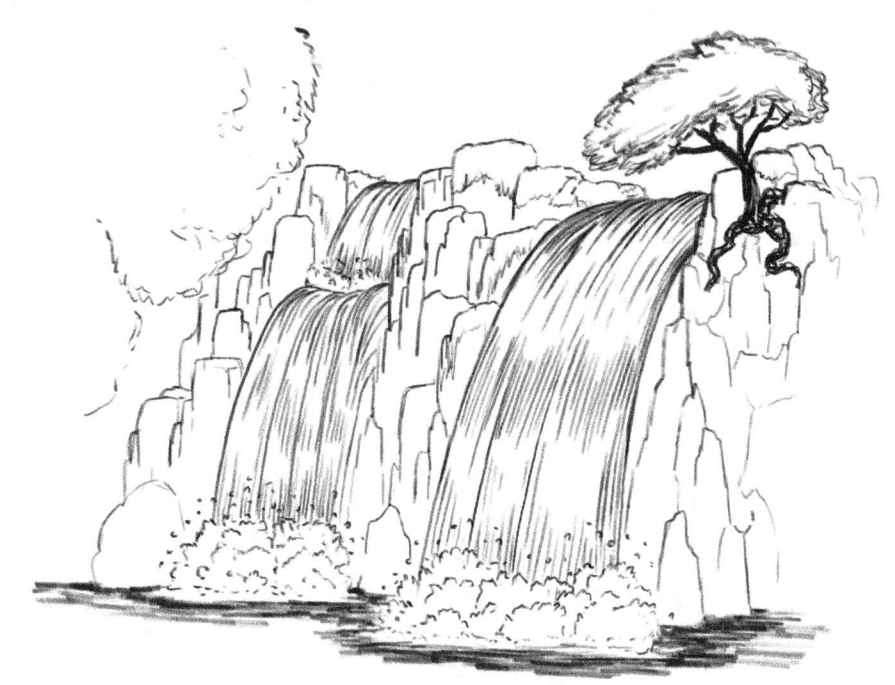

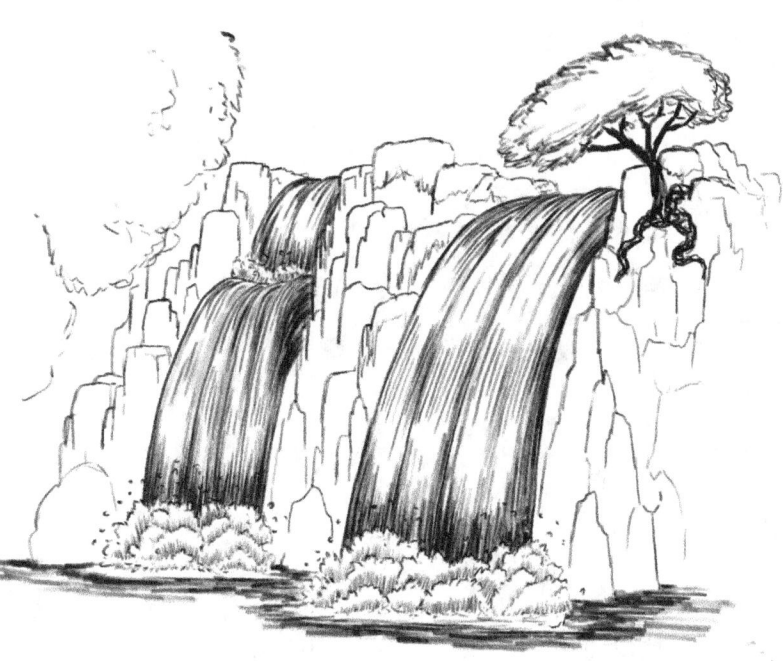

Maintenant, on peut encore ombrer la chute d'eau. Surtout dans la partie inférieure, on peut donner à la chute d'eau un aspect très sombre, ce qui fait ressortir encore plus le nuage d'eau en bas.

D'autres ombres plus douces mettent encore plus en évidence la forme de la chute d'eau. Après avoir également ombré la paroi rocheuse, le dessin est terminé.

Pierres, rochers, montagnes

Les pierres, les rochers et les montagnes sont des objets que l'on retrouve régulièrement dans les paysages. Il n'est pas facile de les dessiner, car, comme les arbres, ils comportent souvent d'innombrables détails. Dans le cas des montagnes en particulier, il est important de ne pas trop entrer dans les détails.

Pierres et rochers

Les pierres et les rochers remplissent et décorent les paysages. Leur représentation est en principe simple. Il faut surtout faire attention à la direction d'où vient la lumière et à celle où les ombres sont projetées. Selon la forme de la pierre, qu'elle soit ronde ou plutôt équarrie, il peut y avoir des motifs d'ombre complètement différents.

Représenter l'ombre d'une pierre

Le croquis montre une pierre en vue latérale et en vue de dessus. Les lignes représentent la lumière qui éclaire la pierre. En fonction de la direction de la lumière, des ombres se forment au dos de la pierre. Le côté frontal, sur lequel la lumière est projetée très directement, est particulièrement lumineux.

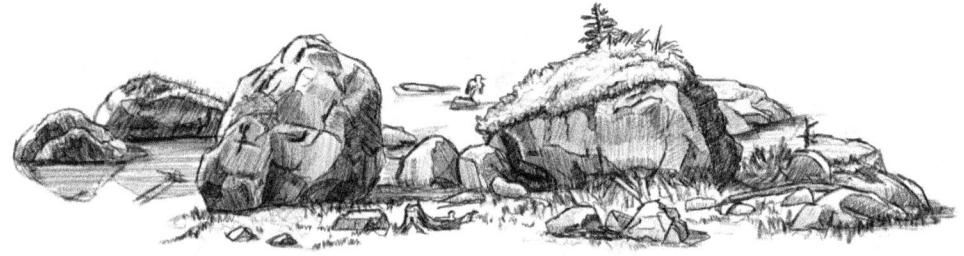

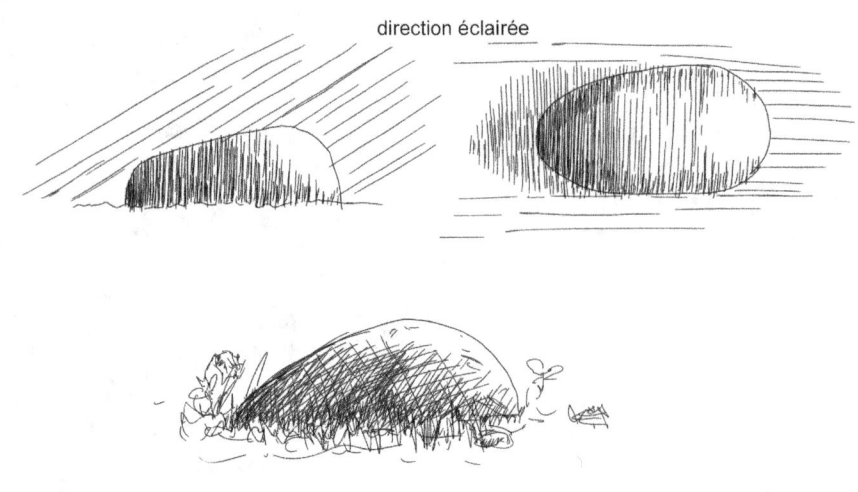

EAU, ROCHER ET NUAGES

Dessiner un groupe de pierres pas à pas

Rien de tel qu'un petit exercice pour apprendre à représenter les pierres. Nous voulons dessiner un petit groupe de pierres ou de petits rochers, comme on peut en trouver dans un dessin de paysage. Pour ce faire, nous commençons par esquisser les contours.

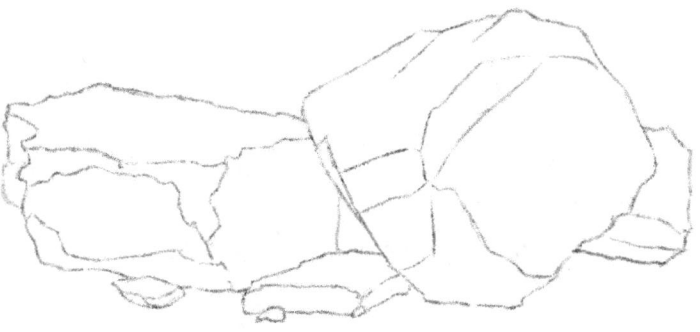

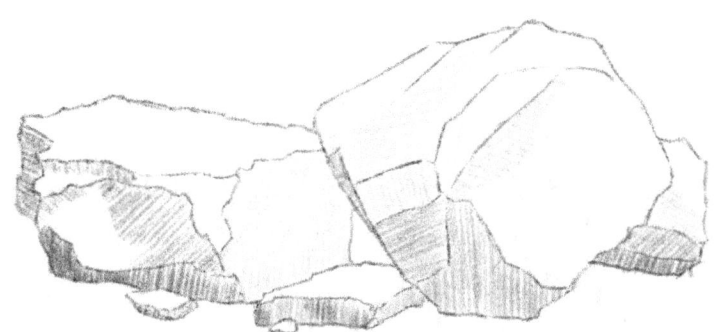

L'étape suivante consiste à hachurer les premières ombres. On peut commencer par les nuances les plus claires, car il est plus facile ensuite de les assombrir que de les éclaircir à nouveau. Pour les hachures, une simple hachure parallèle a suffi. Mais vous pouvez aussi utiliser n'importe quel autre type de hachures, ainsi que n'importe quelle technique de dessin.

On peut alors représenter les ombres portées. Faites également attention aux ombres qu'une pierre projette sur l'autre. Dans cet exemple, la grande pierre à l'avant projette une ombre sur deux autres pierres.

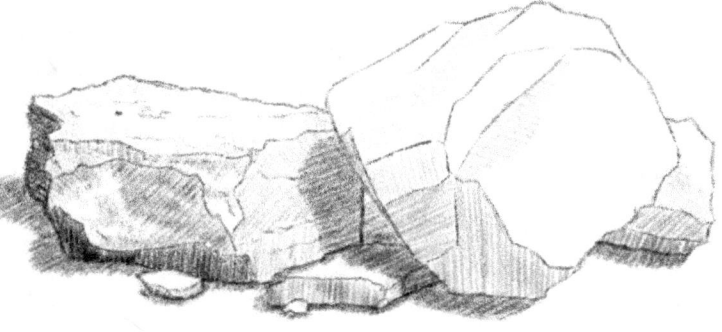

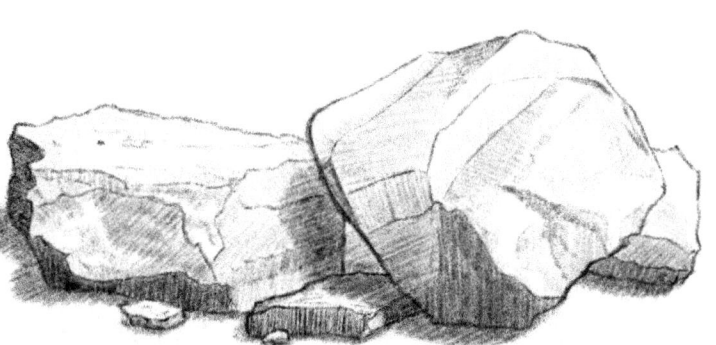

La dernière étape consiste à dessiner les détails importants qui permettent de mieux faire ressortir la forme des pierres. Il faudrait aussi faire ressortir les parties les plus sombres, car cela augmente le contraste et donc la tension de l'image. De plus, cela permet également de renforcer l'effet tridimensionnel des sujets. Faire ressortir signifie ici que l'on assombrit délibérément les zones les plus sombres.

Montages

La représentation des montagnes constitue souvent un défi pour les débutants. Il n'est pas facile de reproduire la structure imbriquée tout en conservant l'aspect typique de la montagne. Pour simplifier au maximum, vous pouvez vous représenter une montagne isolée comme une pyramide. Mais dans la réalité, on se trouve souvent face à une chaîne de montagnes entière, ce qui correspond à un alignement de pyramides imbriquées les unes dans les autres.

Montagne isolée dans sa forme de base pyramidale (à gauche) et chaîne de montagnes (à droite)

À cela s'ajoutent des irrégularités, des fissures et des bords qui donnent naissance à des structures rocheuses typiques. Essayez de représenter ces structures rocheuses le plus fidèlement possible, sans trop vous perdre dans les détails.

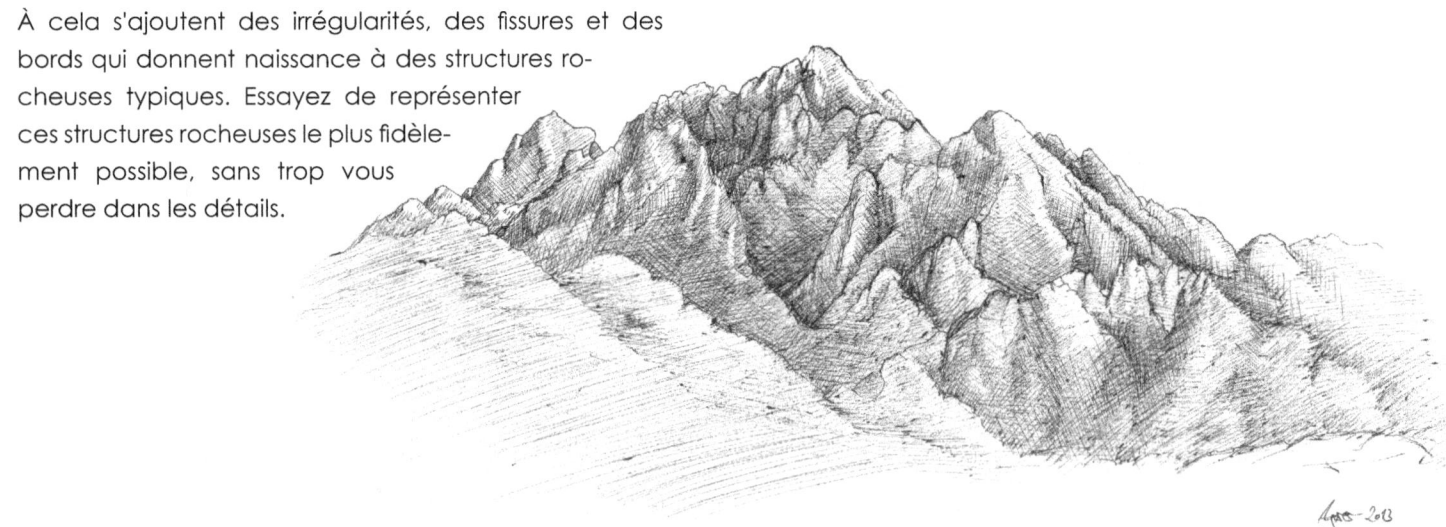

Ce que beaucoup de débutants oublient aussi lorsqu'ils dessinent des montagnes, c'est la répartition des ombres. En effet, même si les montagnes constituent des corps gigantesques, il y a des ombres qui se forment à leur surface, tout comme pour n'importe quel autre corps. Avant de commencer à dessiner, observez bien les surfaces qui sont dans l'ombre et celles qui sont exposées à la lumière. Essayez de comprendre comment la forme de la montagne est décrite par l'ombre et la lumière.

EAU, ROCHER ET NUAGES

Dessiner une montagne pas à pas

Commencez par esquisser le contour de la montagne et ses principaux bords.

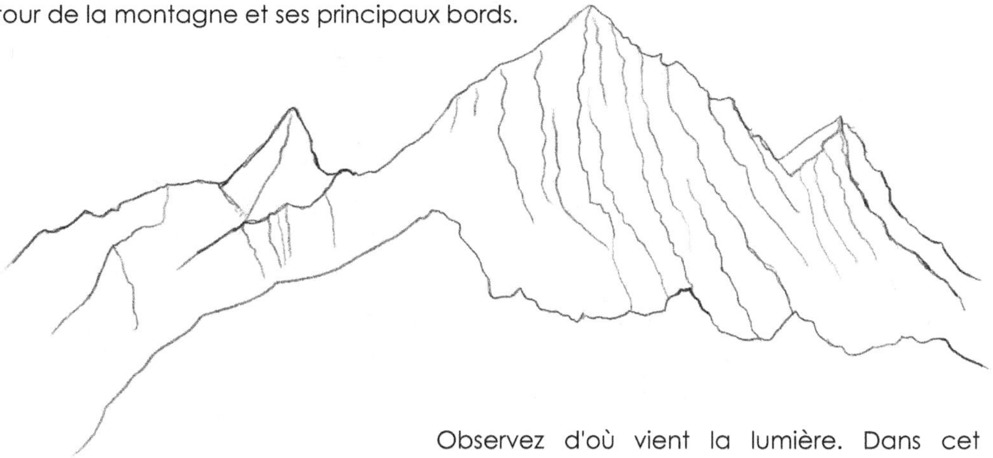

Observez d'où vient la lumière. Dans cet exemple, la lumière du soleil vient de l'arrière gauche de la chaîne de montagnes. En conséquence, les surfaces situées à gauche sont éclairées, tandis que les flancs droits se trouvent dans l'ombre. Des ombres se forment également dans les sillons ; la lumière du soleil tombe en revanche sur les saillies

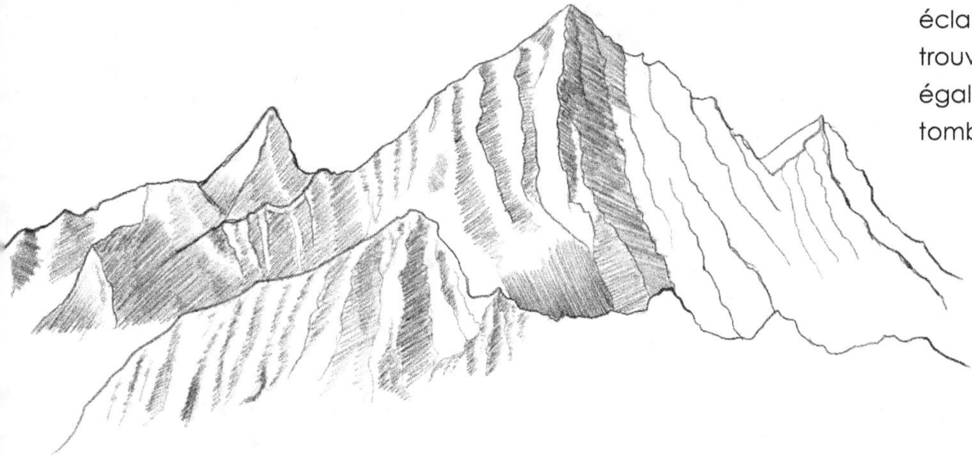

Ainsi, on peut maintenant ombrer peu à peu la chaîne de montagnes. Il suffit de travailler avec peu de nuances différentes. Cela permet de limiter la complexité de cet exercice. Un ciel rapidement esquissé vient compléter le dessin.

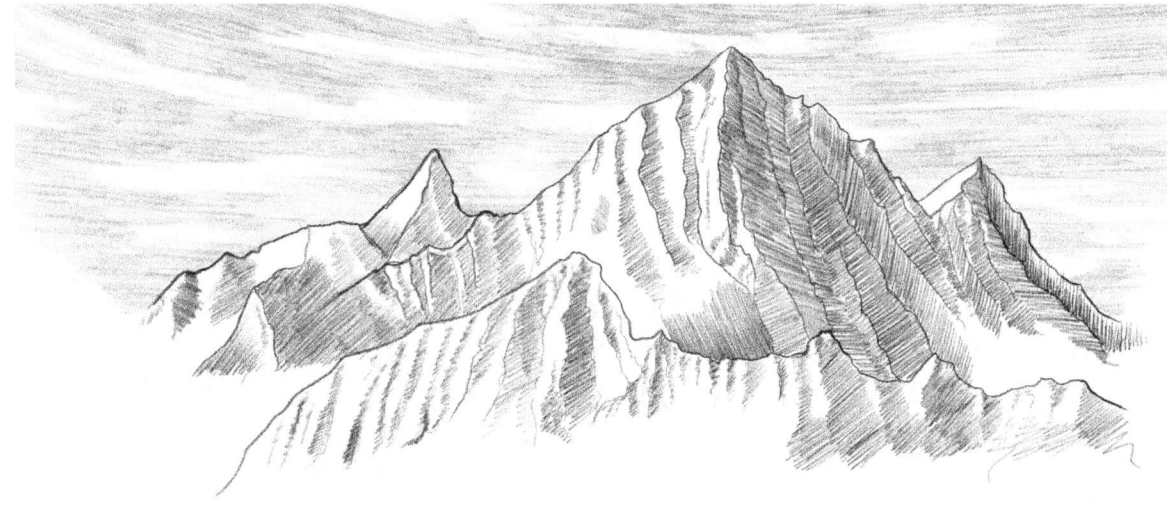

Nuages

Les nuages deviennent toujours un thème lorsqu'il s'agit de représenter le ciel. Cette partie est souvent négligée dans le dessin. Cela peut être dû au fait que l'on pense que le ciel est moins important ou que la représentation des nuages pose des difficultés. Pourtant, c'est justement le ciel qui donne la touche finale à de nombreux dessins de paysages.

C'est surtout pendant l'âge d'or de la peinture de paysage au XVIIe siècle que les artistes ont commencé à consacrer les deux tiers de la surface du tableau au ciel, ce dernier devenant ainsi l'aspect dominant et le plus expressif de l'œuvre. Par la représentation des nuages, les artistes exprimaient le mouvement, l'atmosphère, le drame mais aussi la profondeur de l'espace.

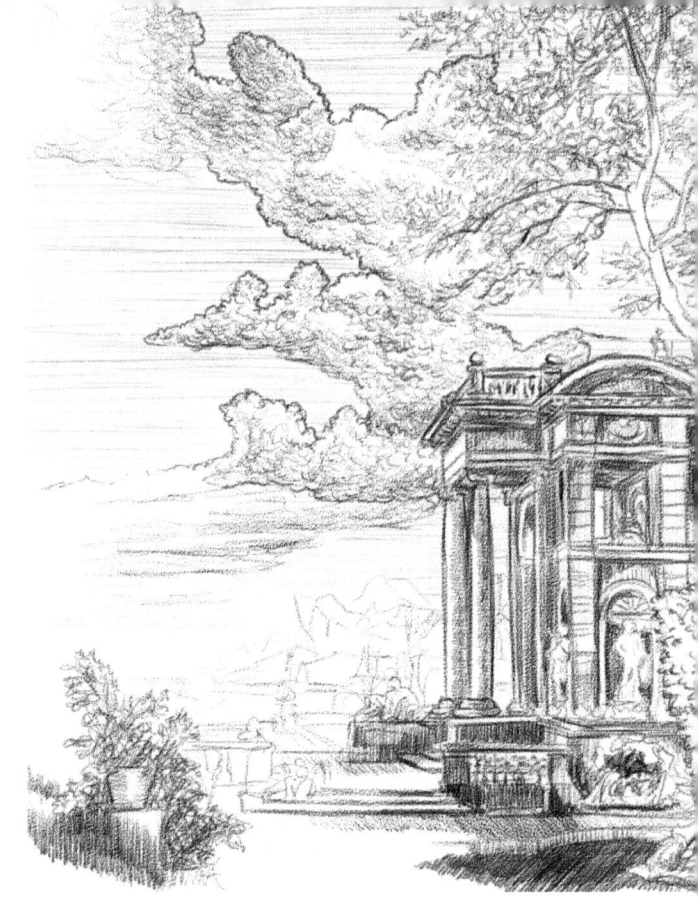

Dessiner des nuages

Dessiner des nuages n'est en fait pas très difficile. On peut aussi faire ressortir leurs contours dans un dessin. Cela ne correspond certes pas à la réalité, mais souligne le caractère du dessin.

Les ombres peuvent par exemple être reproduites à l'aide d'une hachure descriptive de la forme ou d'une hachure chaotique en forme d'anneau. Ce que l'on peut facilement omettre, c'est le fait que les nuages présentent une ombre sur leur face inférieure.

La forme d'un nuage typique peut être représentée par un œuf couché, aplati sur sa face inférieure. Si l'on détaille davantage la forme, on obtient des formes et des structures semblables au feuillage d'un arbre.

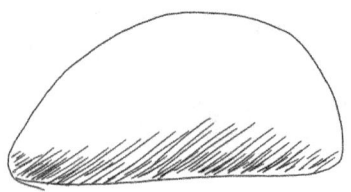

Dessin à l'encre de Chine d'après le tableau « Mer orageuse avec voiliers » de Jacob van Ruisdael

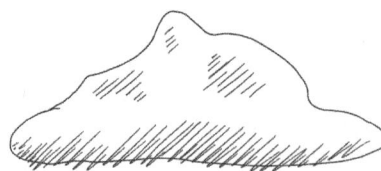
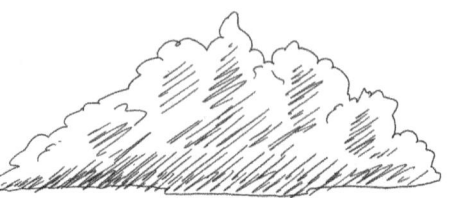

De la forme de base simple au nuage

EAU, ROCHER ET NUAGES

Dessiner un nuage pas à pas

Contour

Pour le contour, on peut procéder presque de la même manière que pour un arbre. Dessinez toujours les petites courbures des lignes de manière irrégulière pour donner un aspect naturel à la forme.

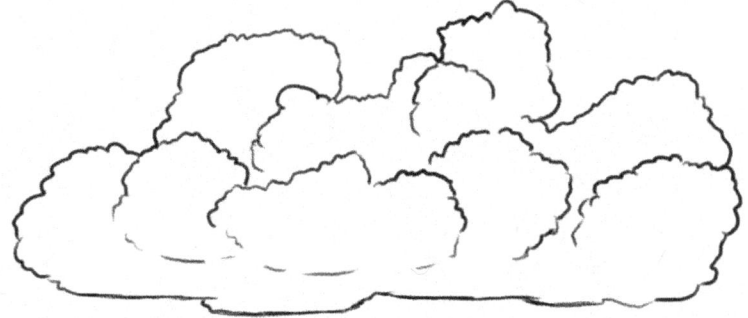

Ombre

Les ombres situées en dessous du nuage sont importantes ; les débutants ont tendance à les oublier. On peut alors travailler avec des petits traits en forme d'arc.

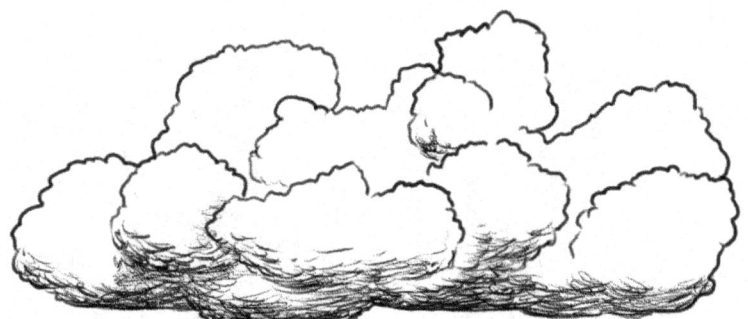

Autres ombres

D'autres ombres suivront. La répartition des ombres permet de décrire la forme tridimensionnelle du nuage.

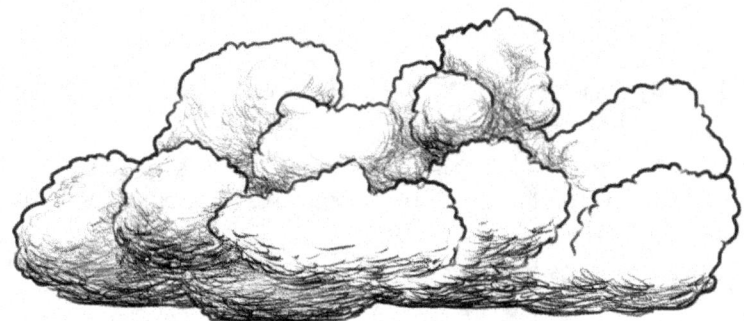

Compléter

On peut ensuite compléter le croquis en travaillant sur les surfaces restantes et en les assombrissant à nouveau là où c'est nécessaire ou en les éclaircissant à l'aide d'une gomme mie de pain.

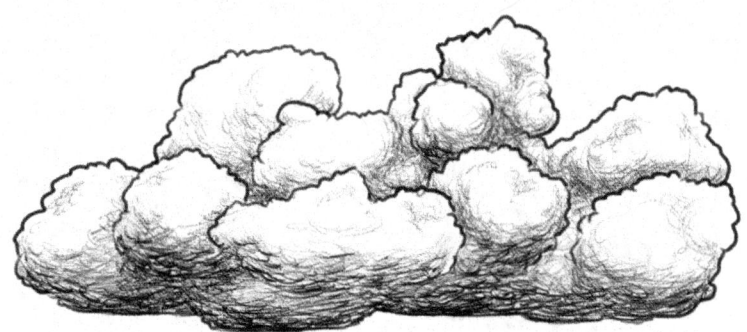

Le dessin en négatif est une autre façon de dessiner les nuages. Avec cette technique, le contour n'est pas directement dessiné. Il s'agit de dessiner le ciel en laissant d'abord l'espace du nuage libre ; il en résulte une forme négative. Ensuite, les ombres du nuage peuvent être représentées.

Les deux erreurs à éviter en dessinant des nuages :

1. Le contour du nuage est dessiné de manière trop régulière (à gauche). En revanche, un tracé irrégulier paraît plus naturel et aussi plus intéressant (à droite).

2. Les nuages sont simplement représentés en blanc. En réalité, des ombres apparaissent également à leur surface.

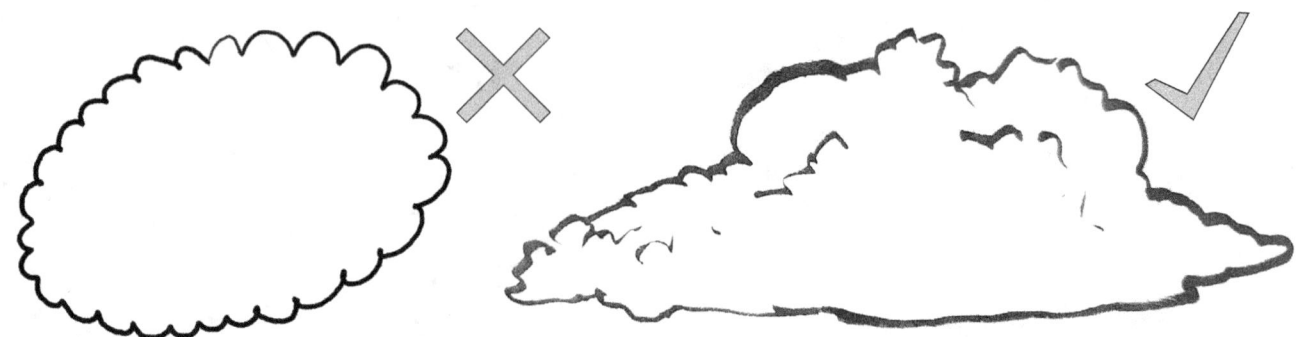

Types de nuages

Pour pouvoir intégrer les nuages dans les dessins de manière ciblée, il faut également connaître quelques-uns des principaux types de nuages. Il est finalement utile d'avoir des connaissances de base sur les nuages, car certains nuages sont associés à la météo correspondante. Des nuages de pluie sous un soleil radieux, voilà qui est contradictoire. Ces éléments sont à prendre en compte lorsque l'on dessine un paysage.

Cumulus

Le cumulus est un amas de nuage appelé aussi « nuage mouton ». Elle possède une forme bien délimitée et une face inférieure plate. La plupart du temps, les cumulus apparaissent par temps ensoleillé. Les parties éclairées par le soleil brillent d'un blanc éclatant.

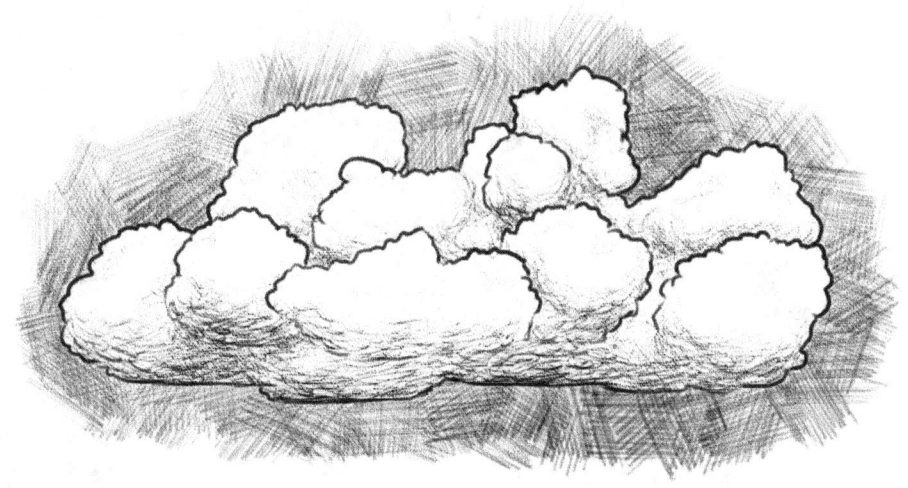

Cirrus

Le mot cirrus vient du latin et signifie « mèche de cheveux » ou « frange ». Le cirrus est un nuage de glace qui se forme en haute altitude. Ils prennent la forme de filaments délicats d'un blanc éclatant ou de rubans étroits aux reflets soyeux. Leurs bords sont généralement effilochés par les vents d'altitude.

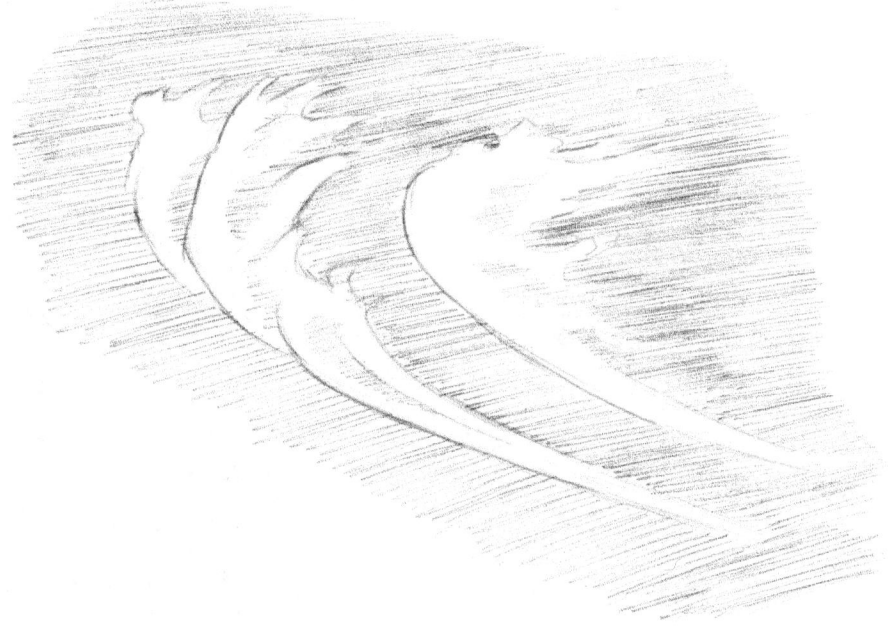

Cumulonimbus

Les cumulonimbus sont des nuages de pluie qui s'étendent verticalement en forme de tour. Sa partie supérieure s'étend en forme d'enclume, ce qui donne à ce nuage un aspect particulièrement impressionnant et caractéristique.

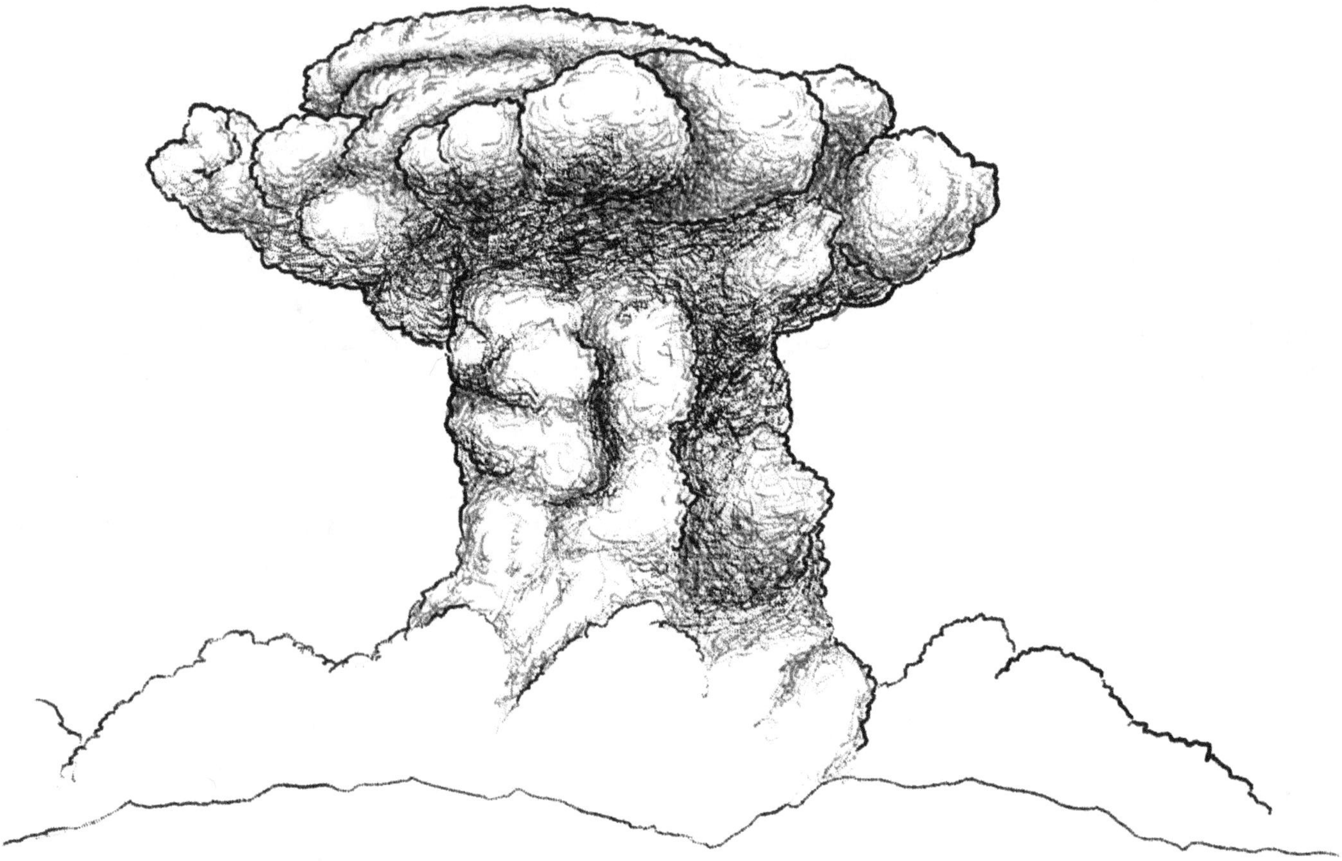

Nimbostratus

Le nimbostratus est une couverture nuageuse de couleur bleu-gris, plus ou moins sans contours. Ce nuage se forme généralement à partir d'une altitude moyenne et produit souvent des précipitations de longue durée.

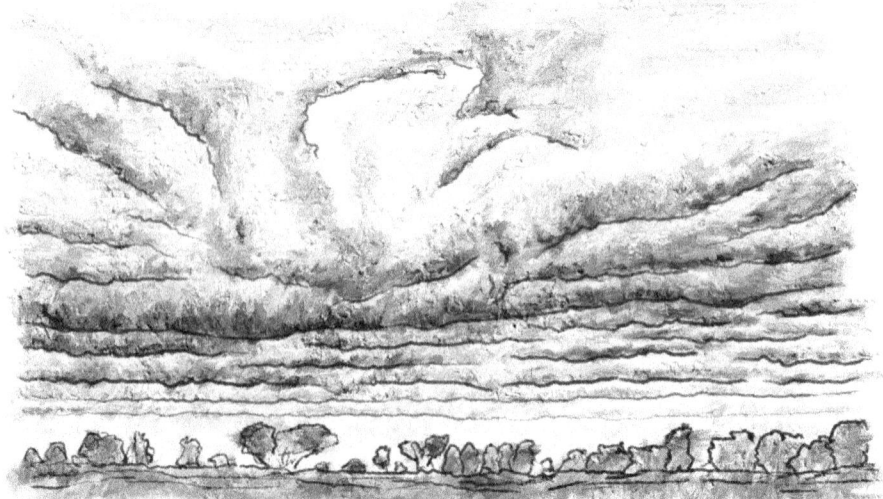

EAU, ROCHER ET NUAGES

PAYSAGES

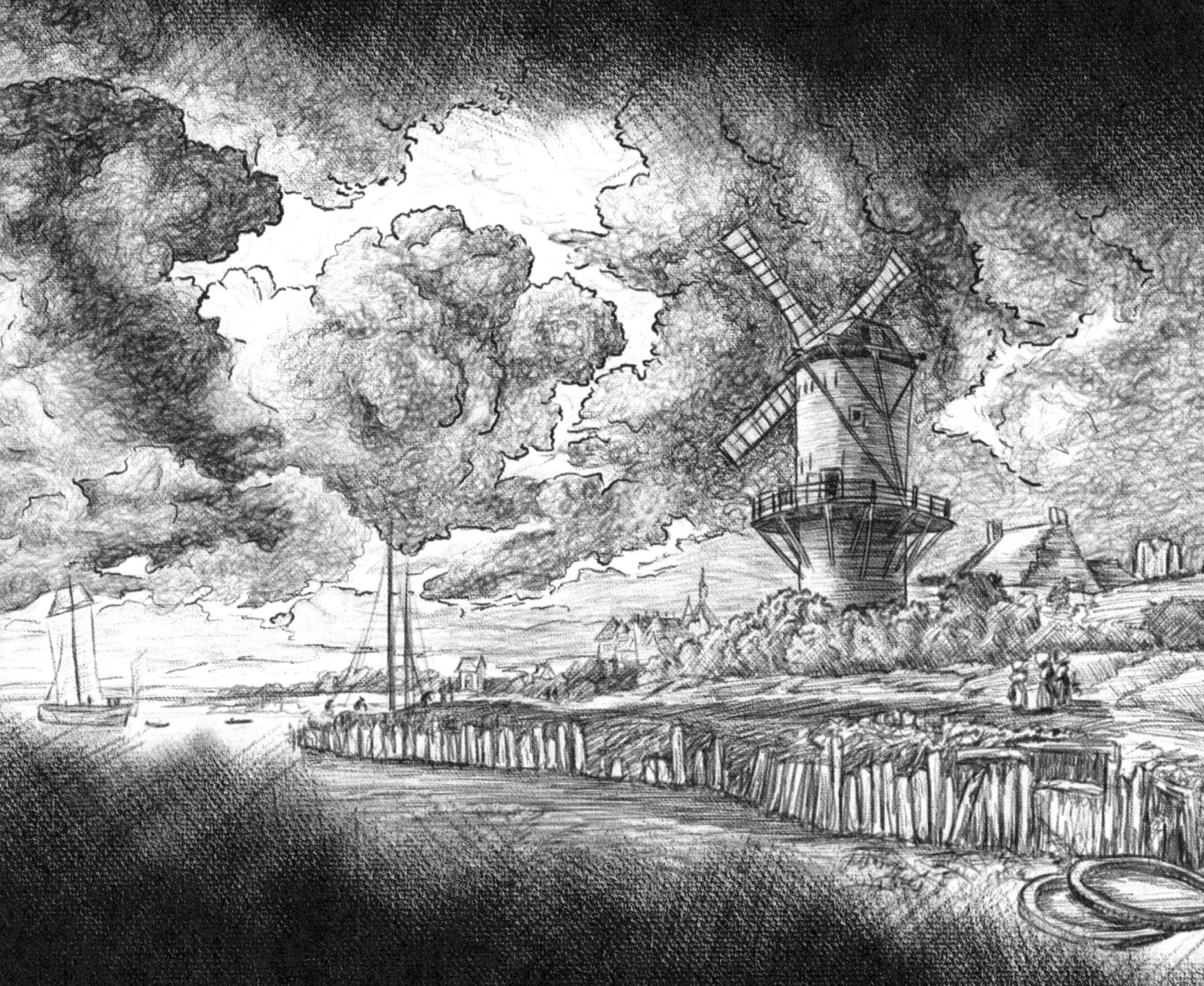

L'art de la représentation du paysage possède une longue histoire. Les premiers témoignages sont des traditions écrites de peintures de paysages à l'époque de l'Antiquité grecque. La Renaissance a marqué un nouveau départ pour la peinture de paysage. Une première floraison de la peinture de paysage a eu lieu à partir du milieu du XVIe siècle aux Pays-Bas.

Le paysage comme motif

On parle de paysage dès qu'il s'agit d'une représentation d'une partie de l'espace déterminé par la nature ou par la main de l'homme. Des paysages typiques montrent des paysages de montagne, des collines, des forêts, des lacs, des côtes maritimes, des rivières, des lacs et plus encore. Mais les villes, les jardins, les parcs et les paysages d'usines font également partie du domaine du dessin et de la peinture de paysages.

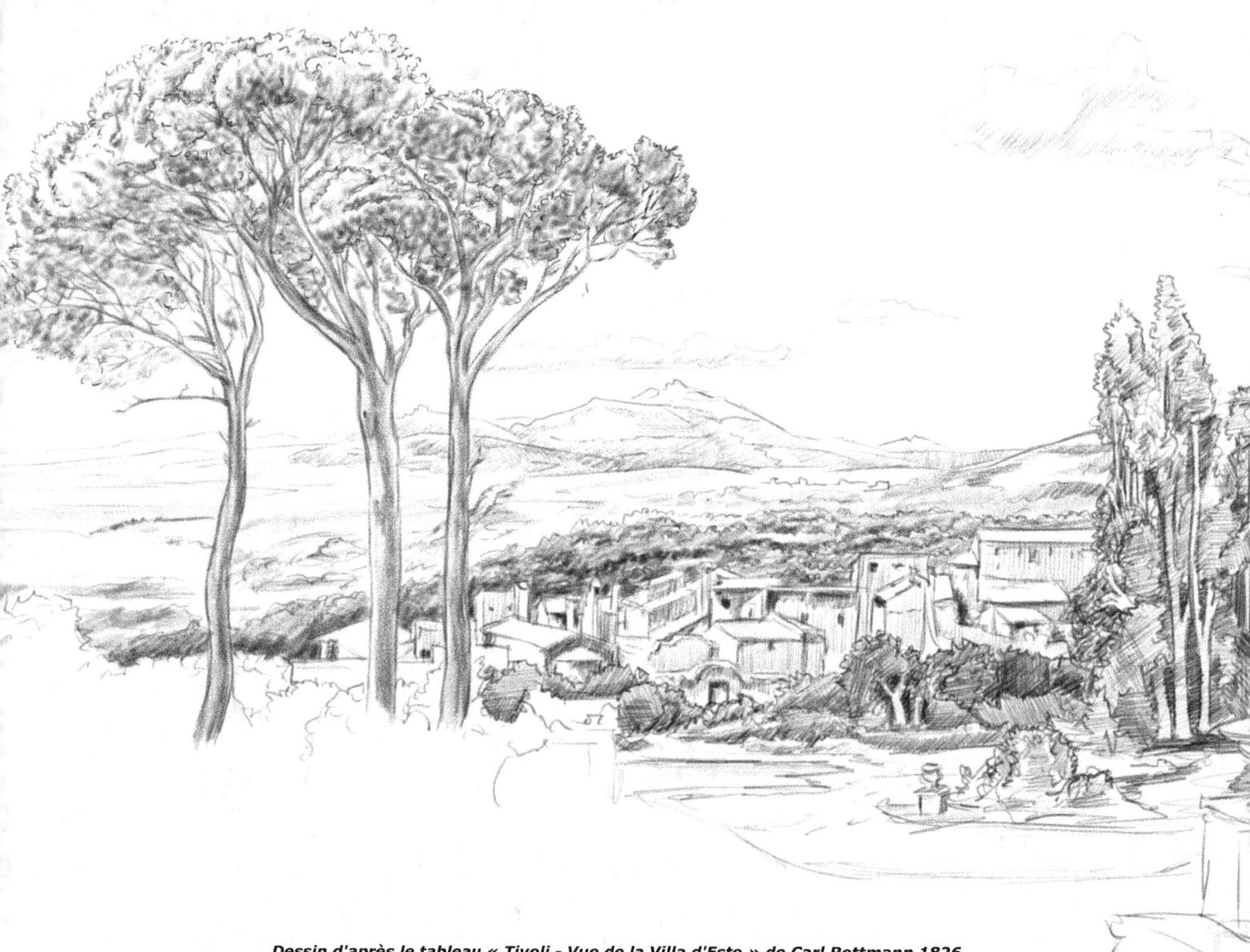

Dessin d'après le tableau « Tivoli - Vue de la Villa d'Este » de Carl Rottmann 1826

Pour pouvoir dessiner des paysages, vous avez déjà pu acquérir les compétences les plus importantes, car dans les chapitres précédents, vous avez appris à dessiner des perspectives et des architectures ainsi qu'à représenter des motifs de la nature. Ce sont déjà les éléments les plus importants du dessin de paysage.

Exercices d'assouplissement

Les petits croquis de paysages sont un exercice parfait pour commencer, qui permet également de surmonter d'éventuels blocages. Dessinez simplement ce qui vous vient à l'esprit. Un coucher de soleil, une ville, une forêt ou encore des croquis avec une division différente de l'image.

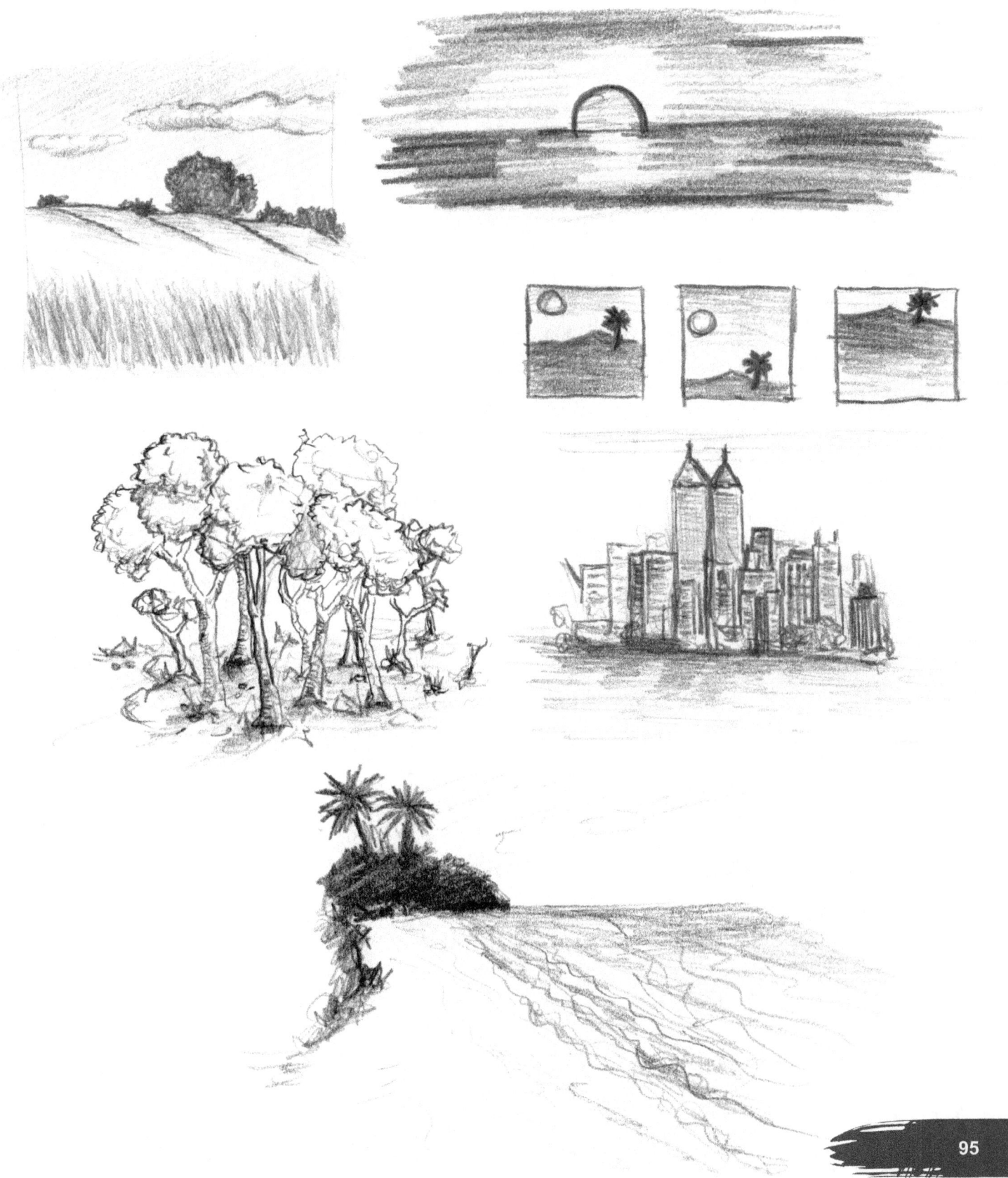

Paysage avec église

Maintenant que vous avez pris de l'élan avec les croquis de paysage, nous allons nous essayer au premier petit dessin de paysage. Vous devriez consacrer 15 à 20 minutes à cette tâche. Votre dessin ne doit donc pas être trop détaillé, mais plutôt grossier. Utilisez un crayon à mine tendre, par exemple de dureté 6B.

Le thème de ce dessin doit être un paysage avec une église de village. Pour cela, esquissez vaguement les contours du paysage.

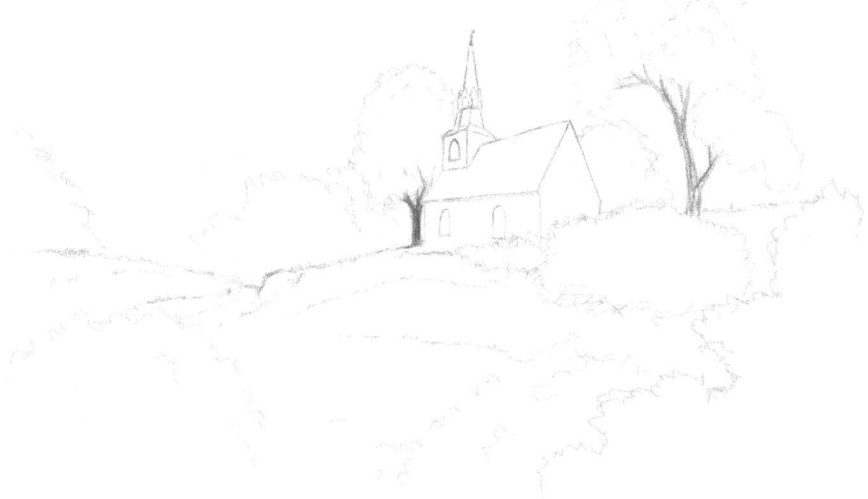

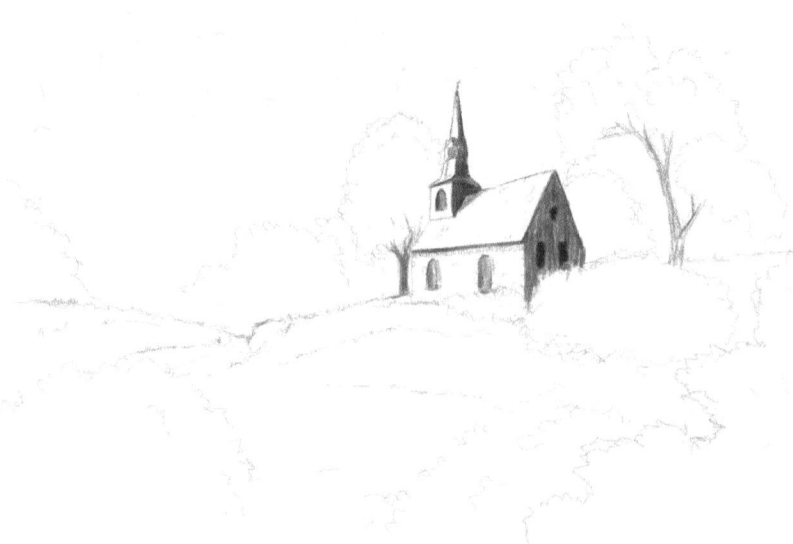

Ensuite, vous pouvez continuer à dessiner les ombres de l'église. Veille à assombrir particulièrement les côtés de l'ombre et à éclaircir les côtés exposés au soleil. Cela donne l'impression que le bâtiment est exposé à une lumière solaire très intense. Pour ce faire, laissez le mur gauche et le toit entièrement blancs. Quelques tuiles et briques suggérées permettent au spectateur de se faire une idée de la structure de la surface du sujet.

Viennent ensuite quelques buissons que l'on dessine avec des hachures structurées. Les hachures doivent alors être irrégulières afin de reproduire la croissance naturelle des plantes. Observez à cette étape le contraste entre les formes arrondies des buissons et la forme rectiligne de l'église.

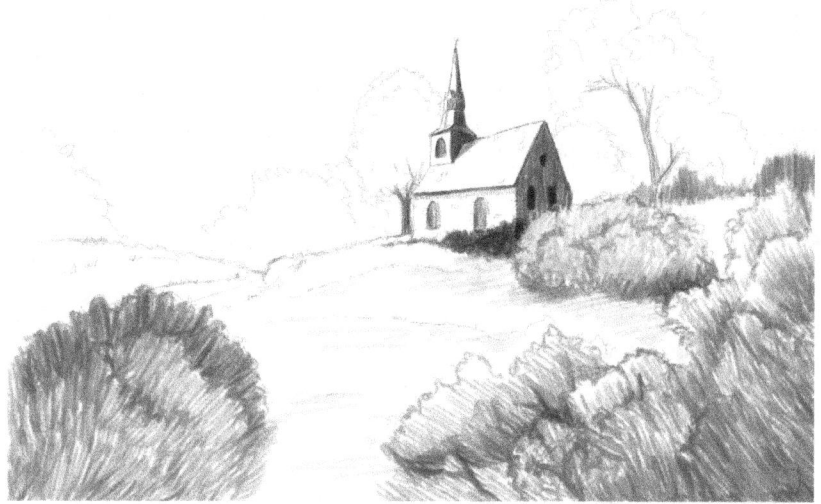

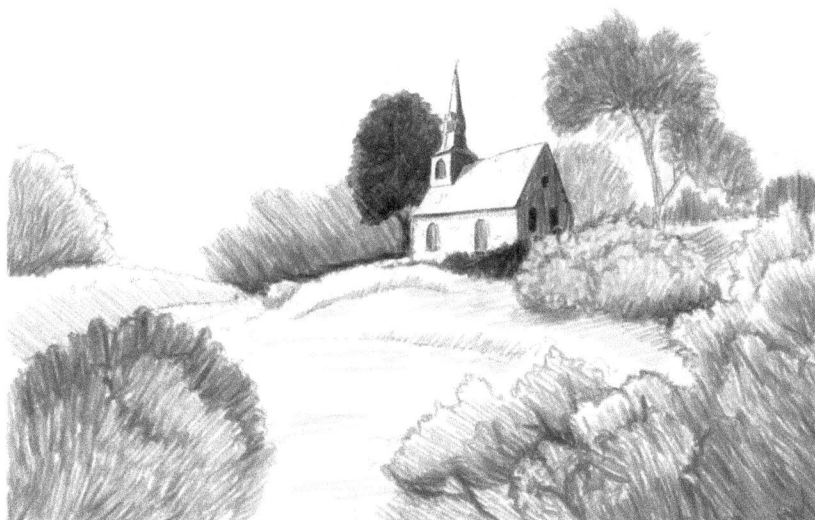

Maintenant, on passe aux arbres et aux buissons près de l'église. Dans cette étape, il est important de représenter l'arbre à gauche de l'église avec une teinte particulièrement sombre. Comme cet arbre se trouve juste à côté des surfaces éclairées de l'église, cela crée un contraste clair-obscur particulièrement fort. Les zones les plus contrastées sont généralement les premières à attirer l'attention du spectateur et constituent ainsi le centre du dessin.

Pour compléter le dessin du paysage, on peut maintenant esquisser quelques buissons et collines en arrière-plan. Notre premier petit dessin de paysage est alors terminé.

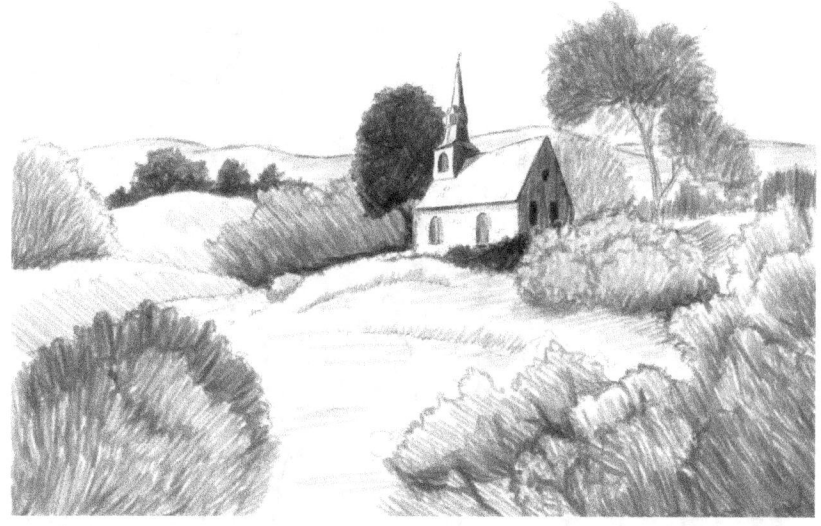

Allée de Middelharnis

Dans cet exercice, nous allons réaliser un dessin à partir d'une célèbre peinture de paysage. Le tableau original « L'Allée de Middelharnis » est considéré comme l'œuvre principale du peintre paysagiste hollandais Meindert Hobbema, qui a vécu au 17e siècle.

Il s'agit de représenter une rue bordée d'arbres caractéristiques, avec quelques personnes et des bâtiments en arrière-plan.

Pas à pas

Nous commençons par une esquisse grossière de l'image. Pour reproduire le dessin, vous pouvez soit utiliser le modèle de ce livre, soit chercher des images du tableau original.

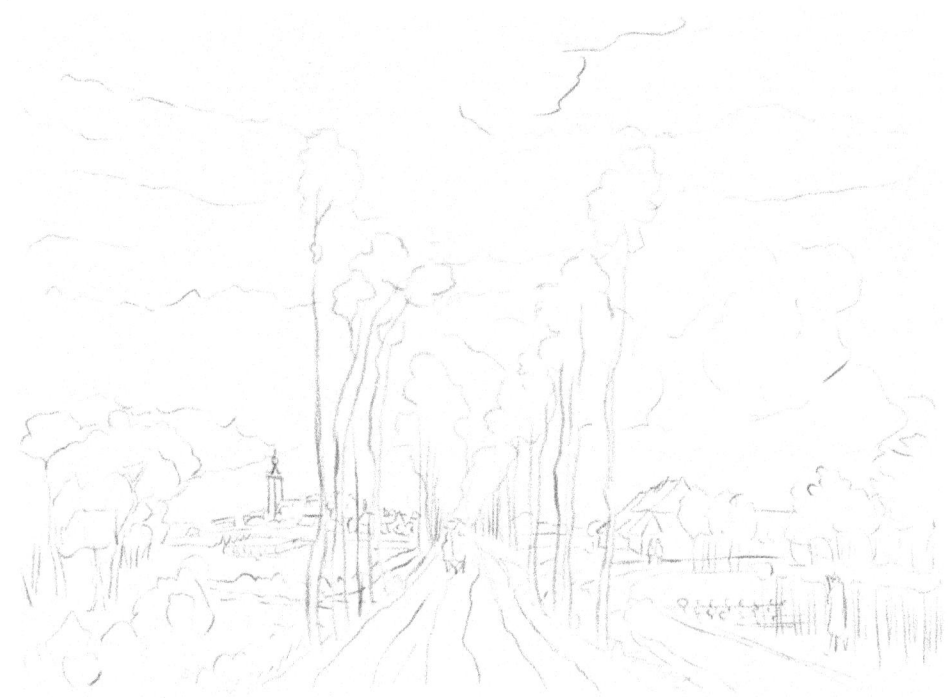

Dans la deuxième étape, on peut tout de suite continuer avec le point fort de l'image : Les arbres qui forment l'allée.

Les troncs doivent être représentés dans une teinte très foncée afin d'obtenir un effet de contraste élevé.

PAYSAGES

Ensuite, on s'attaque à la route qui, dans une perspective centrale, mène relativement droit à un point de fuite. Les arbres se réfèrent également à ce point de fuite.
La personne qui se promène dans la rue avec son chien est représentée par une silhouette sombre.

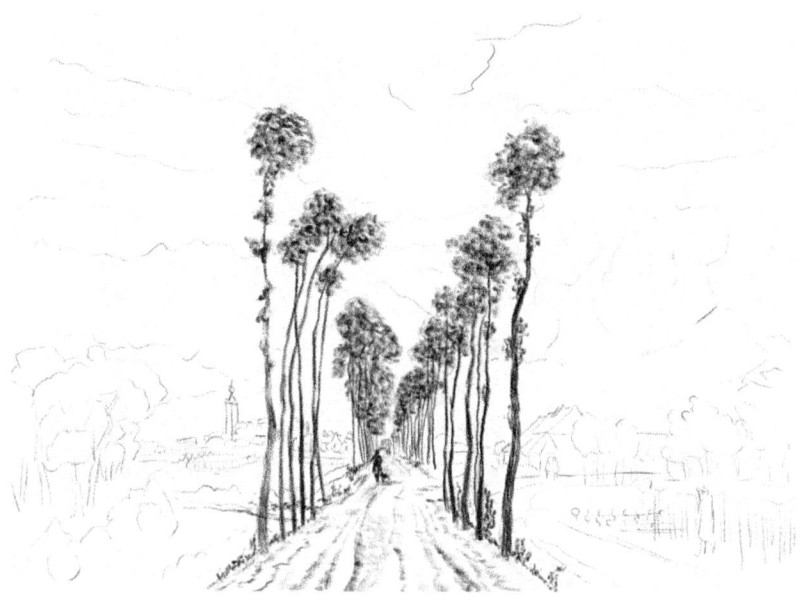

Maintenant, on continue avec la zone à droite. Ici, une autre personne travaille sur une sorte de plantation. Comme cette personne est un peu plus proche du spectateur, on peut ici aussi la dessiner avec un peu plus de détails.

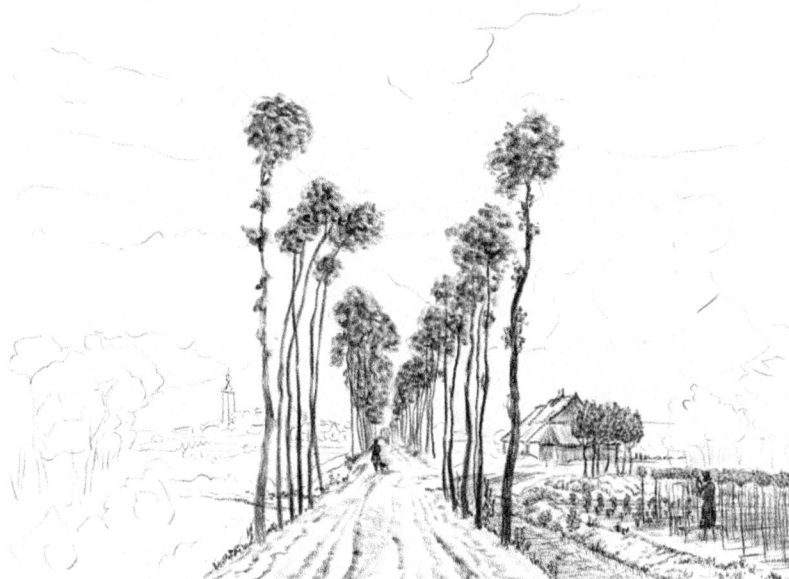

On ajoute maintenant quelques arbres sur les bords gauche et droit du dessin.

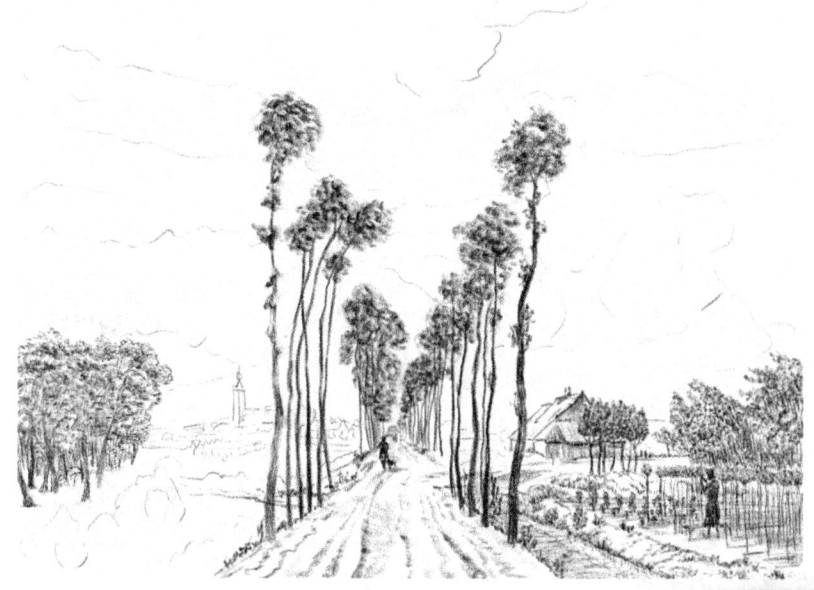

L'étape suivante consiste à dessiner le talus et quelques végétaux sur le côté gauche de l'image. Il faut également esquisser les ombres des grands arbres qui bordent l'allée. Ceux-ci jouent un rôle important dans l'atmosphère et renforcent le réalisme.

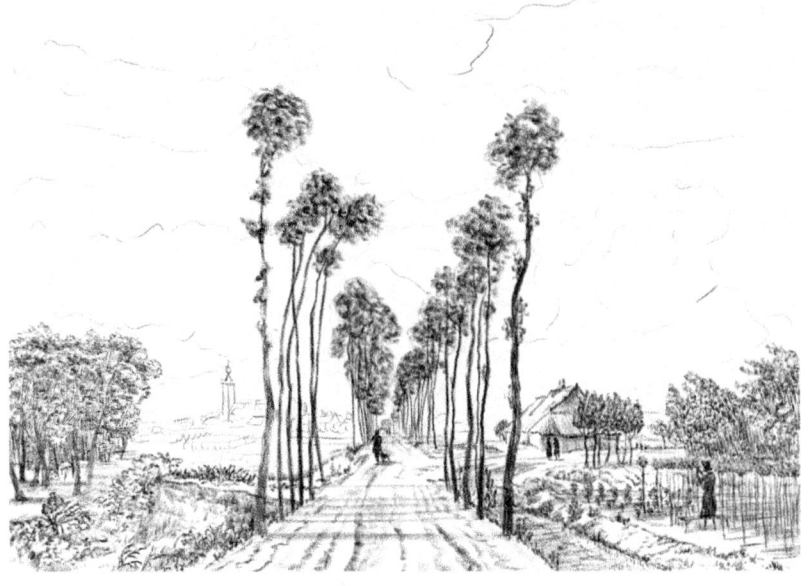

L'avant-dernière étape consiste à dessiner l'arrière-plan, dans lequel on peut voir quelques arbres supplémentaires et une petite ville avec un clocher. Il est également possible d'esquisser les contours des nuages avec un peu plus de détails.

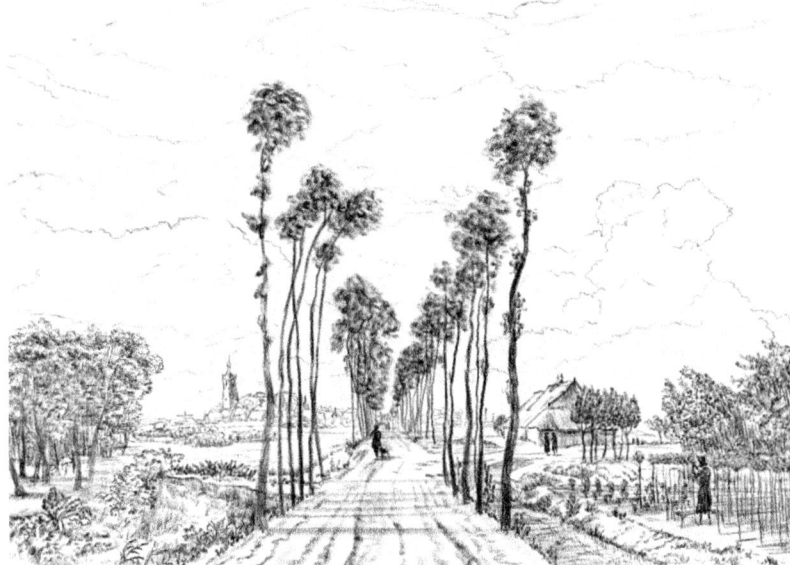

La dernière étape consiste à ombrer le ciel et les nuages. Le dessin du paysage est alors terminé.

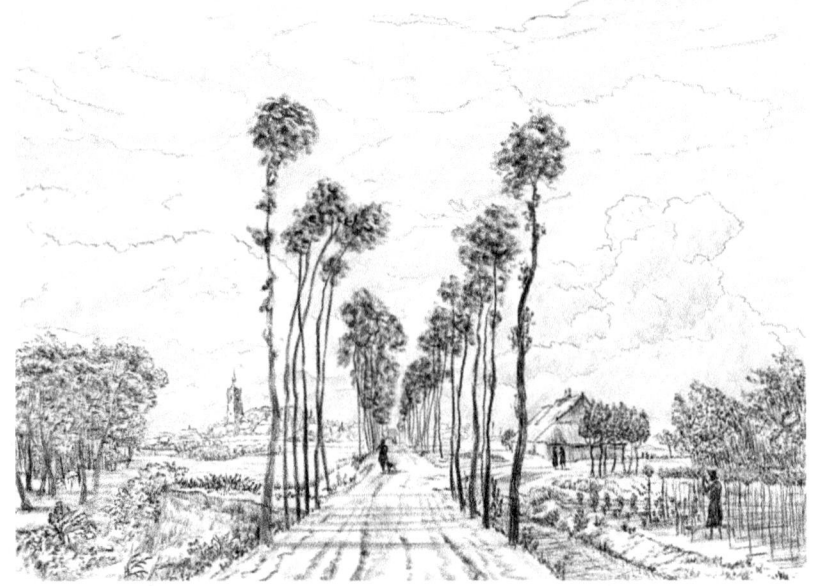

Nuages, montagne, forêt, eau & rochers

L'exercice suivant comprend presque tout ce que l'on peut trouver dans un paysage. Vous y trouverez un ciel nuageux, une montagne, une forêt, un lac avec un reflet, des rochers, des pierres et, pour finir, un oiseau debout sur une pierre.

Comme la vue de Tivoli, cette image est basée sur un tableau de Carl Rottmann. On y voit le lac Hintersee qui se trouve en Haute-Bavière.

Dans la version que j'ai réalisée de ce paysage, j'ai dessiné au crayon et je n'ai pas hésité à tracer des lignes de contour nettes pour mettre en valeur le caractère pictural de l'image.

C'est parti

Sur l'image suivante, vous pouvez voir mon dessin préliminaire, qui est déjà relativement détaillé.

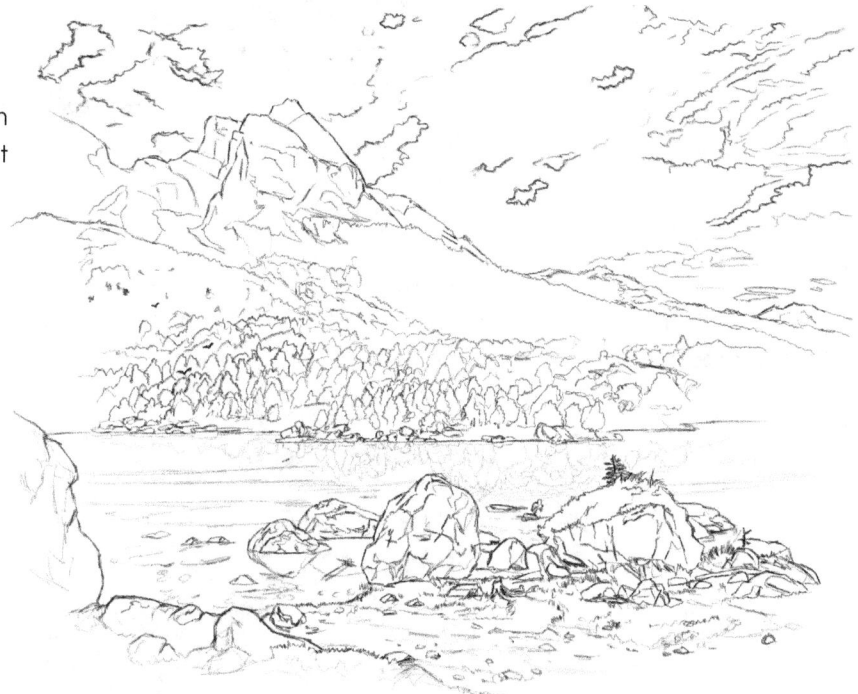

On peut maintenant passer à la partie supérieure du dessin. Dessinez le ciel et les nuages comme vous l'avez appris dans l'un des chapitres précédents. Il en va de même pour la représentation de la montagne. On peut travailler avec des hachures parallèles de différentes orientations.

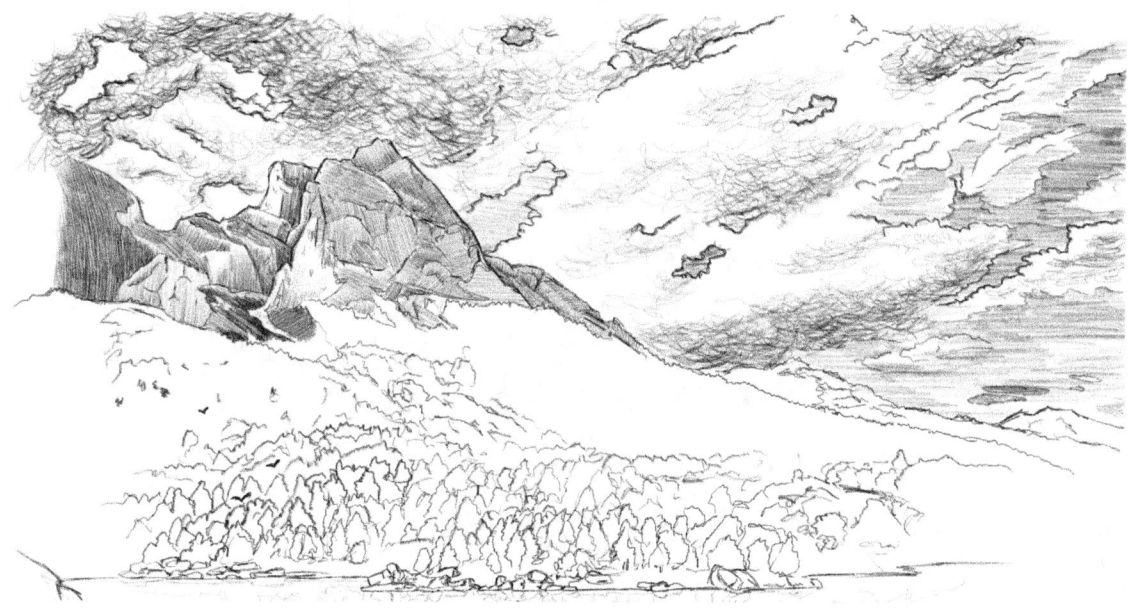

Il y a une forêt qui s'étend en contrebas de la montagne. Il est préférable de ne suggérer que vaguement la partie la plus éloignée. Dessinez la forêt dans une teinte relativement sombre afin de créer plus tard un contraste avec d'autres zones de l'image.

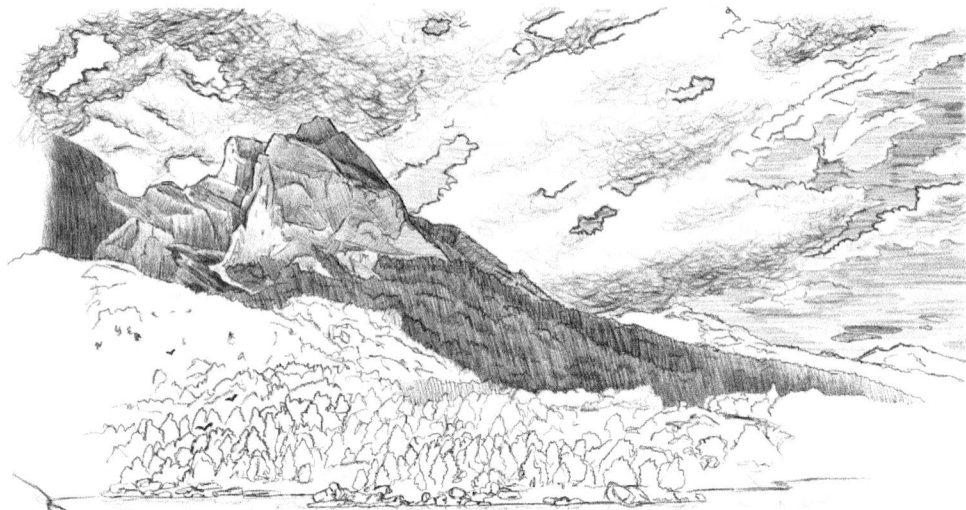

La partie inférieure de la forêt est moins éloignée par rapport au spectateur. Il est donc possible de la dessiner de manière plus détaillée. La tonalité doit être plus claire que celle de la partie de la forêt dessinée précédemment. Il est possible d'y ajouter une bande sombre pour rester fidèle à l'original.

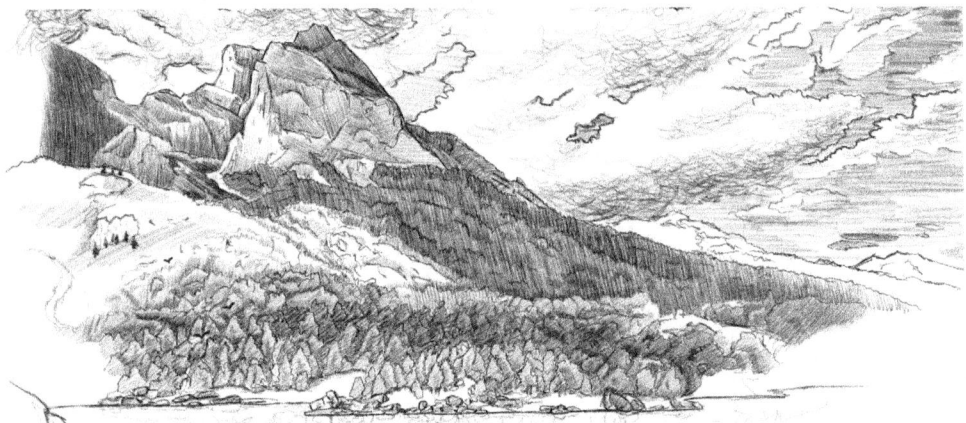

La surface du lac est calme, ce qui fait que les arbres et les rochers près de la rive se reflètent très bien dans l'eau. Le reflet de la première rangée d'arbres peut encore être représenté assez clairement, tandis que tout ce qui se trouve derrière devient de moins en moins visible.

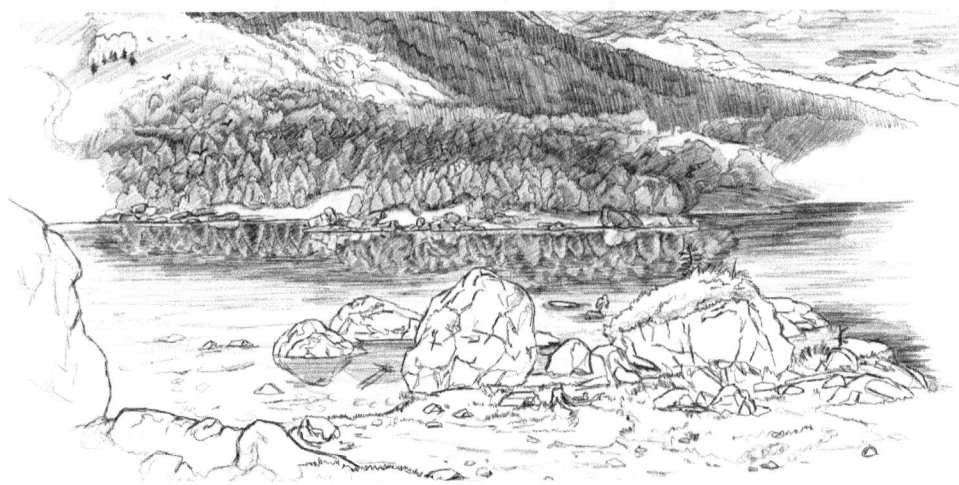

Viennent ensuite les rochers au premier plan, qui constituent l'accroche-regard du dessin. Veillez à ce que le contraste de l'image soit ici le plus fort possible. Dessinez les zones d'ombre avec la tonalité la plus sombre qui existe dans l'image. Cela attire naturellement le regard du spectateur.

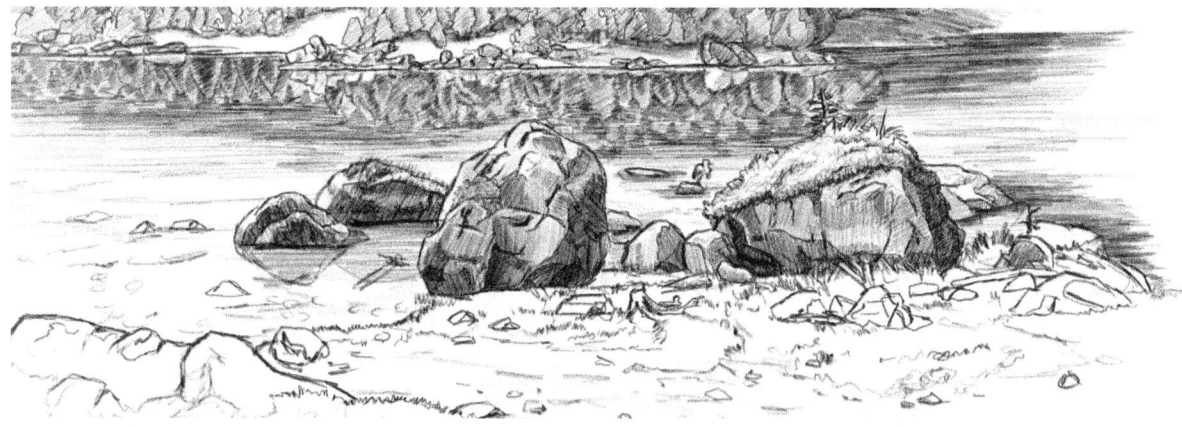

La dernière étape consiste à dessiner les ombres portées des rochers et une ombre projetée sur le sol par le côté gauche. D'autres rochers dans la zone située à gauche et en bas sont seulement suggérés par un dessin au trait.

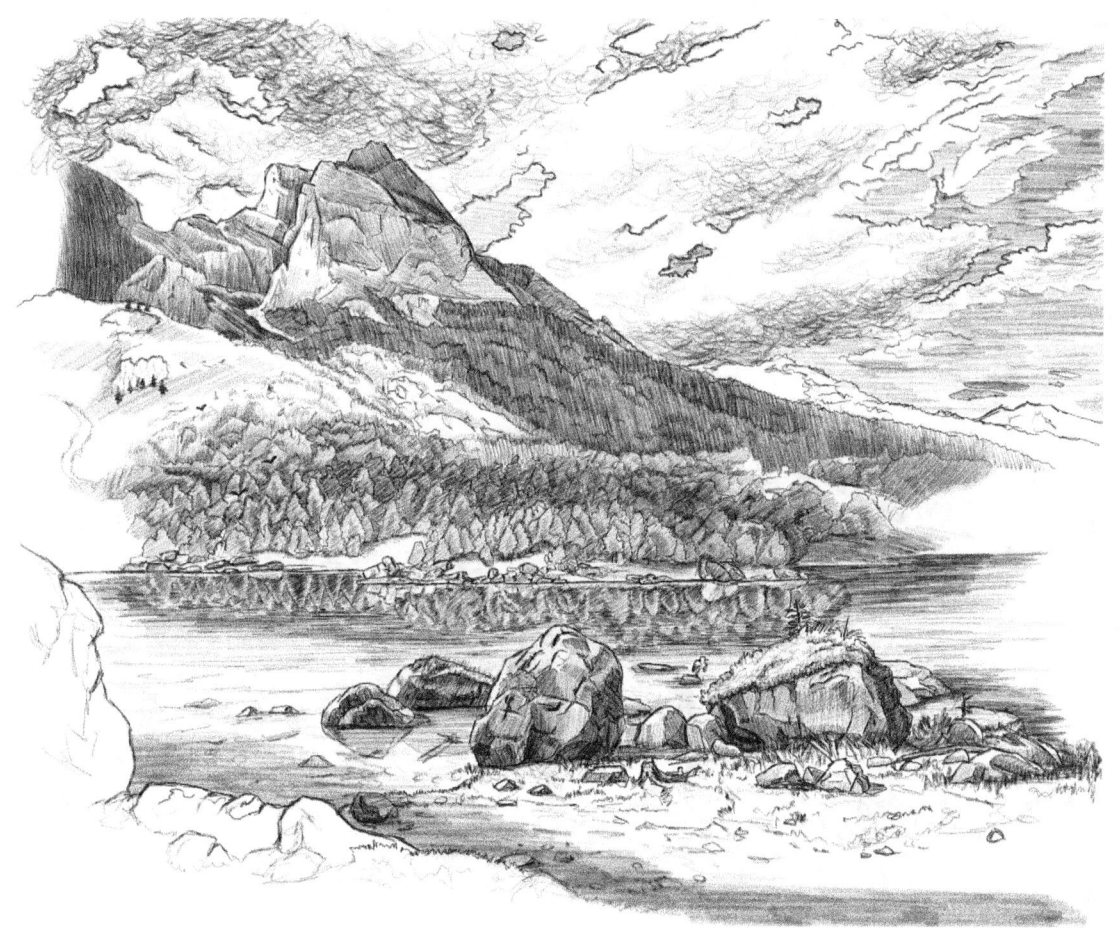

103

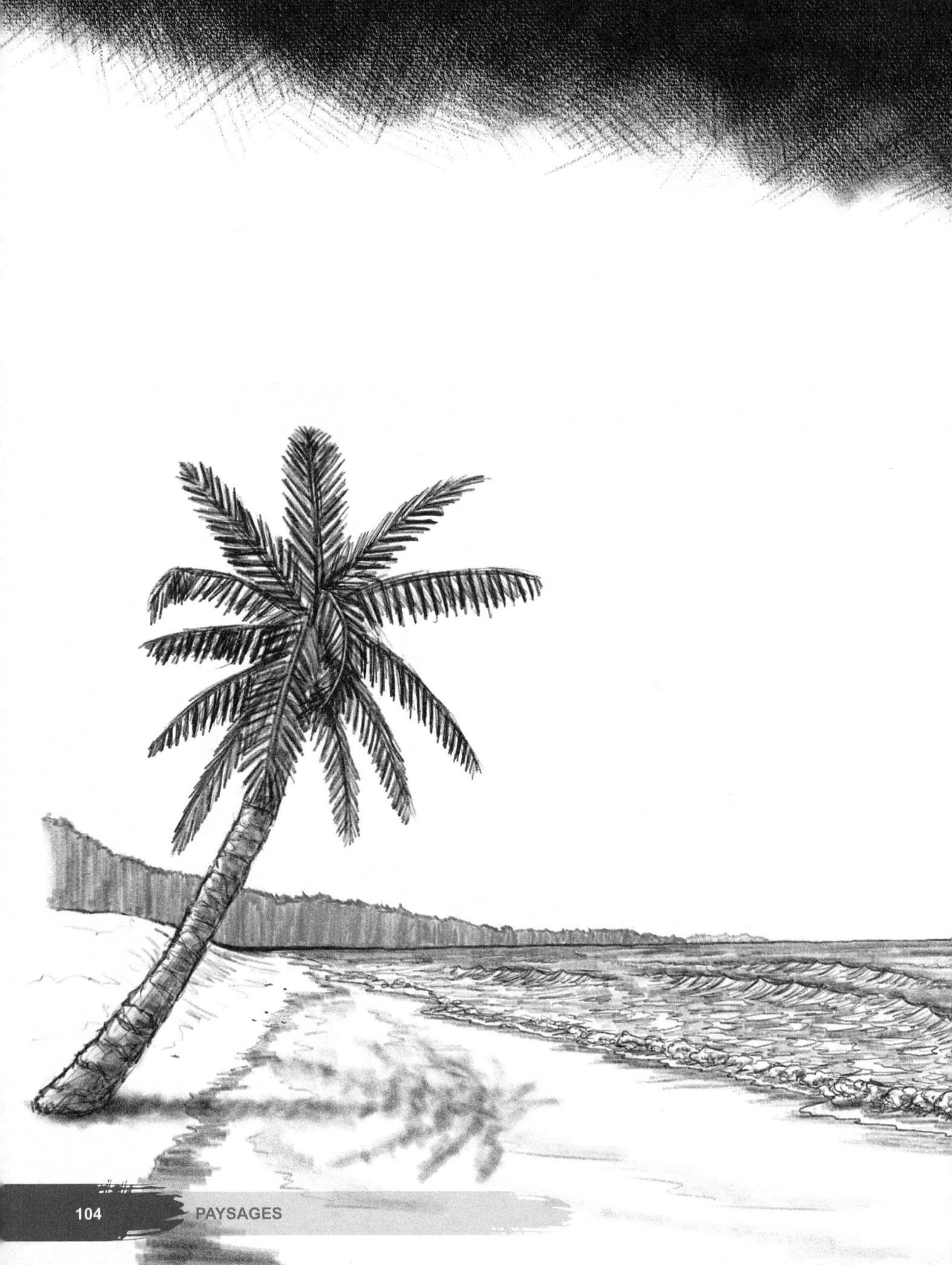

ANIMAUX

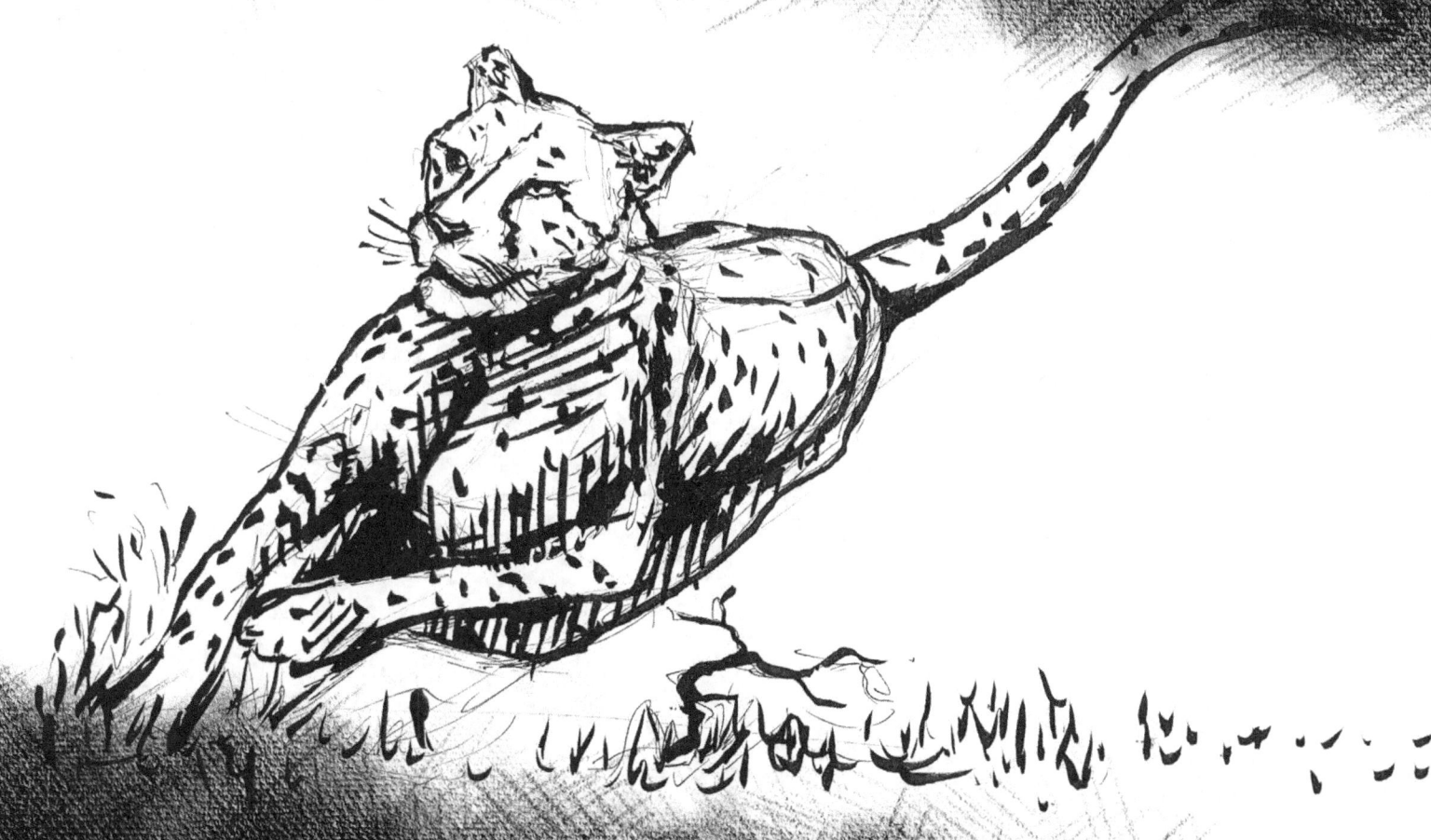

Les animaux constituent le motif préféré de nombre d'artistes. Il existe même de véritables experts pour certaines espèces animales telles que les chiens, les chats ou les chevaux. La particularité des animaux par rapport à d'autres sujets est qu'il s'agit d'êtres vivants. De ce fait, les animaux passent rarement inaperçu dans les dessins de paysage, car les objets vivants attirent automatiquement l'attention.

Dessiner l'animal

La plus belle façon d'apprendre à dessiner des animaux est certainement de travailler dans la nature en ayant le modèle vivant à l'esprit. Bien sûr, ce chemin représente un certain défi – en particulier pour les débutants - car les animaux restent rarement immobiles et ne se présentent pas souvent dans la pose souhaitée.

La photographie est une bonne alternative et est particulièrement utile lorsqu'il s'agit de reproduction naturaliste plutôt que d'expression. Dessiner différents animaux à partir d'un modèle facilite le début du dessin animal, en particulier pour un débutant. Il est également utile d'étudier les différents éléments d'un animal, tels que la fourrure, les yeux, les pattes, les oreilles, etc.

Animaux divers

Pour vraiment réussir à dessiner des animaux, il faut regarder de près différents animaux et prendre conscience de leurs caractéristiques distinctives. Ici, la bonne vision, l'observation et l'étude jouent un rôle important – des sujets déjà décrits dans les chapitres précédents.

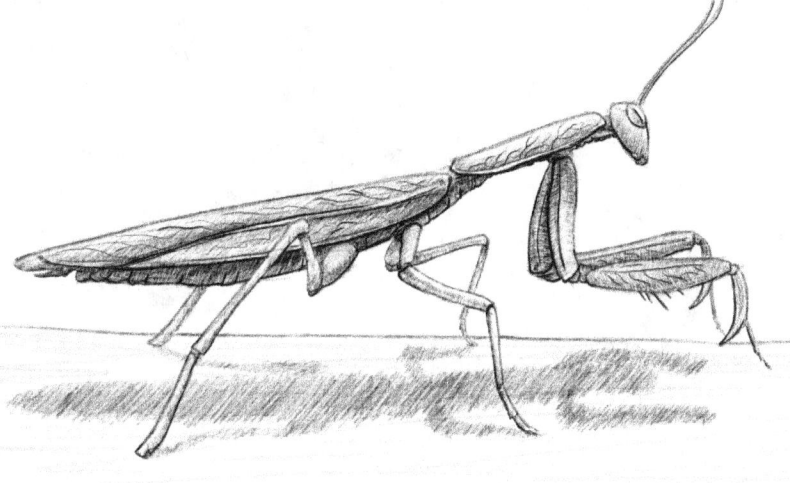

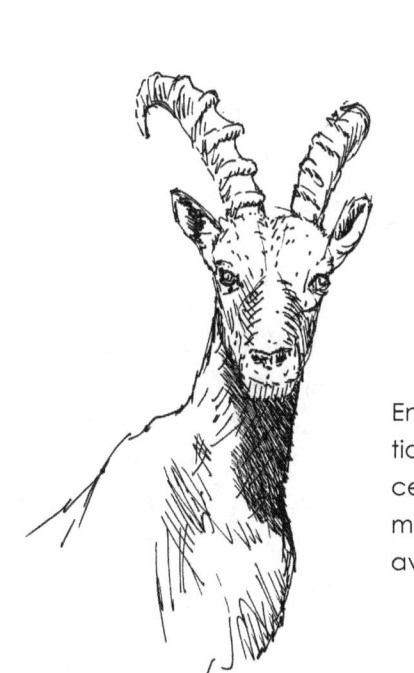

En ce qui concerne les différences entre les animaux, il existe bien sûr des caractéristiques très simples telles que la taille du corps, le nombre de pattes, le mode de déplacement et bien plus encore. Nous approfondissons l'examen détaillé lorsque nous examinons la peau à la loupe. Ainsi, il existe des animaux aux poils courts, longs et moyens, avec des épines, de la peau blindée, des écailles, etc.

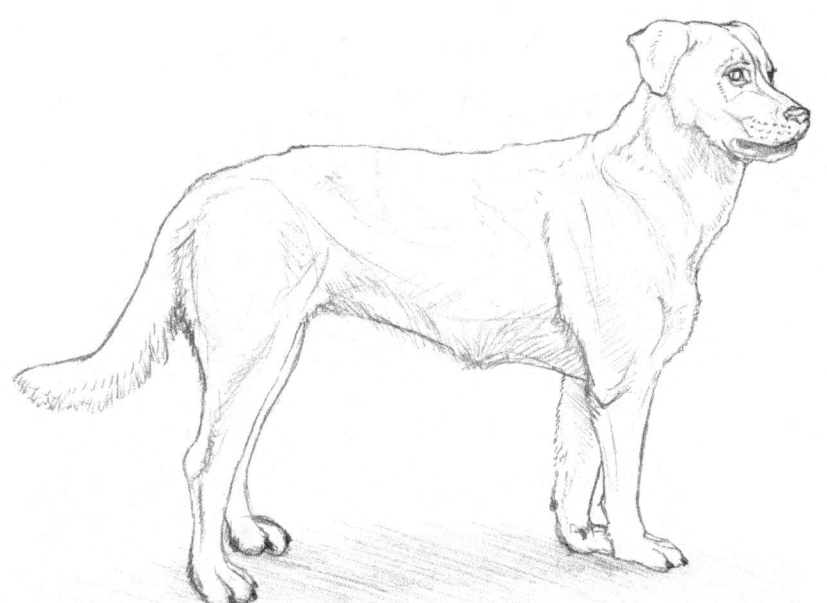

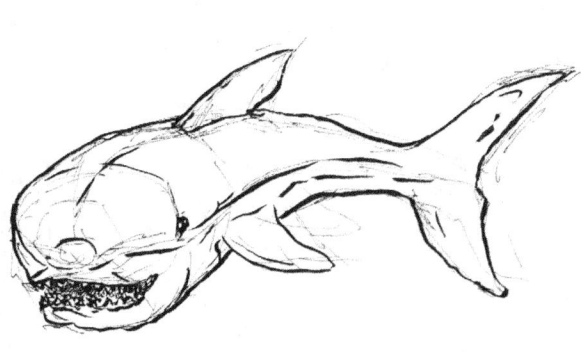

Oiseaux

Il existe d'innombrables espèces d'oiseaux. Ce que la plupart des volatiles ont en commun, ce sont leurs plumes. Lors du dessin, il est important de pouvoir reproduire la légèreté du plumage.

Chiens

Les chiens sont souvent portraiturés, car ils sont considérés comme le meilleur ami de l'homme. Parmi les nombreuses races différentes, il s'agit de dessiner correctement les formes anatomiques caractéristiques respectives.

Chats

Les chats sont un motif très prisé auprès des artistes amateurs. Pas étonnant, car les félins comptent parmi les animaux de compagnie les plus appréciés.

Lorsque vous dessinez un chat, il est important de représenter l'apparence gracieuse de ces compagnons à quatre pattes ainsi que la structure de leur fourrure de manière authentique.

Girafe

Les girafes sont les animaux terrestres les plus grands au monde. Originaires d'Afrique, elles sont le symbole de ce continent, un peu comme l'éléphant, le lion, le zèbre ou le rhinocéros.

Panda

Le panda et les autres grands ours se reconnaissent rapidement à leur fourrure épaisse et leur forte stature.

ANIMAUX

Différenciation au sein d'une race ou d'une famillet

Cependant, il est particulièrement important d'étudier les traits distinctifs au sein d'une race animale ou d'une famille (par exemple, la famille des chats). Par exemple, si vous essayez de dessiner un léopard, un puma et un tigre, vous aurez tôt fait de remarquer combien il est difficile de représenter ces félins de manière à ce que le spectateur identifie instantanément chaque animal.

Il s'agit ici d'analyser en détail les silhouettes, de reconnaître les différenciations et de les reproduire de manière si précise dans la mise en œuvre du dessin afin de reconnaître clairement le caractère de chaque animal.

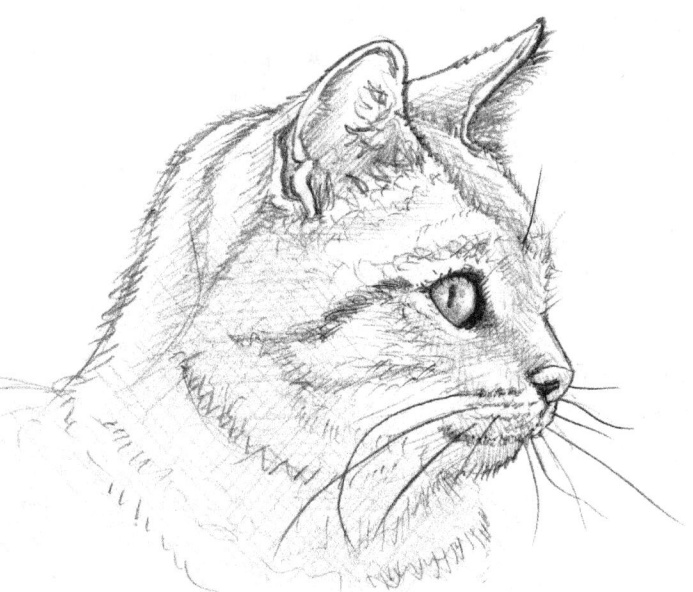

Chat

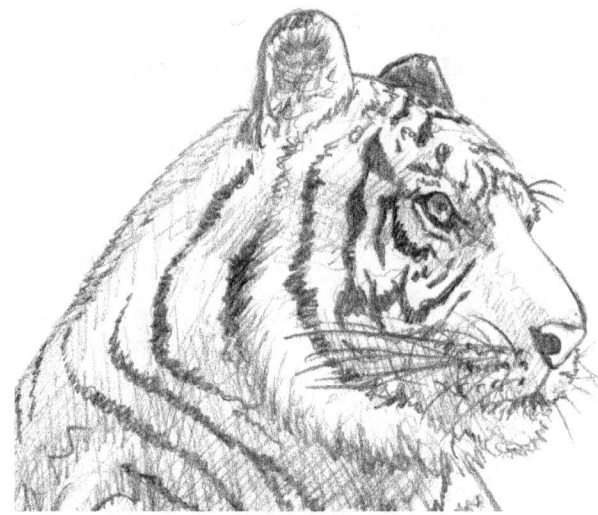

Tigre

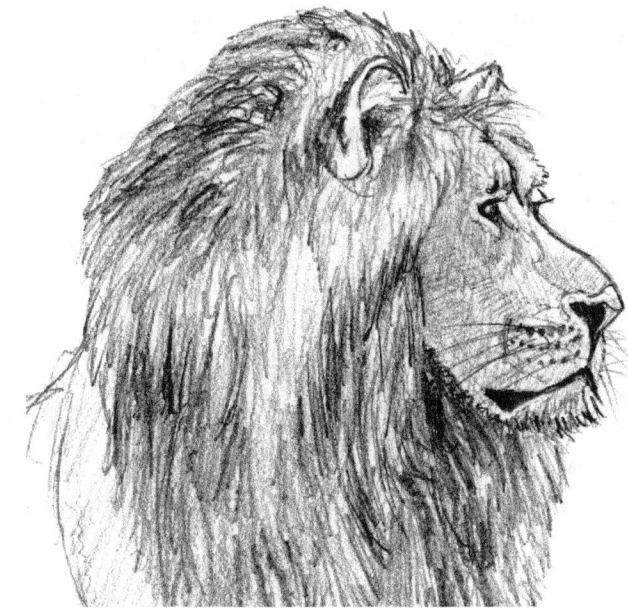

Lion

Essayez maintenant d'identifier vous-même les différences entre les dessins suivants du chat, du tigre et du lion. Tracez les images et capturez les différences sur le papier.

L'étude anatomique animale

Le but de l'étude anatomique animale est de développer la capacité de mieux représenter la forme du corps d'un animal dans différentes postures. Si vous avez l'intention de dessiner des animaux en mouvement, vous ne pouvez certainement pas contourner les connaissances de base de l'anatomie.

Si l'on connaît la structure du squelette et donc aussi des articulations, on peut construire soi-même une autre posture.

Nous avons déjà appris la méthode de construction à l'aide d'un squelette dans un chapitre précédent. Faites simplement défiler vers l'arrière pour vous rappeler ce que vous avez appris.

La structure osseuse de nombreux animaux présente une structure de base très similaire. Les éléments qui sont presque toujours présents et qui se ressemblent souvent sont : Épine dorsale, cage thoracique, omoplate, bassin, queue, cou, pattes avant et arrière.

Souvent, ces éléments ne diffèrent que par peu de détails ou par le rapport longueur/largeur. Même un oiseau a la structure décrite – au lieu des pattes antérieures, un oiseau a des ailes, mais même celles-ci ont une structure très similaire à celle des pattes antérieures.

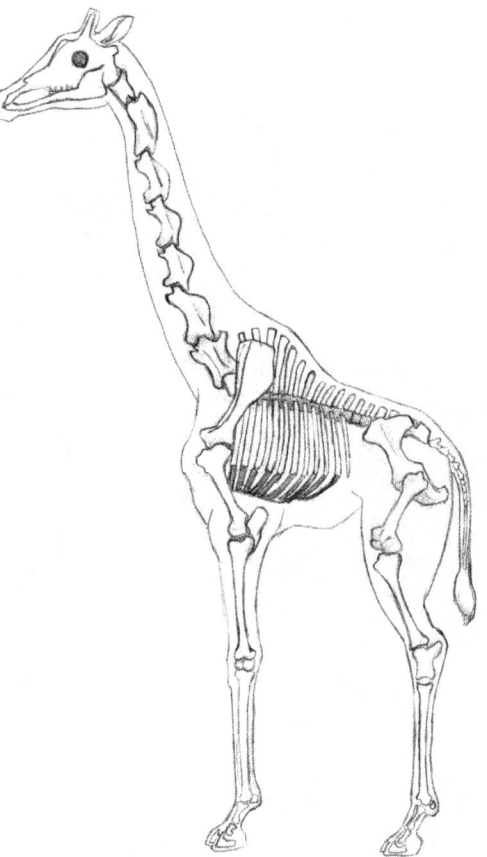

Squelette d'une girafe

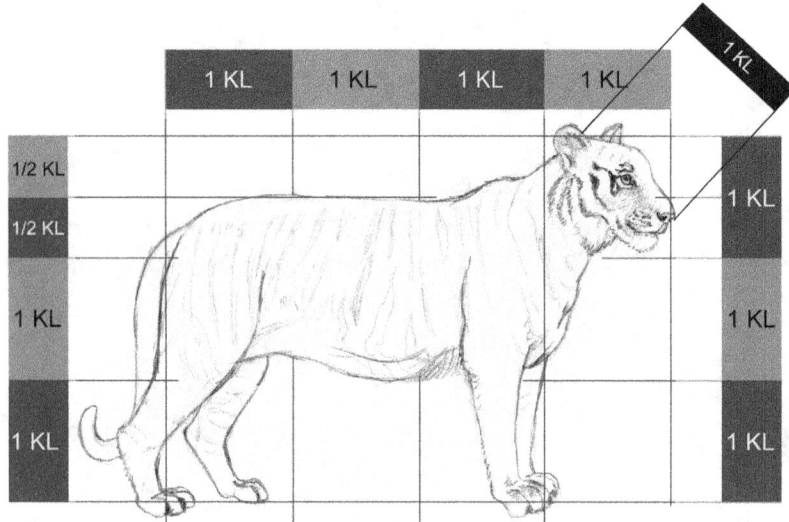

Étude anatomique d'un tigre - Grille proportionnelle basée sur la longueur de la tête

En plus de la méthode du squelette, vous pouvez reproduire les proportions d'un animal de manière appropriée à l'aide d'une sorte de grille. Dans l'exemple présenté, la longueur de la tête a servi de mesure de base.

Toutes les parties possibles du corps, ainsi que l'ensemble du corps, peuvent être représentées ici sous forme de multiples ou de fractions de la longueur de la tête.

Cette méthode a déjà été décrite dans le sous-chapitre sur la thématique de la reproduction. Ici, on a pris des mesures avec le crayon.

ANIMAUX

L'étude anatomique d'un animal sur l'exemple d'un chien

Grille proportionnelle

À ce stade, nous appliquons une grille de proportions à un chien. Comme les chiens sont un motif très apprécié, ce compagnon à quatre pattes convient particulièrement pour cet exercice.

Pour la grille, il faut d'abord une mesure de référence adaptée, qui refait surface le plus souvent possible.
Ici, une longueur de jambe A a été définie comme mesure.

C'est à l'aide de cette mesure que l'on saisit le motif. Cela fonctionne particulièrement bien si vous avez une image - photo, dessin ou similaire - comme modèle. Dans la zone de la tête, la grille devient plus fine, car c'est la partie la plus importante qui dénombre le plus de détails.

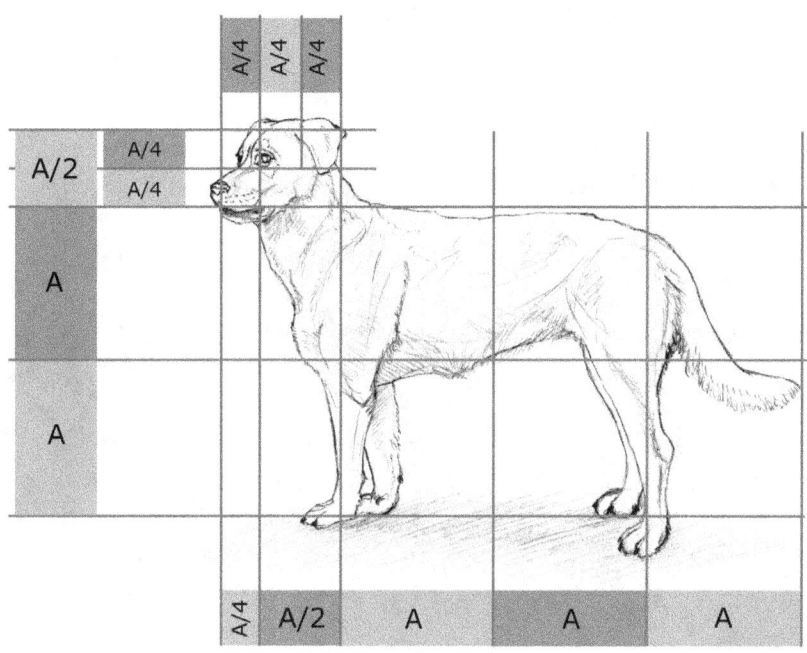

Méthode du squelette

La méthode du squelette est une technique qui peut s'utiliser à la place ou en complément de la grille des proportions.

Des parties importantes de la silhouette peuvent être représentées ici, comme dans l'exemple montré, à l'aide de cercles ou d'ellipses. Les os sont représentés sous forme de lignes et les articulations sous forme de petits cercles ou de points.

En combinant la méthode du squelette avec la grille des proportions, vous pouvez veiller à la concordance entre la dimension des os et celle des autres parties du corps.

Pour autant, vous ne devriez pas vous concentrer uniquement sur l'étude de l'anatomie des animaux si vous voulez apprendre à dessiner des animaux. Il s'agit plutôt d'un complément aux connaissances de base qui aident l'artiste dans la représentation.

Texture - fourrure, peau, carapace, écailles

Un autre pilier de la représentation des animaux est la surface – c'est-à-dire la fourrure, les écailles, la carapace, la peau, etc. Nous représentons tout cela en dessinant à l'aide de la structure et de la texture. Comme vous pouvez le constater, nous avons abordé ce sujet au début du livre. Dans ce chapitre, il est maintenant très explicite sur les surfaces qui sont typiques chez les animaux.

Fourrure / poils

La fourrure est un type de texture que l'on peut représenter assez facilement par des traits. Si vous voulez avancer rapidement, vous ne dessinez que quelques poils de longueur appropriée, ce qui donne au spectateur une impression de la surface.

Cependant, si vous voulez dessiner de manière aussi réaliste que possible, vous pouvez également représenter toute la fourrure avec beaucoup de travail. Les résultats peuvent être impressionnants, mais ils représentent également un investissement de temps.

La longueur et le tracé du pelage doivent toujours être pris en compte dans le dessin. La fourrure courte doit être représentée différemment de la fourrure longue et ondulée.

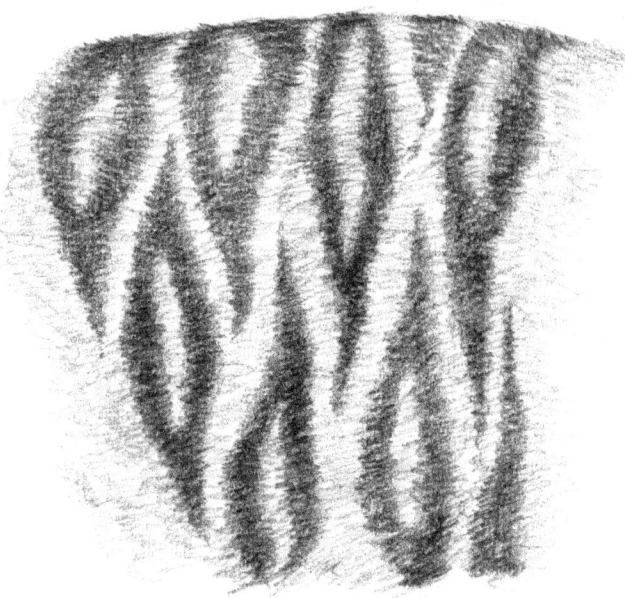

Peau de tigre avec dessin de fourrure typique

Peau de crocodile / carapace

Les crocodiles possèdent une carapace. Lors de la présentation, il est important de reproduire la structure naturellement.

Vous trouverez plus d'informations sur ce sujet spécifique dans les pages suivantes.

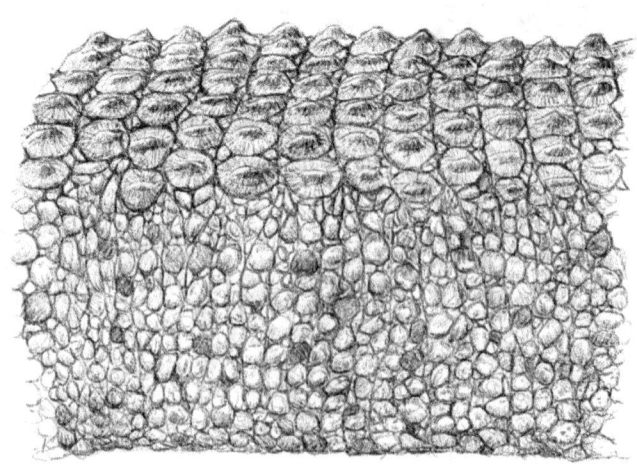

Peau de crocodile

Peau de serpent / écailles

La plupart des reptiles ont une peau squameuse, comme dans l'exemple du serpent que l'on peut voir ici. Lors du dessin, il faut veiller à ce que les écailles individuelles se chevauchent légèrement et que l'écaille supérieure projette une légère ombre sur celle qui se trouve en dessous.

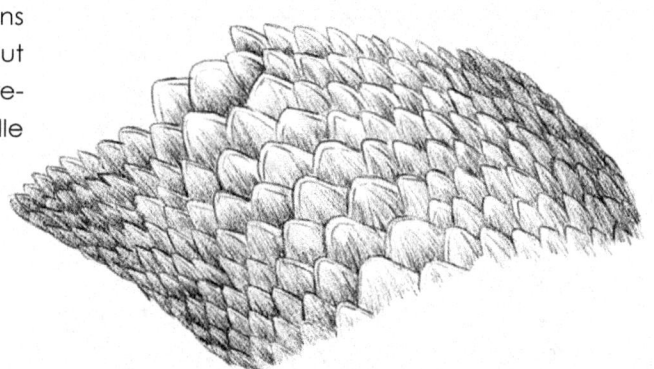

Peau de serpent squameuse

Peau d'éléphant / Peau rugueuse

La peau d'éléphant est épaisse et rugueuse. Semblable à la peau d'un crocodile, il faut faire attention à la structure typique. Cependant, contrairement au crocodile, la peau d'un éléphant n'est pas constituée de plaques osseuses, mais correspond plutôt à celle de l'homme.
Typiquement, ce sont de grandes rides et des structures rugueuses en forme de fissure.

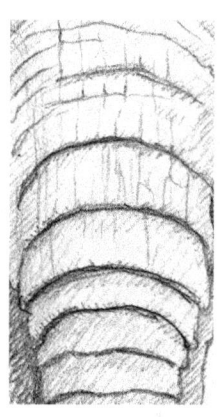

Peau de la trompe d'un éléphant

Plumes

Toujours utile est la capacité de dessiner des plumes. Les oiseaux donnent un motif magnifique et peuvent apparaître dans les natures mortes.
Selon les besoins, on peut dessiner des plumes avec un degré de détail plus élevé ou nettement réduit.

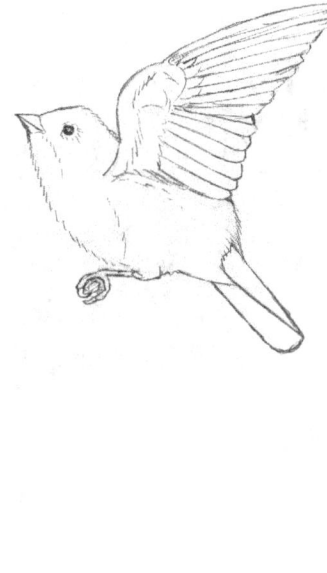

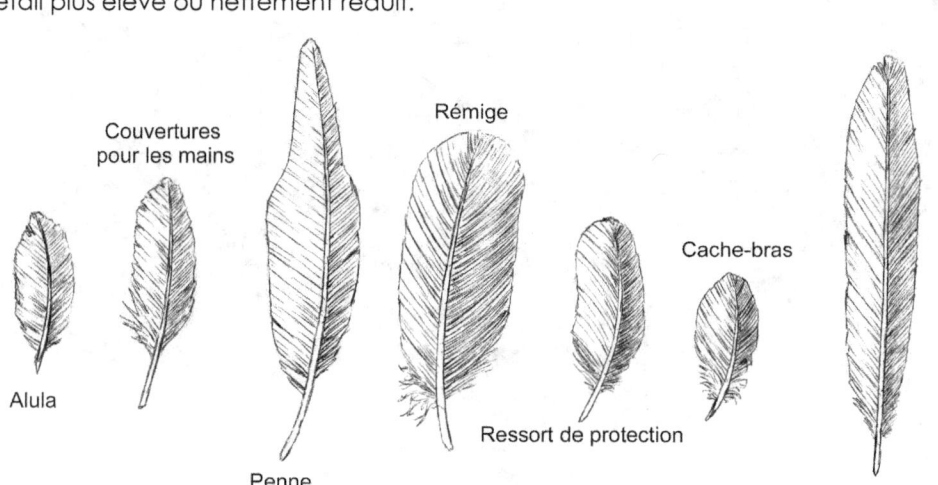

Représentation de différents types de plumes d'un oiseau

Exemple peau de crocodile - étape par étape

Cet exercice consiste à dessiner la peau d'un crocodile. Au cours de la procédure pas à pas, vous apprendrez à mettre en œuvre des structures et des textures de manière graphique.

Étape 1

La première étape consiste à esquisser la structure grossière de la peau. Il convient de noter qu'un crocodile a en fait une carapace de plaques osseuses situées dans la peau. Il n'a donc pas d'écailles comme un serpent, par exemple.

De plus, si vous examinez cette carapace de plus près, vous constaterez qu'elle présente une structure différente sur le dos du crocodile par rapport à son côté et à son ventre. La structure peut également varier d'une espèce à l'autre.

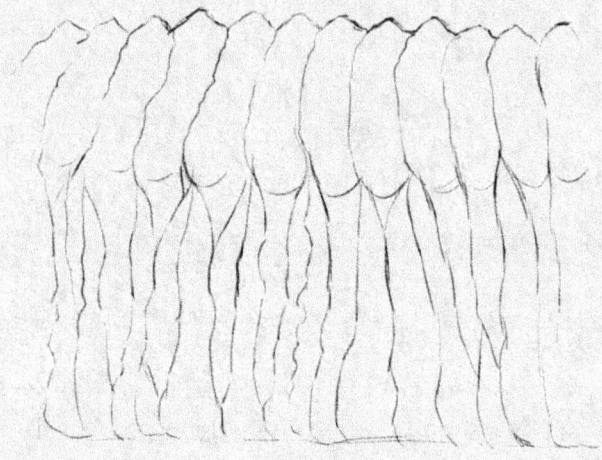

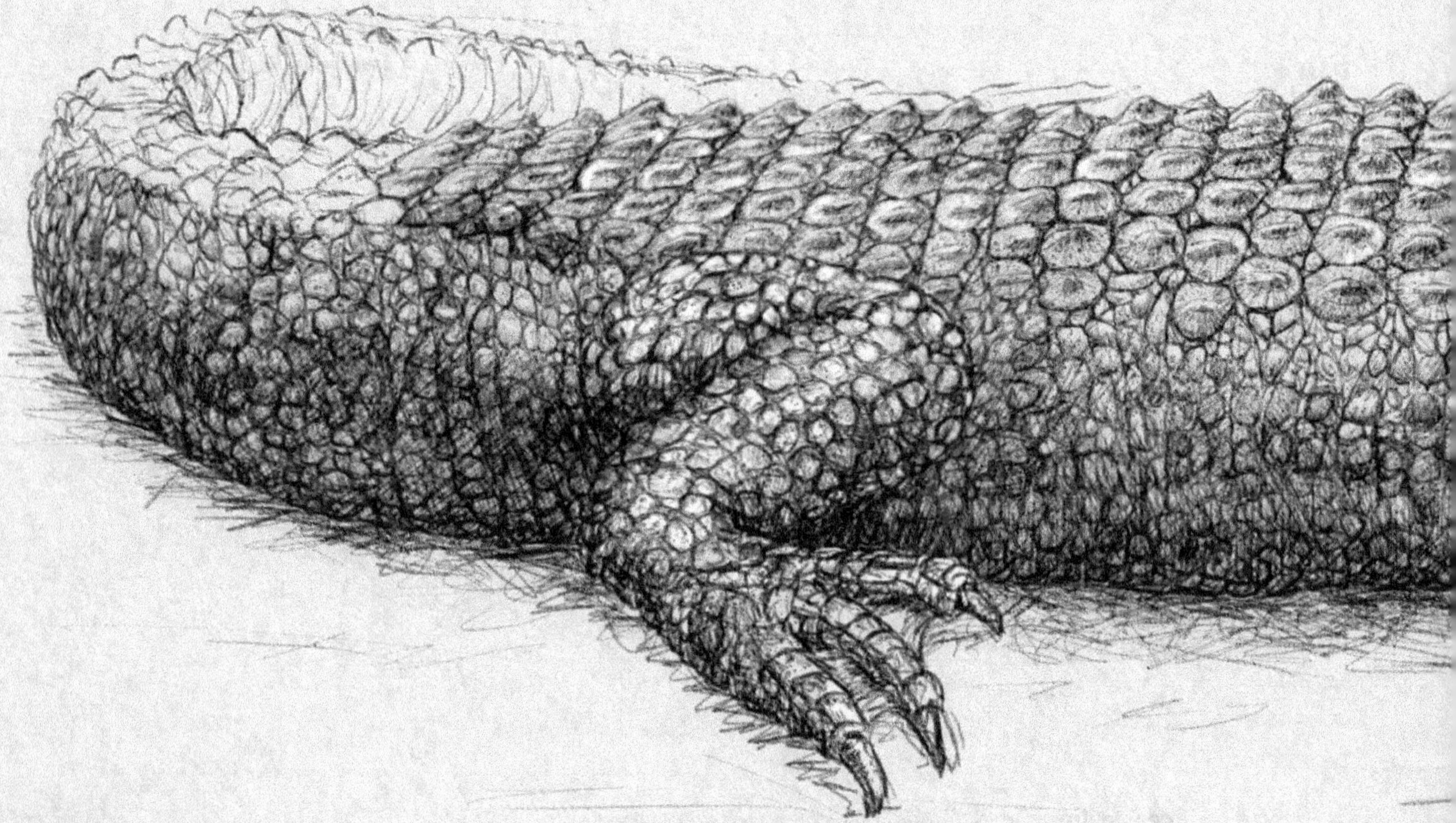

Étape 2

La deuxième étape consiste à dessiner la structure. Ainsi, toutes les plaques de carapace individuelles peuvent maintenant être affichées ou au moins simplifiées – en fonction du détail que vous souhaitez dessiner.

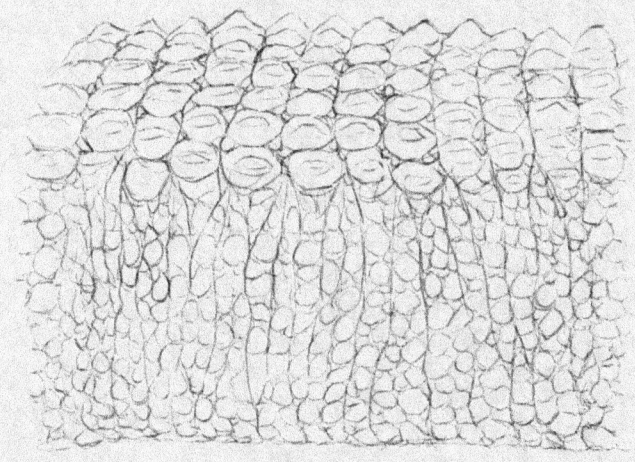

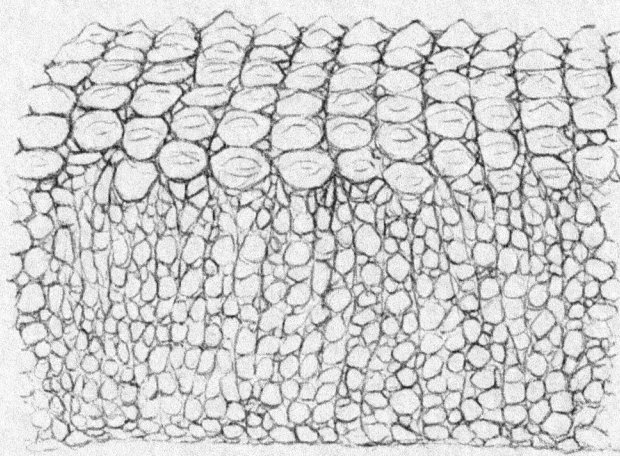

Étape 3

Maintenant, les plaques osseuses individuelles sont accentuées pour atteindre une certaine plasticité. Des traits plus sombres suggèrent déjà des ombres sur les bords.

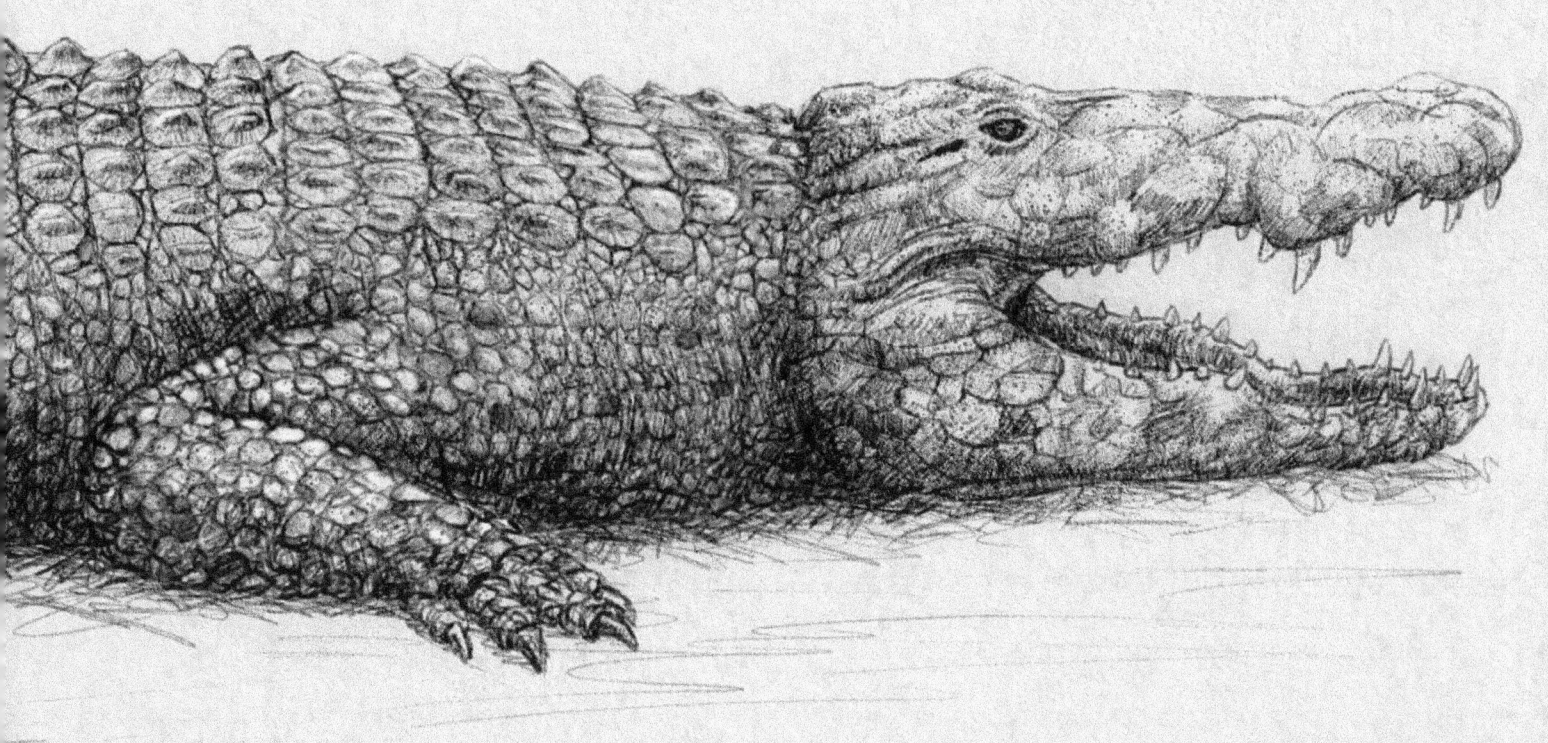

Étape 4

Maintenant, vous osez la texture de cette peau de crocodile texturée. Les plaques sur le dos ont une texture qui s'étend linéairement vers le centre de la plaque respective. Les ombres des pointes peuvent également être représentées.

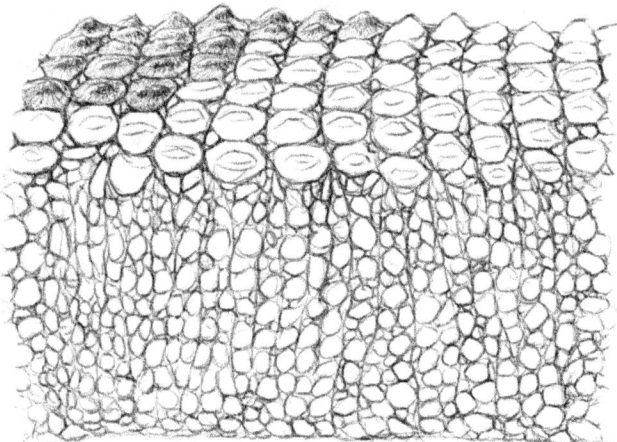 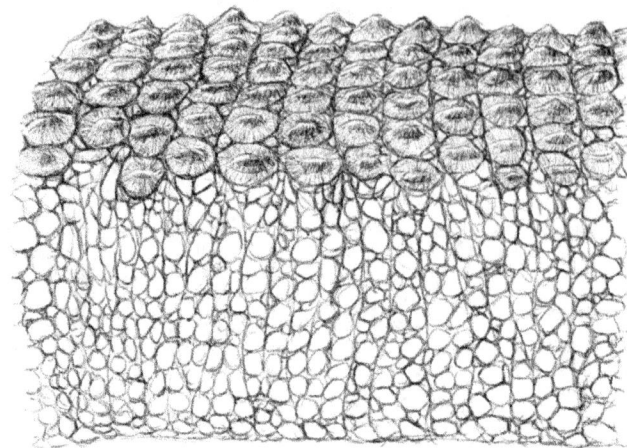

Étape 5

Sur le côté, la peau de la carapace présente une texture plutôt irrégulière, à travers laquelle transparaît l'inégalité des plaques individuelles. Certaines plaques osseuses sont également plus sombres que d'autres. Dans cette étape, faites également attention aux ombres des plaques et du corps entier du crocodile.
Ensuite, l'ébauche est terminée.

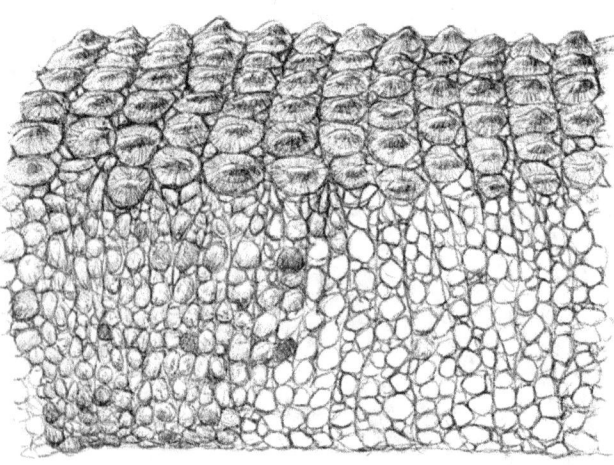 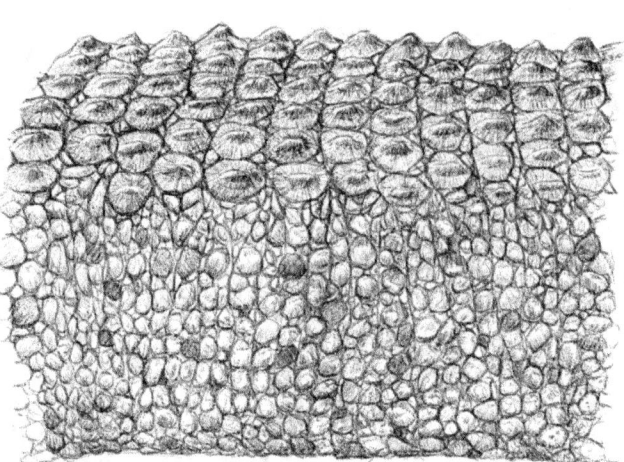

Les résultats de cet exercice peuvent maintenant être très bien transférés à un dessin complet. Par exemple, un crocodile entier pourrait ressembler à l'image des pages précédentes.

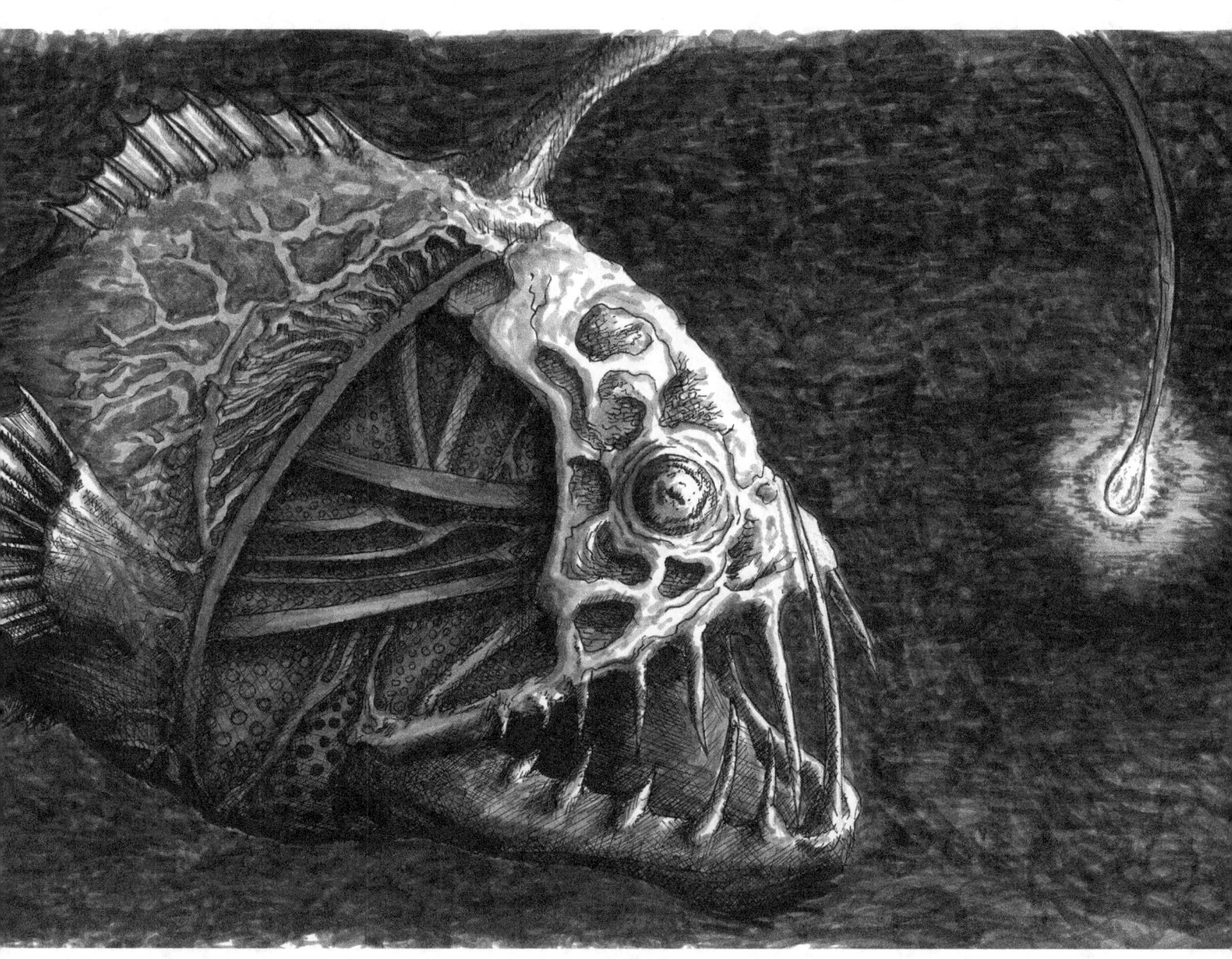
Dessin d'un poisson crapeau (encre de Chine et peintre de fibres)

Divers éléments

En plus de l'étude anatomique des animaux que nous venons de décrire, l'étude des différents éléments de plusieurs animaux est également un exercice important. Cela signifie que l'on ne dessine que des parties individuelles du corps telles que les yeux, le nez, les griffes, les écailles, la bouche et autres.
Cette méthode de travail s'inspire également de l'étude des signes déjà présentée dans un chapitre précédent.

Nez de chien

Comme les chiens sont un motif particulièrement populaire, son nez est indispensable. De plus, le nez des chiens est relativement semblable à celui d'autres animaux tels que le chat, la souris et le renard.

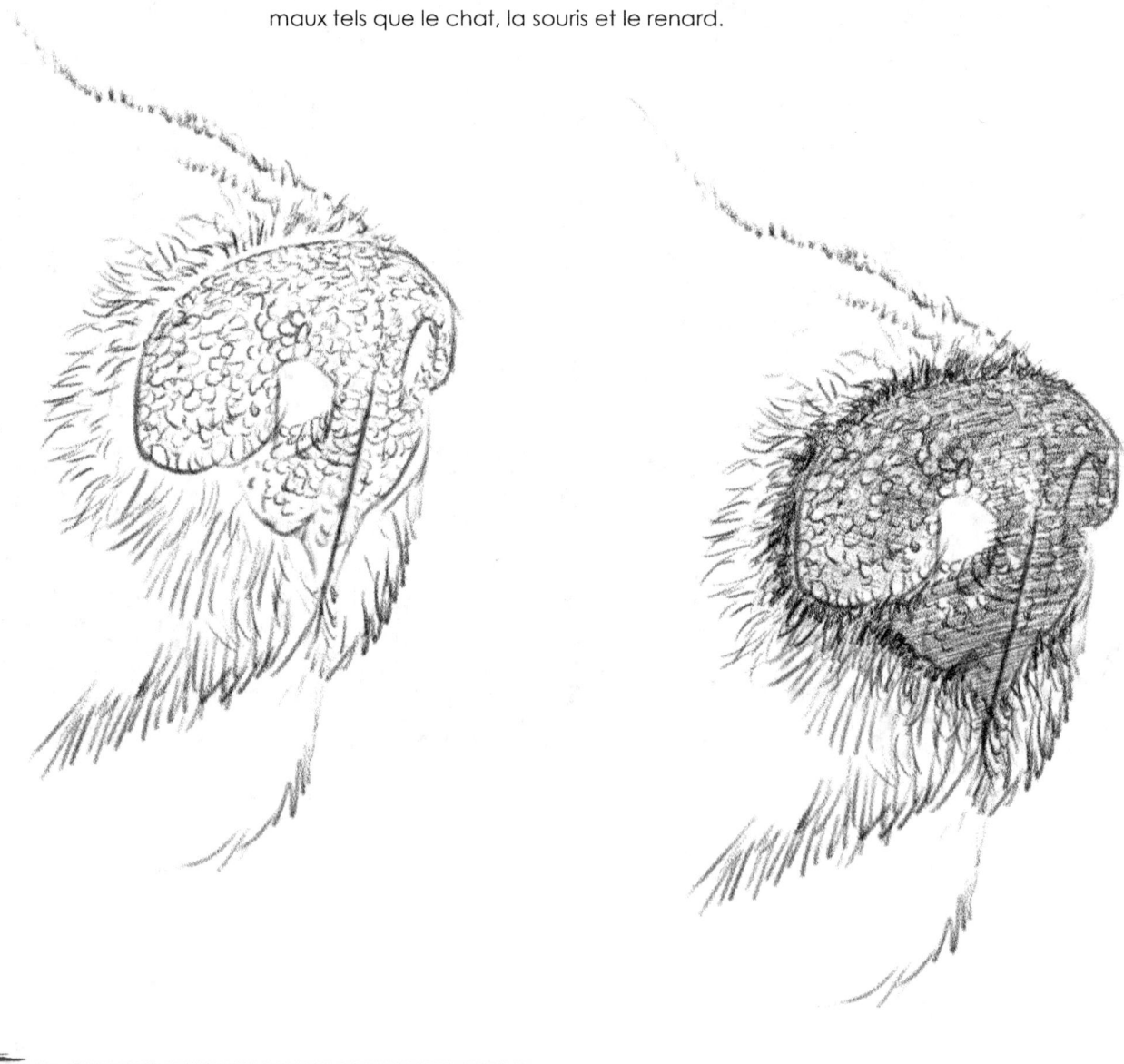

Pieds d'animaux

Observez et comparez les pieds de différents animaux. Vous remarquerez qu'ils peuvent sembler très différents d'une espèce à l'autre. Les pattes et les sabots doivent être clairement différenciés les uns des autres.

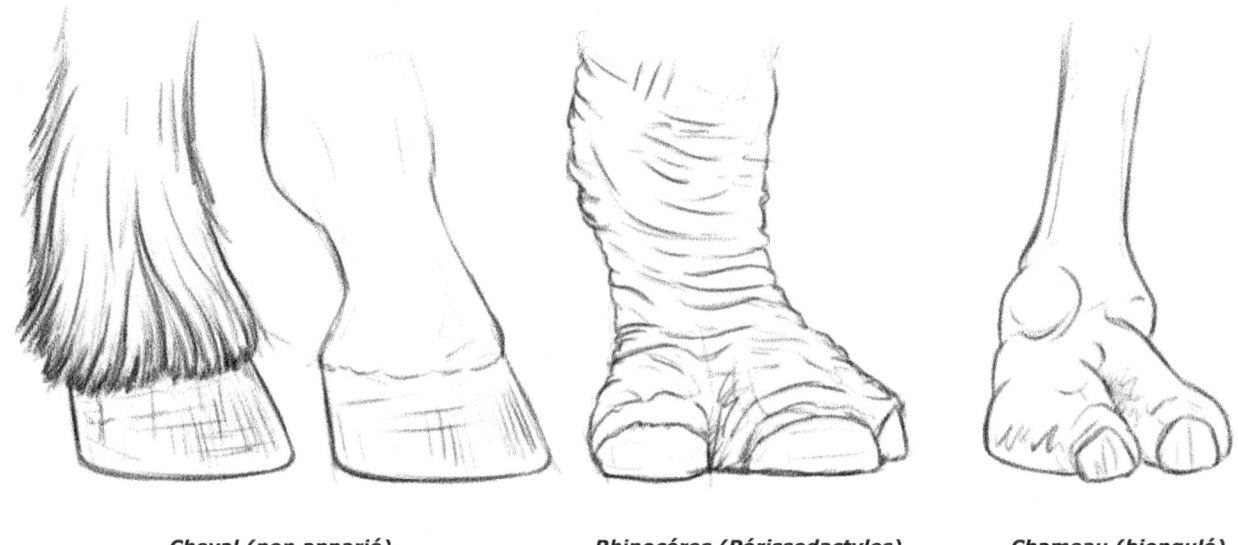

Cheval (non apparié)   *Rhinocéros (Périssodactyles)*   *Chameau (biongulé)*

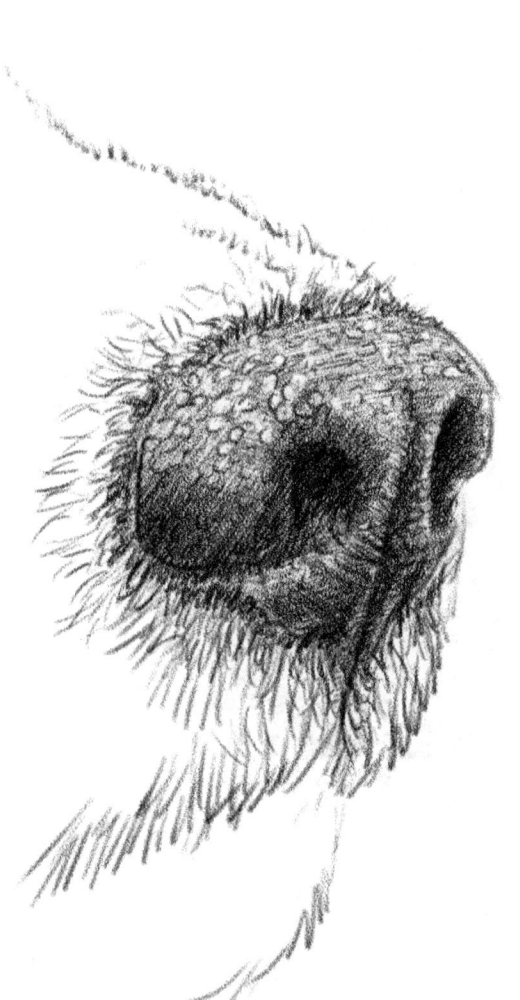

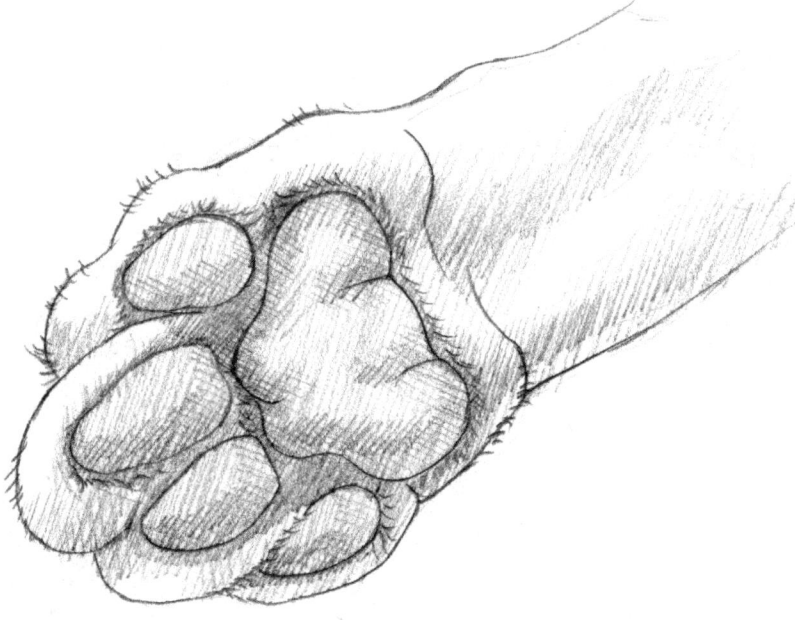

Patte d'un tigre

Griffes d'aigle

Les pieds des aigles et d'autres oiseaux sont très spéciaux. Si vous regardez de près les pieds d'un aigle, vous remarquerez d'abord ses griffes dangereuses et pointues. Ce griffes sont conçues pour permettre à ce chasseur volant d'attraper ses petites proies et de ne plus les lâcher.

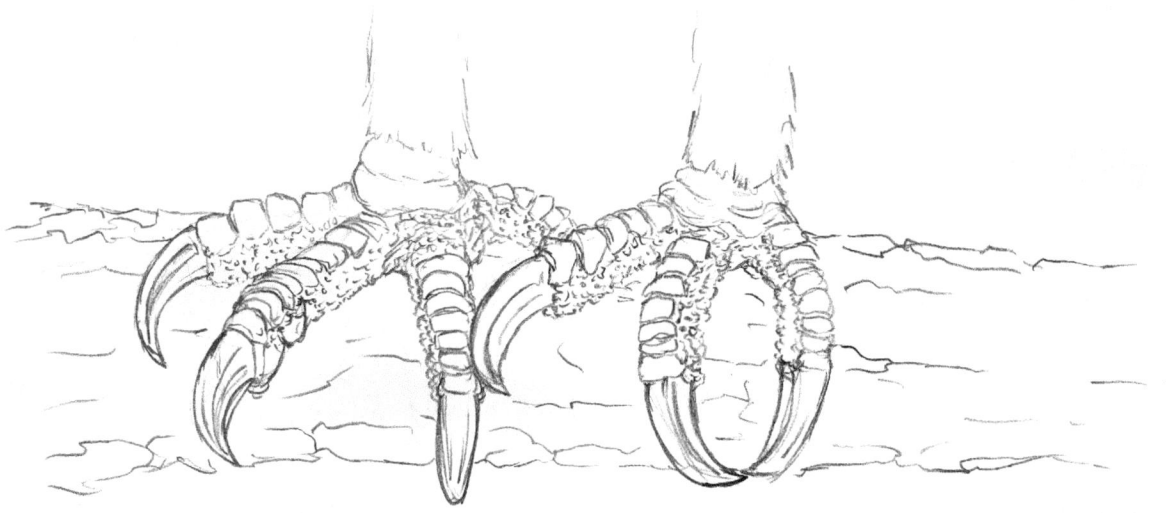

Œil de tigre

Les yeux d'un tigre sont particulièrement percutants. Ils ont un iris brun doré et une pupille clairement reconnaissable.
Lorsque vous dessinez, faites attention aux ombres et aux effets de lumière. D'une part, les poils qui se trouvent au-dessus de l'œil peuvent projeter une ombre sur le globe oculaire. D'autre part, la forme ronde du globe oculaire crée une ombre légère. Selon la source lumineuse, différentes réflexions lumineuses se produisent. Comme dans le dessin que vous pouvez voir ici, un léger point lumineux peut apparaître dans la partie supérieure de l'œil. Ce détail donne au dessin beaucoup plus de réalisme et de profondeur.

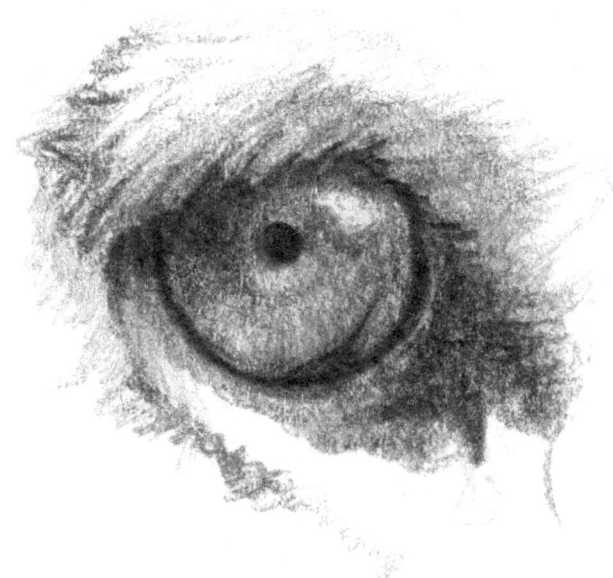

Corps de serpent

Un exercice de dessin particulièrement bon – également en général – est la représentation d'un corps de serpent. Dans l'ensemble, il s'agit de dessiner une forme tubulaire. Plus le serpent est blessé, plus le dessin est exigeant. Mais même une forme en S légère peut être plus difficile qu'on ne le pense.
Assurez-vous de représenter le corps avec un diamètre constant. L'orientation est également importante.

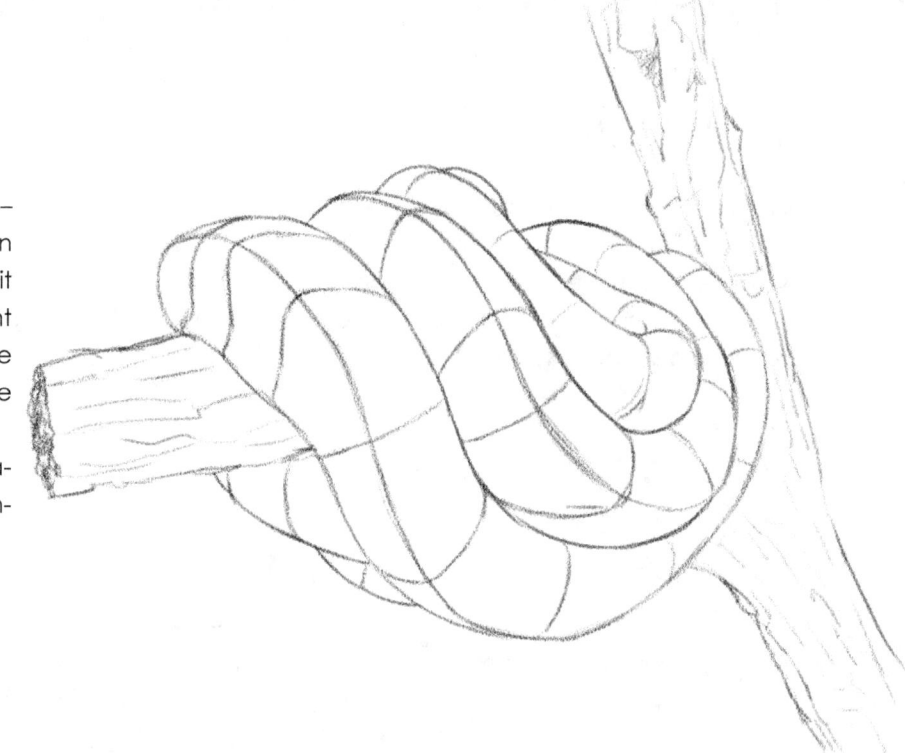

Pince de crabe

Lorsque vous dessinez une pince de crabe, vous pouvez apprendre à représenter des animaux avec un exosquelette. Considérez les irrégularités de la peau de la carapace et les points d'articulation.

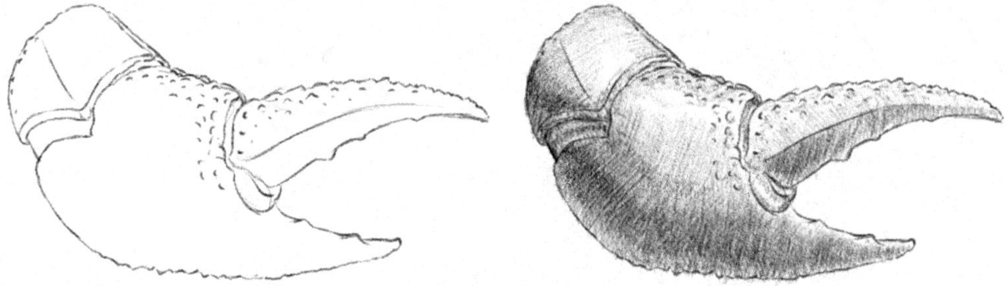

Pince de crabe - Dessin de contour et ombré

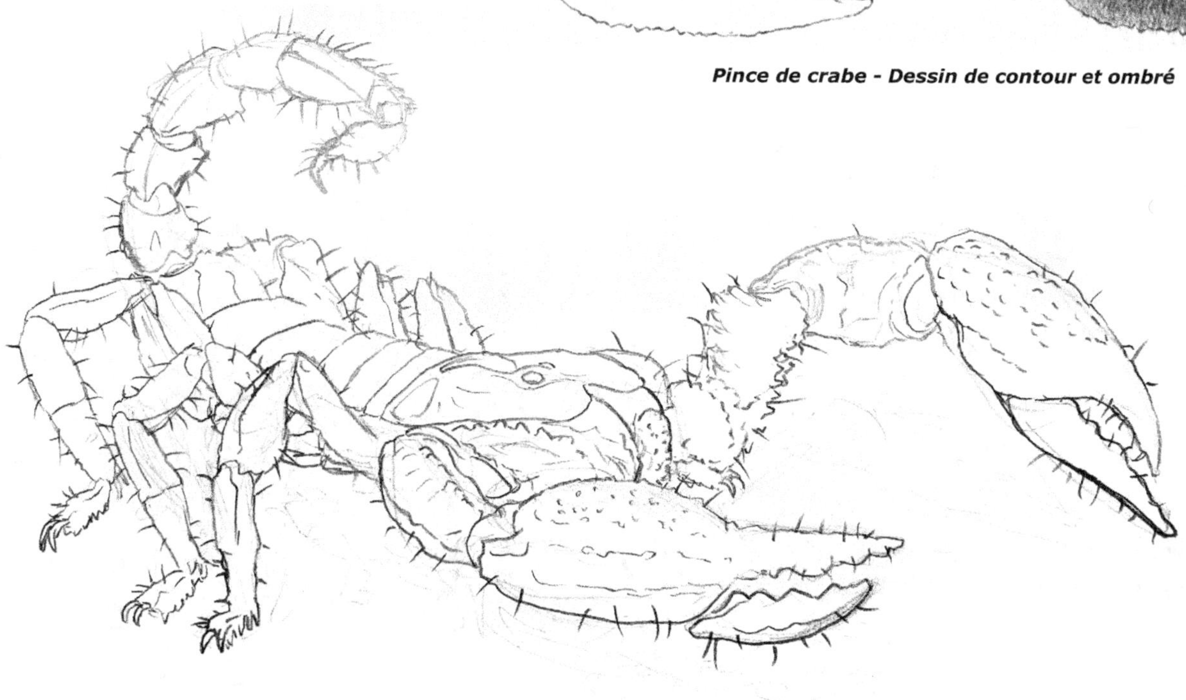

Dessin d'un scorpion avec des pinces

Ailes de libellule

Les libellules ont de longues ailes traversées par un réseau dense de veines. Les ailes sont traversées, en particulier dans la moitié avant, par une série de brins longitudinaux très stables. Elles ressemblent beaucoup aux ailes d'autres insectes.
Lors de la représentation, assurez-vous de transmettre la légèreté des ailes tout en reproduisant la structure typique.

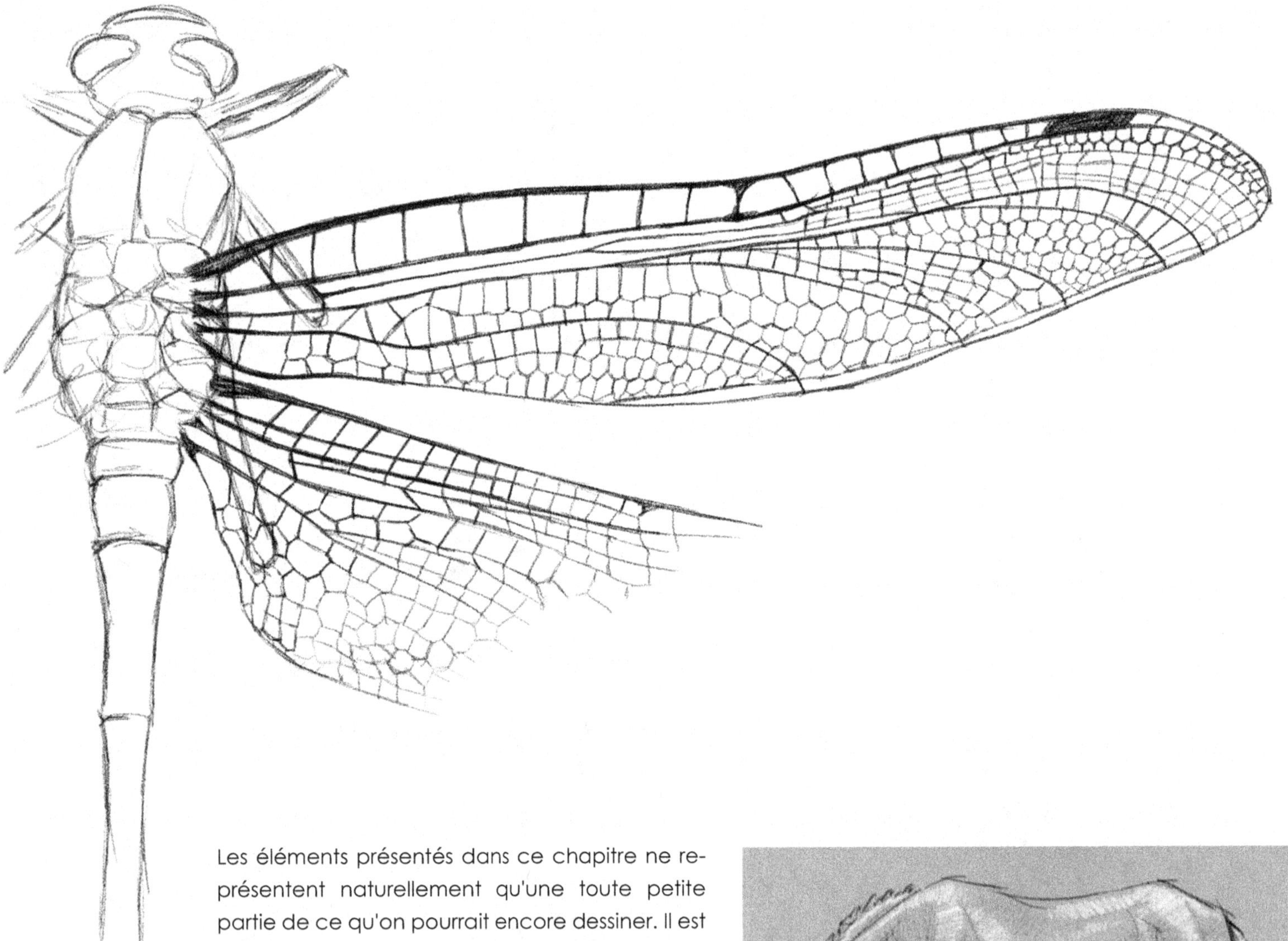

Les éléments présentés dans ce chapitre ne représentent naturellement qu'une toute petite partie de ce qu'on pourrait encore dessiner. Il est préférable de penser à l'animal que vous aimeriez dessiner, puis de prendre les éléments susceptibles de vous donner du fil à retordre lors de la représentation.

Lorsque vous dessinez l'animal entier, il ne devrait pas y avoir de problèmes majeurs et vous constaterez que vos dessins sont de plus en plus réussis.

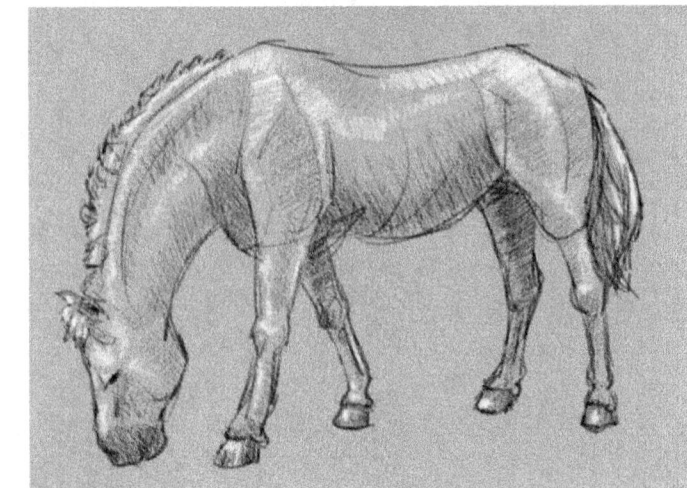

ANIMAUX

Éléphant aux formes géométriques

Cet exercice consiste à dessiner un éléphant à l'aide de formes géométriques simples, puis à aller de plus en plus loin dans les détails.

Nous commençons donc le dessin par une esquisse très grossière. Pour ce faire, utilisez des formes simples et des lignes sinueuses. L'esquisse ne doit représenter que très grossièrement les proportions de l'animal. Il est préférable d'utiliser un modèle pour dessiner.

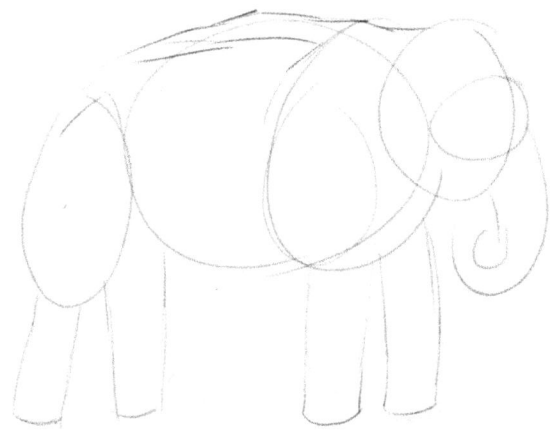

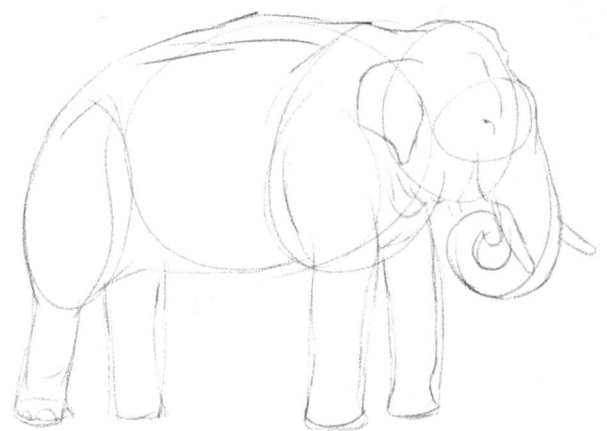

Dans l'étape suivante, on dessine les contours à l'aide des formes esquissées précédemment avec un peu plus en détail.

Le contour existant, qui est maintenant disponible, peut être dessiné encore plus précisément. Ce niveau de détail devrait être suffisant pour commencer à ombrer.

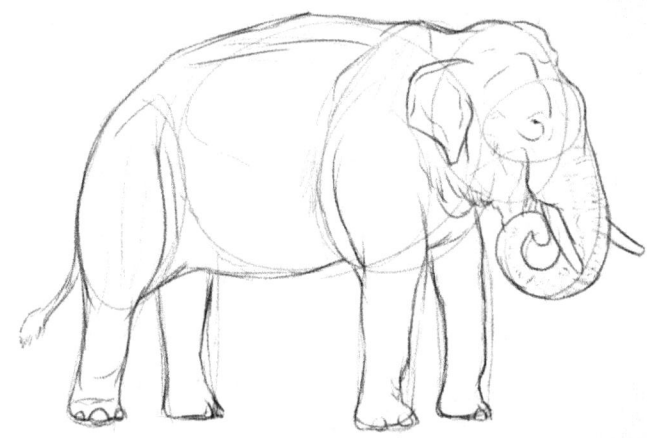

Dans la première étape de l'ombrage, on dessine des ombres légères.

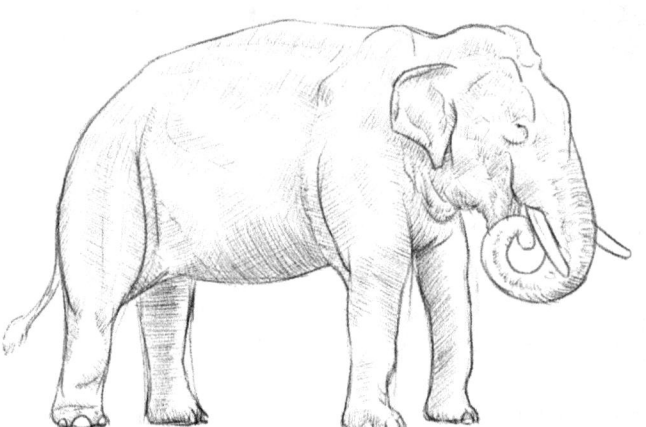

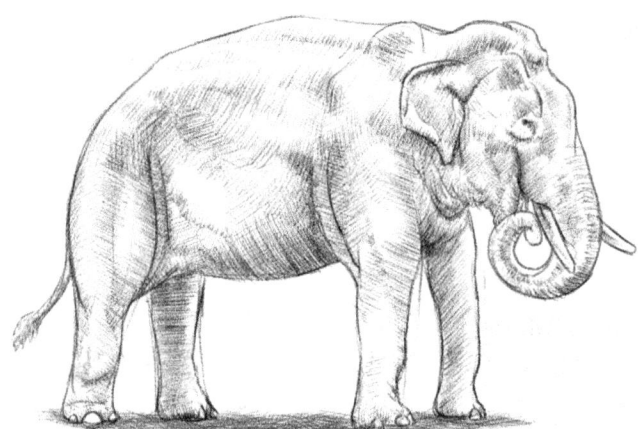

Dans la deuxième étape de l'ombrage, on étend et on assombrit les ombres précédemment dessinées. Comparez à nouveau votre dessin avec le modèle et corrigez les endroits où vous remarquez des écarts.

En savoir plus sur les éléphants

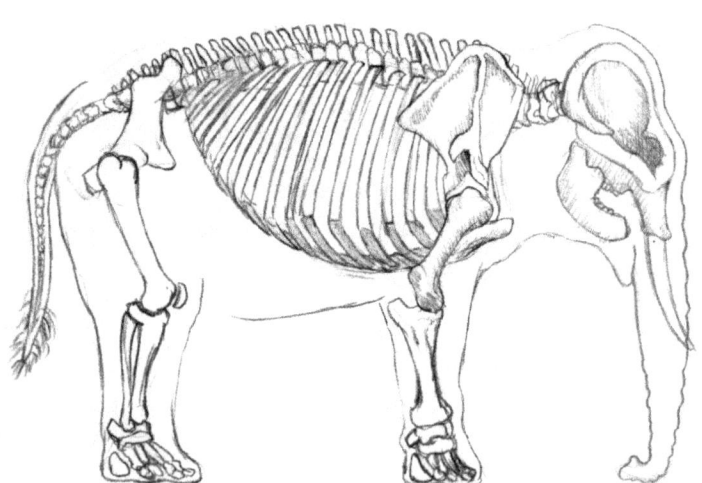

Squelette d'un éléphant

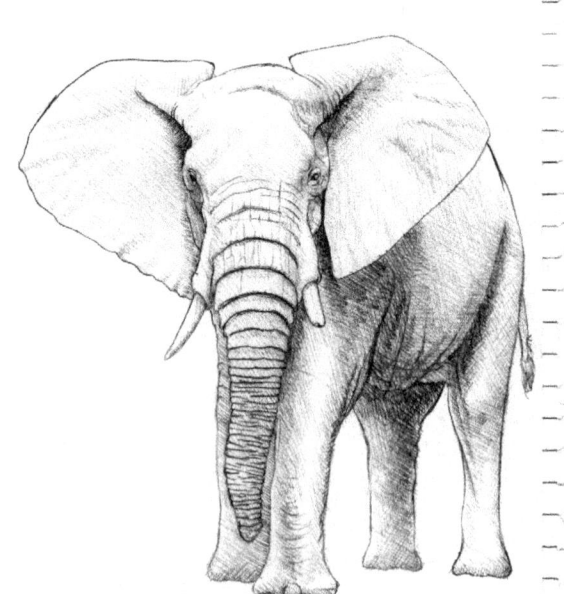

L'éléphant d'Afrique vu de face

Texture par hachurage - Dessiner un poisson

Souvent, des techniques spéciales de hachurage sont appropriées pour représenter certaines textures. Prenons l'exemple d'un poisson et examinons cette fameuse méthode.

La base est une hachure à boucles. Autrement dit, nous dessinons des valeurs tonales avec un mouvement circulaire du crayon. Comme on peut le voir dans l'esquisse, il est également possible de créer facilement des dégradés clair-obscur.

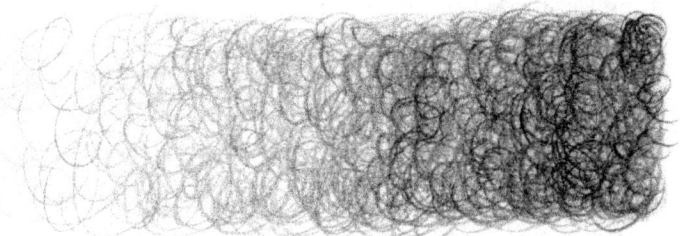

Mais avant de passer à la texture, commençons par dessiner le contour du poisson. Le poisson est un poisson-clown, particulièrement remarquable par son motif de rayures oranges, noires et blanches.

On commence par la forme grossière pour bien respecter les proportions. Le corps est dessiné comme un ovale. Les nageoires peuvent être esquissées à l'aide d'arcs simples.

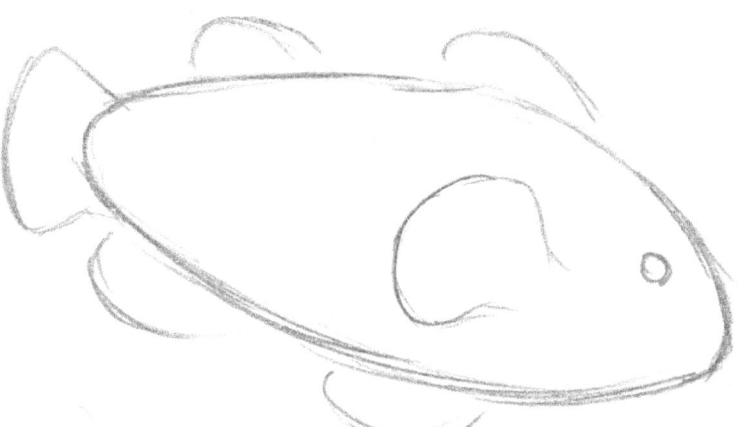

Les contours sont maintenant plus précis. De plus, le poisson reçoit déjà un motif de rayures.

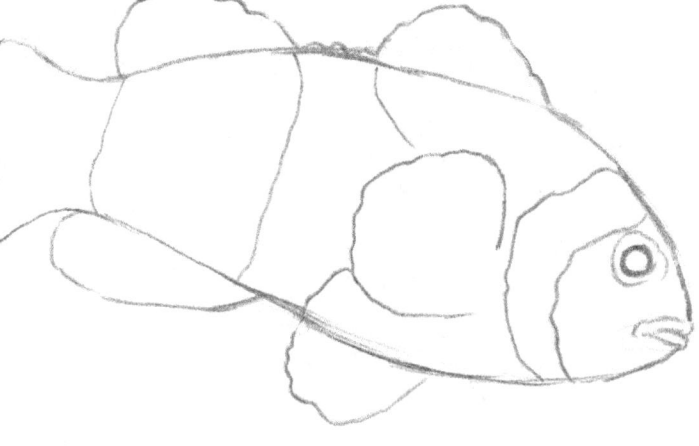

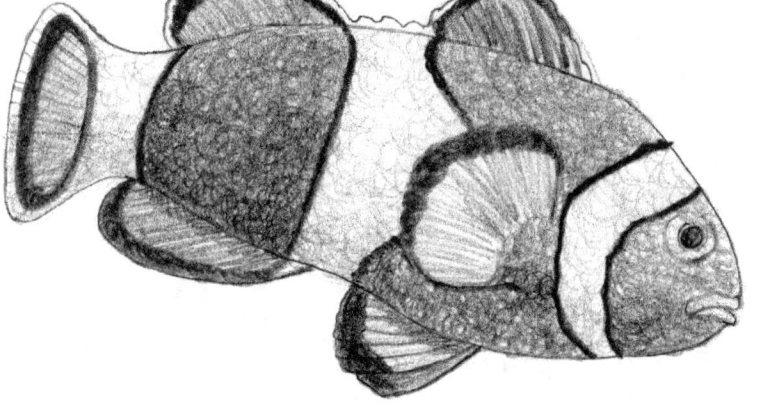

Maintenant, tout est dessiné au dernier degré de précision. Les bandes noires sont aussi foncées que possible. Les autres zones sont texturées à l'aide de la hachure à griffes en différentes nuances de gris. Il faut également tenir compte de la forme générale du corps. À ce stade, appliquez simplement ce que vous avez appris dans les chapitres de base.

Dessiner un lion avec la méthode du squelette

Dans cet exercice, nous allons dessiner un lion à l'aide de la méthode du squelette. Il est judicieux d'avoir déjà dessiné les éléments individuels d'un lion. Il faut aussi avoir étudié l'anatomie et les proportions.
Comme déjà indiqué, disposer d'une image d'un squelette de lion est extrêmement utile pour le travail suivant.

Pour profiter pleinement des avantages de la méthode du squelette, nous dessinons un lion qui descend des rochers en escalier. Dans l'image ci-dessous, vous pouvez voir comment le lion passe à l'étape suivante avec sagesse. Une patte avant avance avec prudence. Les pattes postérieures se trouvent dans une position pas à pas claire, qui est très facile à reproduire avec la méthode du squelette. Les rochers sont indiqués par une simple esquisse de ligne.

Considérez votre squelette à nouveau consciencieusement et comparez-le exactement en termes de proportions avec l'image d'un véritable squelette de lion. Si vous êtes satisfait de votre dessin, vous pouvez passer à l'étape suivante.

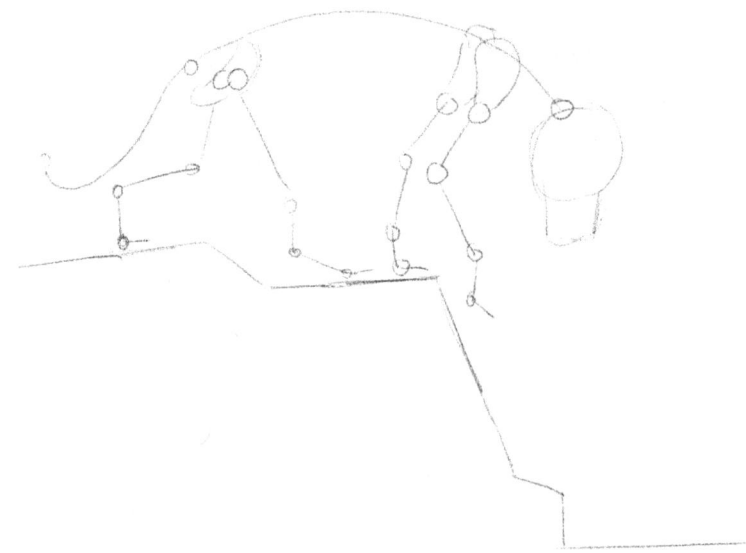

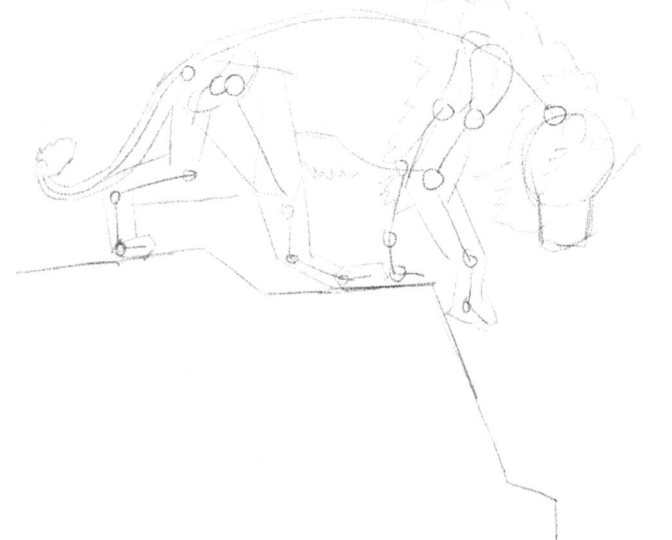

Maintenant, on dessine le lion comme une coquille autour du squelette. Utilisez quelques images de lions – de préférence dans différentes poses.

Maintenant, vous pouvez toujours détailler votre dessin. Surtout pour la tête du lion, vous pouvez travailler un peu plus précisément. Dans la crinière, quelques mèches de cheveux sont suggérées.

L'esquisse du squelette peut déjà être effacée à cette étape, afin qu'elle ne soit plus visible plus tard.

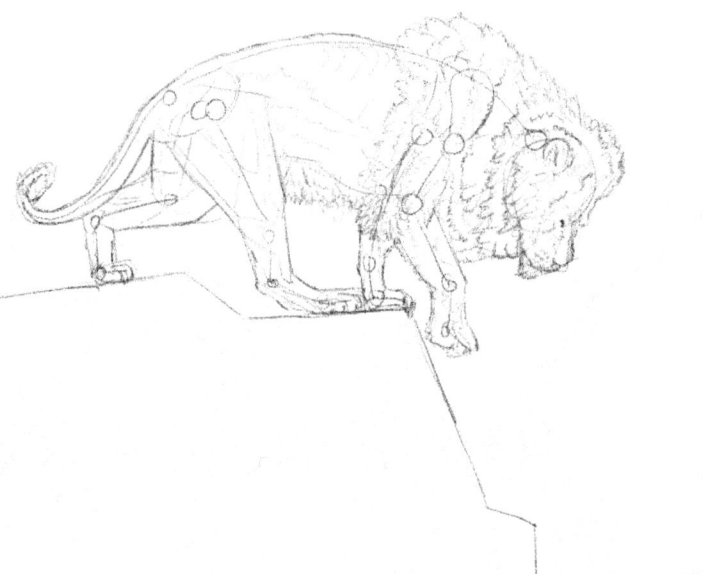

L'esquisse finale peut alors ressembler à ceci. Ici, les rochers ont également été dessinés ainsi qu'un arbre et des plantes.

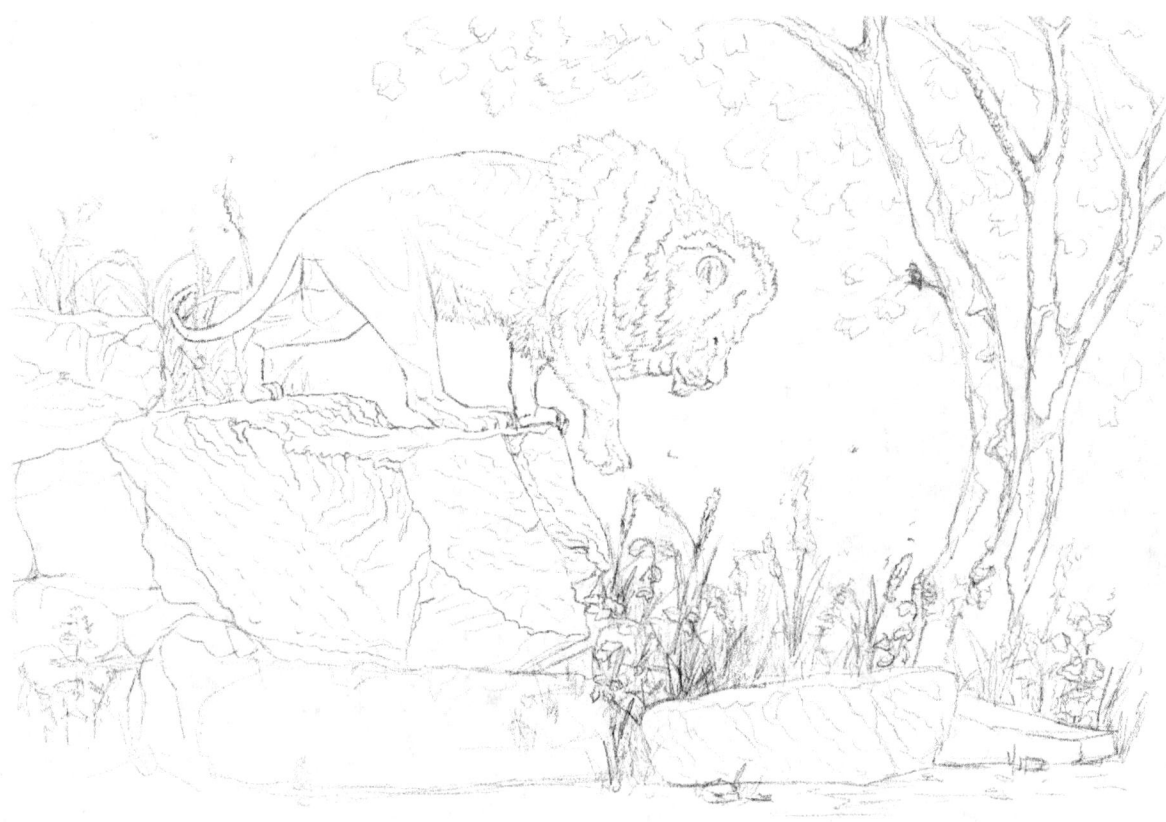

Si vous investissez encore quelques heures de travail avec le crayon, vous pouvez créer un dessin complètement ombré à partir de l'esquisse.

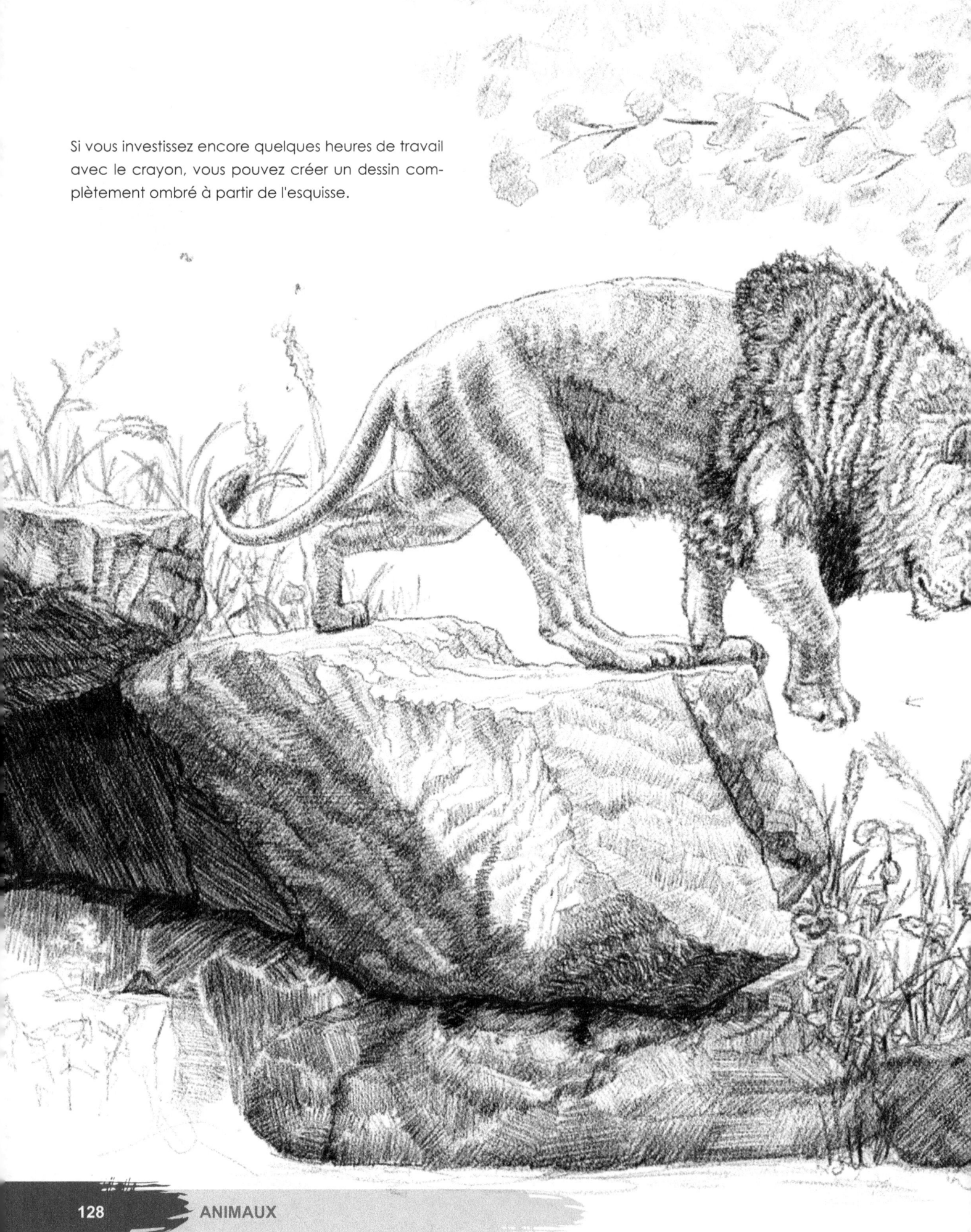

ANIMAUX

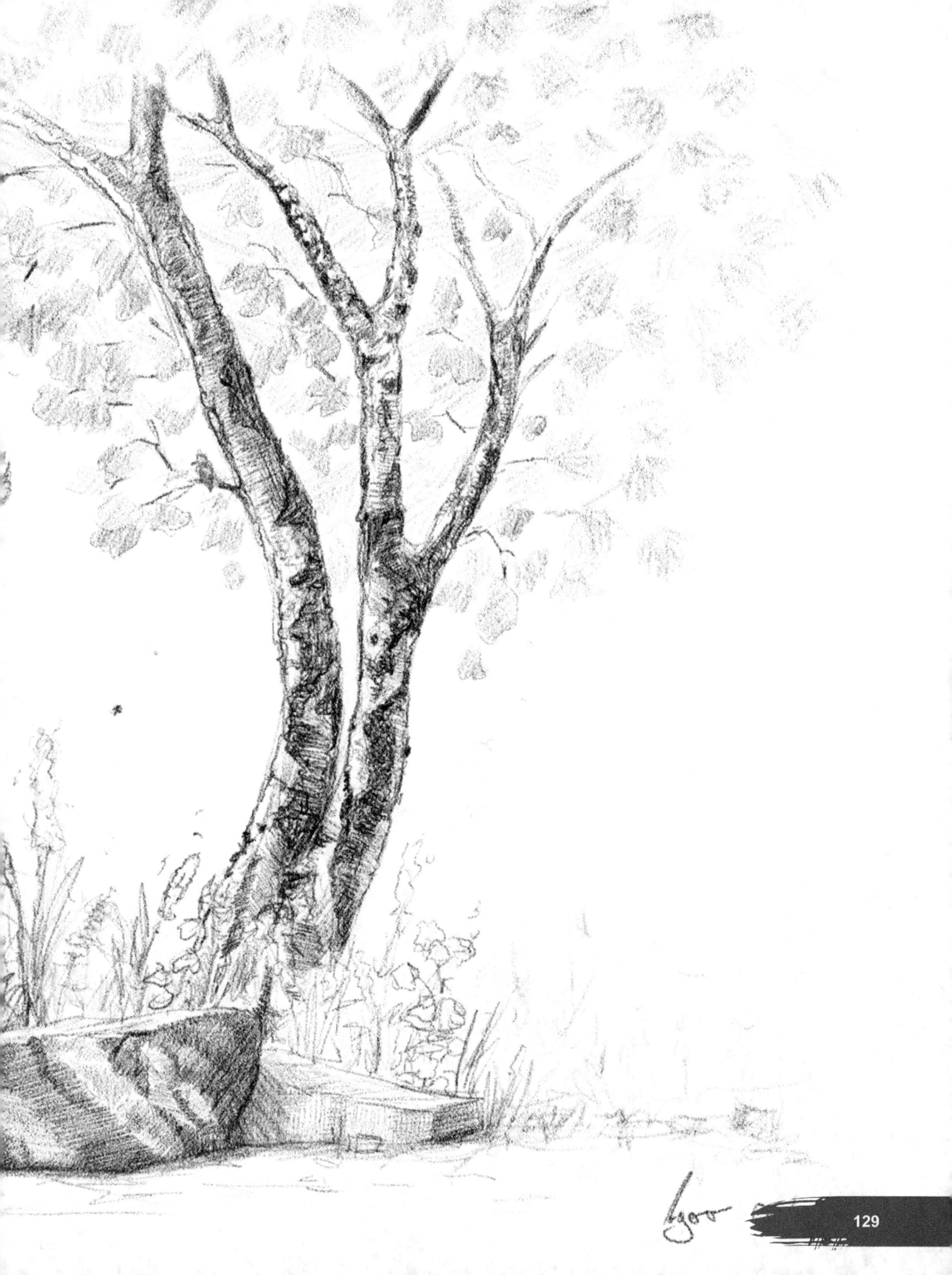

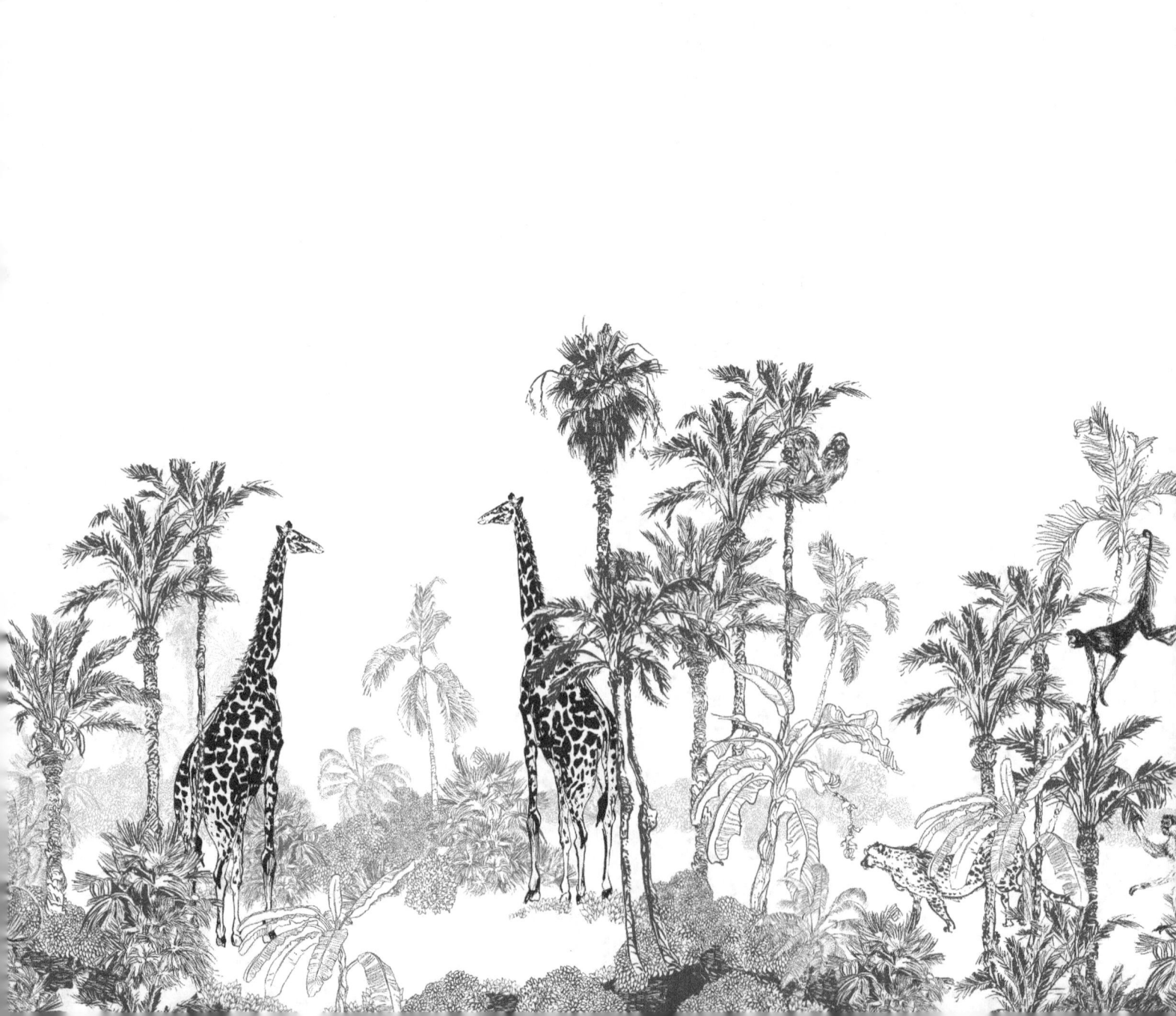

CONCLUSION

Nous voici à la fin de ce livre. J'espère que toutes les informations et connaissances que j'ai rassemblées dans ce livre vous ont aidé.

CONCLUSION

En plus de toute la théorie, la chose la plus importante dans le dessin est l'exercice. Essayez de faire vos propres croquis et dessins. Vous n'avez pas besoin de commencer par les motifs les plus complexes, mais vous devriez plutôt essayer de représenter des objets simples.

Utilisez ce livre chaque fois que vous en arrivez à un point où vous avez du mal à le représenter. Les exercices que vous trouverez ici pourront vous aider et vous orienter dans de nombreux cas de présentation.

Si le livre vous a plu, je serais ravi que vous le recommandiez à des amis et des connaissances ou que vous écriviez une bonne critique.

N'hésitez pas à visiter l'un de mes sites ! Vous y trouverez d'autres tutoriels sur l'apprentissage de la peinture et du dessin et beaucoup de mes propres images :

www.kunstkurs-online.de

zeichnen-lernen.markus-agerer.de

www.markus-agerer.de

Pour des suggestions d'amélioration, des critiques et des commentaires:
markus-agerer@web.de

Un grand merci et sincères salutations à tous les lecteurs et à tous ceux qui m'ont aidé à créer mon livre !

Markus Agerer

Visitez également ma page Amazon Auteurs :

BIBLIOGRAPHIE

Livres :

"Underweysung der Messung mit dem Zirckel und Richtscheyt"
Auteur : Albrecht Dürer der Jüngere; Nürnberg 1525

„Perspektivisch Zeichnen: Grundlagen zur Darstellung des dreidimensionalen Raums"
Auteur : Gernot Störzbach; Maison d'édition : Christophorus Verlag GmbH & Co. KG., Freiburg

„How to Draw: Drawing and Sketching Objects and Environments from Your Imagination"
Auteur : Scott Robertson mit Thomas Bertling; Maison d'édition : Design Studio Press

Internet:

http://www.kunstkurs-online.de

http://zeichnen-lernen.markus-agerer.de

http://www.wikipedia.org

http://www.pharmawiki.ch/perspektive

Mentions Légales

NATURE DESSINS
APPRENDRE À DESSINER LA NATURE

ISBN-13: 9783982393292

2023

Textes : Markus S. Agerer

Éléments de design : stock.adobe.com (S. 32 © Danussa;
S. 106 trois corbeaux au-dessus © Helen; S. 130 © Irina)
Illustrations restantes © Markus Agerer
Conception de la couverture : Markus S. Agerer

Buergermeister-Haidacher-Straße 1
82140 Olching
Germany

email: markus-agerer@web.de
web: www.markus-agerer.de

Sauf mention contraire, ce livre, ses parties ainsi que les illustrations utilisées sont protégés par le droit d'auteur. Toute utilisation ou exploitation dérogeant à la loi sans l'accord de l'auteur ou des auteurs est interdite.

L'auteur et l'illustrateur ont élaboré tous les contenus avec le plus grand soin. Néanmoins, l'auteur décline toute responsabilité pour les erreurs et leurs conséquences directes ou indirectes.

Ce livre contient des liens (également par code QR) vers des sites web externes de tiers, sur le contenu desquels l'auteur de ce livre n'a aucune influence. C'est pourquoi aucune garantie ne peut être donnée pour ces contenus externes. Le fournisseur ou l'exploitant respectif des pages mises en lien est toujours responsable du contenu de ces pages. Les pages liées ont été contrôlées au moment de la mise en place des liens afin de vérifier qu'elles n'enfreignaient pas la loi. Aucun contenu illégal n'a été détecté au moment de la mise en place des liens. Un contrôle permanent du contenu des pages liées n'est toutefois pas raisonnable sans indices concrets d'une violation de la loi.

Codes QR : les codes QR de ce livre contiennent des liens vers différents sites web. Cela permet d'élargir le contenu du livre. Aucune garantie ne peut être donnée quant à la pérennité de ces contenus en ligne. Il convient également de noter que les sites web ainsi liés peuvent contenir des publicités ou des éléments similaires. Veuillez également vous reporter aux conditions d'utilisation et à la politique de confidentialité du site web concerné.

Recommandations de Livres

Apprendre à Dessiner des Paysages
Bases, Création et Exercices

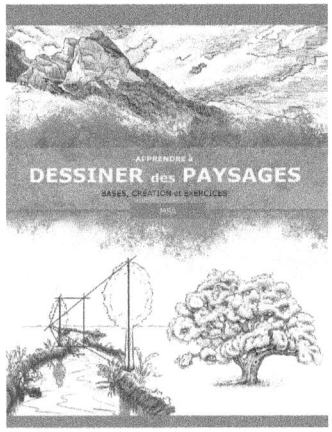

ISBN : 978-3982393247

Apprendre à dessiner une architecture
Créez vos propres dessins d'architecture

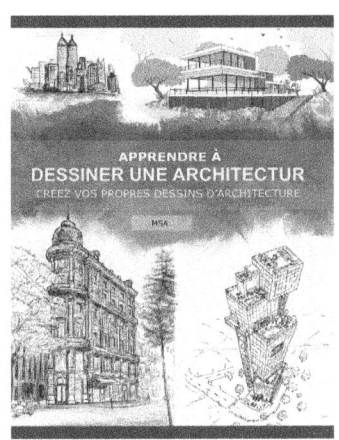

ISBN : 979-8837881374

Composition d'Images
Pour le Dessin

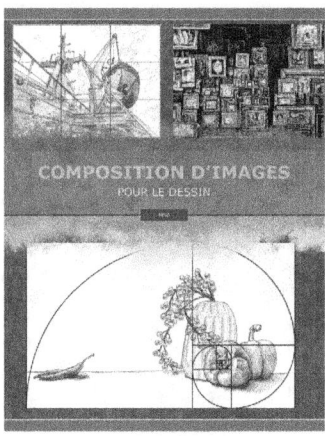

ISBN : 979-8352809679

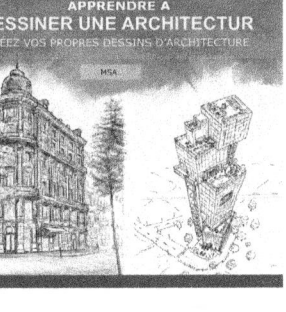

Apprendre à Dessiner
Le grand carnet de dessin

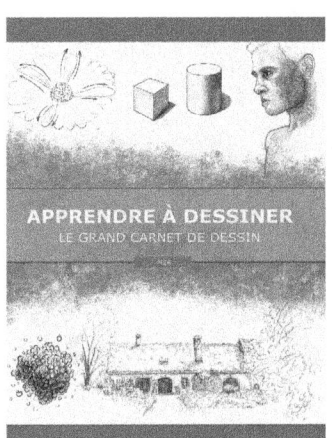

ISBN : 978-3982393285

Drawing Perspective & Space
Basic Principles of Drawing in Perspective B/W

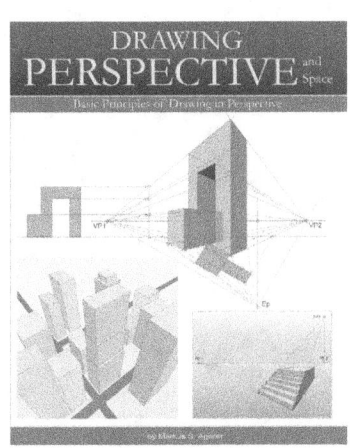

ISBN : 978-1095730065

Start Drawing Still Lifes
Techniques, Composition and Exercises

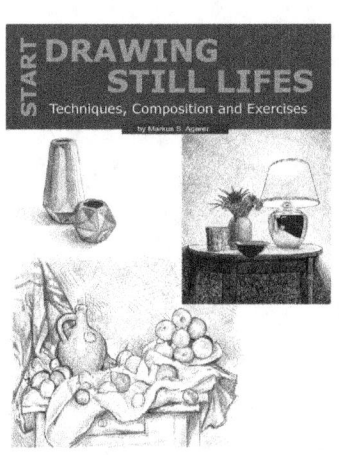

ISBN : 979-8679648319

www.ingramcontent.com/pod-product-compliance
Lightning Source LLC
Chambersburg PA
CBHW081118240526
45470CB00019B/2510